Mit frdl. Grüßen
zur „Klärung des Horizontes"
JHS
Ihr M. Außaster
Tü. 26.5.93

Gerd R. Weber

TREIBHAUSEFFEKT

Klimakatastrophe oder Medienpsychose?

Dr. Böttiger Verlags-GmbH

Titelbild:
Ein Waldsee: Die beste Methode, das „Treibhausgas" CO_2 zu binden, ist vermehrter Pflanzenwuchs, also intensive Forst- und Landwirtschaft.
Foto: Walter Kloos, Wiesbaden-Naurod

Satz: Dinges & Frick, Wiesbaden
Druck: Ebner Ulm
Printed in Germany ISBN 3-925725-14-8

Inhalt

EINFÜHRUNG

Die Klimakatastrophe: Tatsachen und Fiktionen

Erst war's der saure Regen, dann das Ozonloch, und schon rollt eine neue Umweltkatastrophe auf uns zu: der „Treibhauseffekt". Der deutschen Seele liegt natürlich die Bezeichnung „Klimakatastrophe" viel näher. Was droht da nicht alles an Katastrophalem? Steigende Fluten, sengende Hitze, schmelzende Eisberge. Kaum ein Tag vergeht, an dem uns die Medien nicht unser tägliches Quantum Weltuntergang ins Haus melden. Obwohl der Treibhauseffekt schon seit langen Jahren von der Wissenschaft intensiv untersucht wird, steht er erst seit wenigen Jahren auf der Verursacherliste des Weltuntergangs.

In den USA, die hierbei gerne den Ton angeben, kam die Debatte erst im Sommer 1988 so richtig ins Rollen. Damals wurde das Land von der schlimmsten Dürre seit den 50er Jahren heimgesucht. Sie veranlaßte einige Wissenschaftler zu der Vermutung, dies sei nun der endgültige Beweis für das Nahen einer Klimakatastrophe. Die Dürre hätte zu keiner besseren Zeit kommen können. Die Kongreßanhörungen über die Treibhausproblematik waren nämlich vom Winterhalbjahr, für das sie ursprünglich anberaumt waren, in den Sommer verlegt worden. Man glaubte, die Medien würden sich des Themas bei sommerlicher Hitze eher annehmen als bei klirrender Kälte. Schließlich erhoffte man sich von diesen Anhörungen Gesetzesvorlagen, die auf einschneidende Maßnahmen hinauslaufen sollten.

Das Spiel trug Früchte. Einige der beteiligten Auguren geben ganz bereitwillig zu, daß die Natur mit dieser Hitze in 15 Wochen mehr für sie getan hätte, als sie selbst bisher in 15 Jahren erreichen konnten. Seither brach die Debatte alle Dämme. Kaum ein Tag verging ohne Schreckensmeldung von der Treibhausfront, und nur diese Tage zählten natürlich. Die Öffentlichkeit wurde im großen und ganzen davon überzeugt, daß mit dem Treibhauseffekt schreckliche Dinge auf uns zukommen. Das internationale Konferenzkarussell dreht sich immer schneller: Jede Konferenz versucht die vorangegangene mit Vorschlägen zu überbieten, was zu tun sei, und malt die kommenden Klimaänderungen in immer düstereren Farben.

Die Öffentlichkeit bemerkt über all dem Rummel, der da plötzlich über sie hereinbricht, kaum, daß die internationale Gemeinde der Wissenschaftler und Fachleute über die meisten Fragen, die sich aus dem Treibhauseffekt ergeben, noch völlig uneins ist. Die Auswirkungen, die sich aus globalen Klimaänderungen für das öffentliche Leben ergeben könnten, sind so wenig bekannt wie die Auswirkungen der Maßnahmen, womit solche Klimaänderungen abgewehrt werden sollen. Daher erscheint es angebracht, die möglichen Klimaänderungen, ihre mutmaßlichen Auswirkungen auf Mensch und Natur, sowie die wissenschafliche Hypothese, aufgrund derer solche Auswirkungen erwartet werden, kritisch zu analysieren.

Eine nicht geringe Zahl von Wissenschaftlern hat sich besorgt über mögliche künftige Klimaänderungen geäußert. Bei einem Problem von so weitreichenden Folgen — nahezu jeder Bereich unseres Lebens wäre ja betroffen — ist Besorgnis angebracht. Aber Besorgnis allein reicht nicht aus, um einem Problem gerecht zu werden. Vielmehr ist eine gründliche wissenschaftliche Bewertung des Treibhauseffektes, der möglicherweise durch ihn hervorgerufenen Klimaänderungen und ihrer Auswirkungen auf unser Leben, sowie ein kritischer Blick auf die jeweils vorgeschlagenen Abwehrmaßnahmen angebracht. Wäre es denn das erste Mal, daß die dargereichte Medizin schlimmer wäre als die Krankheit?

In diesem Buch wird der Leser mit dem gegenwärtigen Wissensstand über den Treibhauseffekt, kritischen Überlegungen über die mögliche künftige Entwicklung des Klimas sowie mit einem Handlungsplan vertraut gemacht, wie eine Klimaänderung, wenn sie tatsächlich eintreten sollte, in ihrer Wirkung gemildert werden könnte.

Zunächst werden wir uns auf eine Reise durch die Wunderwelt der einschlägigen Wissenschaft begeben. Dabei werden wir uns zunächst den Treibhauseffekt anschauen, seine Bedeutung für das Leben auf der Erde beschreiben, und dann fragen, ob und wie er sich überhaupt steigern läßt, und in welcher Weise dadurch möglicherweise das Klima beeinflußt werden könnte. Dann werden wir uns das Klima selbst vornehmen, was es ist, warum es sich überhaupt ändern kann, wie es sich im Laufe der Jahrhunderte geändert hat und ob wir schon Zeichen für Auswirkungen des Treibhauseffektes wahrnehmen können. Ferner werden wir versuchen herauszufinden, wie sich das Leben auf der Erde wandeln würde, falls sich das Klima so verändert, wie es eine Reihe von Leuten erwarten. Und dann werden wir uns natürlich der Frage stellen, ob sich das Klima denn *wirklich* so ändern wird, wie allgemein behauptet wird. Schließlich und endlich werden wir Mittel und Wege erörtern, mit deren Hilfe man die globale Erwärmung abwenden könnte, falls wir uns entschließen sollten, dies zu versuchen.

Das Buch ist einfach geschrieben. Jeder interessierte Leser kann es verdauen, ohne von einem Berg unverständlicher wissenschaftlicher Daten, Theorien oder auch nur vom wissenschaftlichen Jargon erschlagen zu werden. Für diejenigen jedoch, die der Sache etwas weiter nachgehen wollen, gibt es ein umfangreiches Literaturverzeichnis am Schluß jedes Kapitels, mit dessen Hilfe alle hier angeführten Tatsachen untersucht und untermauert werden können.

nen. Dann [illegible] die [illegible] das [illegible] den
für [illegible] unter [illegible]. Er [illegible]
[illegible] in dieser [illegible] Wun-
der [illegible] Wissenschaft [illegible]. Dann
[illegible] 1096 [illegible]
[illegible] er [illegible]
[illegible] sich [illegible]
[illegible] und [illegible]
[illegible]
das [illegible]
[illegible] und [illegible]
[illegible] und [illegible] Zeugen die
Wirksamkeit des [illegible]
[illegible]
[illegible]
[illegible]
[illegible]
[illegible]
[illegible]
[illegible]
[illegible]
[illegible]
[illegible]
[illegible]
[illegible]
[illegible]
[illegible]
[illegible]
[illegible]
[illegible]
weiter lesen.

1. KAPITEL

Der Treibhauseffekt: Willkommen zum Leben auf der Erde

Wenn wir das Wort Treibhauseffekt hören, ist unsere erste Reaktion: steigende Fluten, sengende Hitze, schmelzende Gletscher, globale Katastrophe. Denn so wird es uns im Fernsehen, im Rundfunk, in der Zeitung und in den aufgeschreckten Nacherzählungen unserer Bekannten und Nachbarn dargeboten. Überraschenderweise ist jedoch der Treibhauseffekt die Ursache dafür, daß sich unser Planet aus einem unbewohnbaren Stück Eis in unsere gelegentlich doch recht wohnliche Erde, so wie wir sie heute kennen, verwandeln konnte.

Da Sie so viel Schlechtes über den Treibhauseffekt gehört haben, fragen Sie sich vielleicht: Wie kann das sein? Nun, wir müssen unterscheiden zwischen dem *natürlichen* Treibhauseffekt, der die klimatischen Bedingungen auf der Erde geschaffen hat, wie wir sie heute kennen, und dem *zusätzlichen*, vom Menschen gemachten Treibhauseffekt, der als Folge verschiedener menschlicher Aktivitäten auftreten soll. Bevor wir diesen zusätzlichen Treibhauseffekt näher betrachten — denn er interessiert uns eigentlich nur, da er angeblich so schreckliche Konsequenzen nach sich zieht — wenden wir uns zunächst dem natürlichen Treibhauseffekt zu. Wir stellen uns zuerst die Frage: Wodurch werden denn nun die Temperatur auf der Erde und unser heutiges Klima bestimmt? Können wir diese Frage zur Zufriedenheit beantworten, dann verstehen wir bereits einigermaßen, wie der Treibhauseffekt — ob natürlich oder vom Menschen gemacht — funktioniert.

Könnte es auf der Erde so sein wie auf der Venus?

Die Wissenschaft hat eine Reihe von Faktoren ermittelt, die Einfluß auf die Entwicklungsgeschichte eines Planeten und sein jeweiliges Klima ausüben. Drei von ihnen sind dabei besonders maßgeblich:

1. Die astronomischen Eigenschaften des Planeten, wie z.B. sein Abstand von der Sonne;
2. Seine physikalischen Eigenschaften, z.B. seine Größe und Umdrehungsgeschwindigkeit;
3. Seine chemischen Eigenschaften, besonders die Zusammensetzung seiner Atmosphäre.

Jeder wird zustimmen, daß der Abstand von der Sonne wahrscheinlich der wichtigste Faktor ist: Je geringer der Abstand eines Planeten von der Sonne ist, desto mehr Sonnenstrahlung empfängt er, und um so wärmer wird es an seiner Oberfläche sein. Danach fallen aber schon die beiden nächsten Faktoren ins Gewicht, also seine Größe und chemische Zusammensetzung, vor allem die seiner Atmosphäre. Diese beiden Faktoren hängen jedoch eng miteinander zusammen. Denn die Anziehungskraft des Planeten hängt von seiner Größe — oder, genauer gesagt, von seiner Masse — ab. Ist nämlich ein Planet so klein und leicht, daß seine Anziehungskraft keine Atmosphäre halten kann, gäbe es auf ihm, wie etwa auf unserem Trabanten Mond, kein Klima. Denn ohne Atmosphäre entwickelt sich kein Klima.

Die Fähigkeit eines Planeten, eine Atmosphäre zu halten, hängt aber auch noch von seiner Nähe zur Sonne ab: Angenommen, ein Planet könnte in einem vorgegebenen Abstand von der Sonne eine Atmosphäre halten, dann könnte er diese Fähigkeit verlieren, wenn er näher an die Sonne heranrückte. Die mit größerer Sonnennähe zunehmende Wärme könnte seine Atmosphäre in den Weltraum „verdunsten" lassen. Wenn sich dieser Planet allerdings weiter von der Sonne entfernte, könnte seine Atmosphäre kondensieren oder sogar gefrieren. Sie würde sich dann auf seiner Oberfläche niederschlagen und aufhören, als Atmosphäre in Erscheinung zu treten. Folgende

Beispiele mögen die Bedeutung der astronomischen und physikalischen Fatoren für den Bestand der Atmosphäre eines Planeten veranschaulichen.

Merkur ist z.B. ein Planet, der zu klein und wegen seiner Sonnennähe zu heiß ist, um eine Atmosphäre zu halten. Venus ist etwa so groß wie die Erde, liegt der Sonne aber sehr viel näher. Auf ihr ist es viel wärmer als auf der Erde. Daran ist aber nur zum Teil die größere Sonnennähe schuld, auch die andere chemische Zusammensetzung ihrer Atmosphäre wirkt dahin. Unser Planet Erde hat eine vorgegebene Position im Sonnensystem und bestimmte astronomische, physikalische und chemische Eigenschaften. Aus alledem kann man relativ einfach die Temperatur an seiner Oberfläche berechnen. Man muß nur noch den solaren Strahlungsfluß berücksichtigen, der die Erde erreicht. Die vorliegenden Daten führen zum Ergebnis, es herrsche an der Erdoberfläche eine Temperatur von etwa -18° C. Dies wäre für ein Leben in der Form, wie wir es auf der Erde kennen, sicherlich zu kalt. Im Grunde wäre bei dieser Durchschnittstemperatur Leben hier überhaupt nicht möglich.

Die tatsächlich gemessene Temperatur beträgt im Durchschnitt etwa +15° C. liegt also gut 33° über der errechneten Temperatur. Der Unterschied kommt dadurch zustande, daß unser Planet eine Atmosphäre besitzt, und zwar von einer Zusammensetzung, wie wir sie zur Zeit kennen. Die Fähigkeit der Atmosphäre, das Klima auf der Erde so zu erwärmen, daß Leben möglich und für uns angenehm ist, hat der Treibhauseffekt zustande gebracht.

Die Analogie zu einem Treibhaus stellt sich ein, weil die Atmosphäre wie die Glasscheiben eines Treibhauses die Sonnenstrahlung zwar hereinläßt, so daß sie den Boden erwärmen kann, aber verhindert, daß die Wärme wieder nach außen entweicht. Die Analogie zum „Treibhaus" ist physikalisch nicht ganz richtig, daher benutzen viele Wissenschaftler sie auch nur ungern. Für unsere Überlegungen ist das aber unerheblich, und so führen wir sie trotzdem an, weil sie in dieser Form sehr verbreitet ist und die Öffentlichkeit sich an sie gewöhnt hat. Die tatsächliche

Größenordnung des Treibhauseffektes, d.h. der Grad der Erwärmung, ergibt sich aus der chemischen Zusammensetzung der Erdatmosphäre. Schauen wir uns also diejenigen atmosphärischen Bestandteile näher an, die hier eine Rolle spielen!

Da geraten wir zuerst an den Wasserdampf als wichtigstes Treibhausgas. Wasserdampf allein trägt schon etwa 26° C zum gesamten Treibhauseffekt von 33° C bei. Nur für die restlichen 7° tragen andere Spurengase die Verantwortung. Unter ihnen ist das wichtigste das Kohlensäuregas, Kohlendioxid oder CO_2.

Die wichtige Rolle der Spurengase

Vielleicht fragen Sie sich jetzt: Wie kommt es eigentlich, daß nur Wasserdampf und Spurengase nennenswert zum Treibhauseffekt beitragen, nicht aber die Hauptbestandteile der Atmosphäre, nämlich Stickstoff und Sauerstoff? (s. dazu Tab. 1, Zusammensetzung der Atmosphäre) Um diese Frage abzuklären, wird es nun für einen Augenblick etwas komplizierter. Wir müssen nämlich kurz in die Welt der molekularen Struktur der einzelnen Gase, die in der Erdatmosphäre auftreten, eindringen und die Frage beantworten, welche Unterschiede bei ihnen im Hinblick auf den Treibhauseffekt zu beachten sind.

Jede Materie, also auch ein Gasmolekül, gibt, wenn sie selbst warm ist, Wärmestrahlung an eine kältere Umgebung ab. Das Spektrum dieser Strahlung, d.h. die Strahlungsenergie, die bei einer bestimmten Wellenlänge abgegeben wird, hängt von der jeweiligen Temperatur der Materie ab. Die Wellenlänge, bei der das Maximum an Wärmestrahlung auftritt, ist umgekehrt proportional zur Temperatur: Je heißer die Materie, desto kürzer die Wellenlänge. Die Strahlung, die wir von der Sonne empfangen, ist relativ kurzwellig, denn die Oberflächentemperatur der Sonne ist im Vergleich zur Erde sehr hoch. Aus dem umgekehrten Grund ist die von der Erde ausgehende Wärmestrahlung relativ langwellig.

Tabelle 1: Zusammensetzung der Erdatmosphäre

Gas	Volumenprozent	Konzentration in ppm
Stickstoff (N_2)	78,084	
Sauerstoff (0_2)	20,946	
Argon (A)	0,934	
Neon (Ne)	0,00182	18,2
Helium (He)	0,000524	5,24
Methan (CH_4)	0,00015	1,5
Krypton (Kr)	0,000114	1,14
Wasserstoff (H_2)	0,00005	0,5
Variable Bestandteile		
Wasserdampf (H_20)	0-3	
Kohlendioxid ($C0_2$)	0,0353	353
Kohlenmonoxid (CO)		< 100
Schwefeldioxid ($S0_2$)		0-1
Stickstoffdioxid ($N0_2$)		0-0,2
Ozon (0_3)		0-2

Quelle: Nach L. J. Battan, Wetter, 1979.

Die Strahlung, die die Sonne abgibt und die wir an der Erdoberfläche empfangen, wird von der Oberflächentemperatur der Sonne, also der Sonnenatmosphäre bestimmt. Ebenso wird die Strahlung, die von der Erde ausgeht und die ein Beobachter im Weltall empfangen würde, von der Erdatmosphäre ausgesandt: Die Moleküle der verschiedenen Gase, aus denen die Atmosphäre besteht, befinden sich in dauernder Bewegung. Sie vibrieren und rotieren in einer Weise, die durch ihre jeweilige Molekülstruktur genau vorgegeben ist. Sie entnehmen die hierfür notwendige Energie aus dem sie umgebenden Strahlungsfeld.

Der springende Punkt, auf den es ankommt, ist der, daß jedes Molekül wegen seiner besonderen molekularen Eigenschaften für seine Bewegung *nur* die Strahlungsenergie eines oder einiger weniger schmaler, genau definierter Spektralbereiche verwenden kann. Ihre besonderen molekularen Eigenschaften hindern die Moleküle eines Treibhausgases also daran, die eingestrahlte kürzerwellige Sonnenstrahlung in nennenswertem Umfang für ihre Mo-

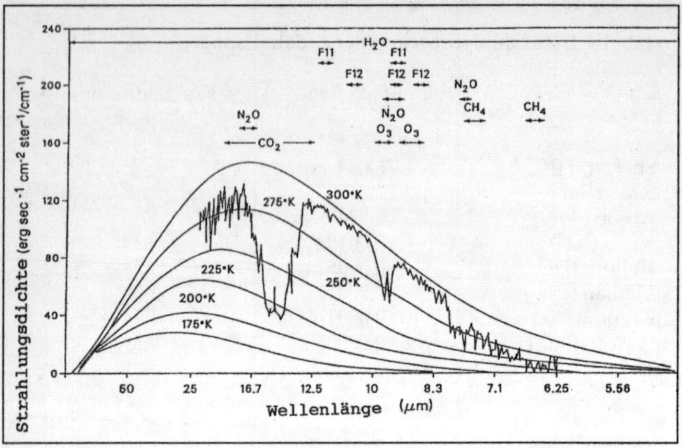

Abb. 1: Wellenlängenbereiche der terrestrischen Strahlung und Absorptionsbänder verschiedener Spurengase
Quelle: Nach Ramanathan und Mitarbeitern, 1987; U.S. Dept. of Energy Report DOE/FE-164

lekularbewegungen zu verwenden, d.h. diese Strahlung zu absorbieren. Sie können nur die von der Erde abgegebene, längerwellige Strahlung, die für die Temperaturen der Erdatmosphäre charakteristisch ist, absorbieren. Durch die Absorption und Weitergabe der irdischen Wärmestrahlung verhindern sie, daß die Wäremenergie der Erde ins Weltall abgestrahlt werden kann. Diesen Vorgang meint man, wenn man vom „Treibhauseffekt" spricht.

Der größte Teil unserer Erdatmosphäre besteht aus Stickstoff- und Sauerstoffmolekülen. Ihnen fehlt eine nennenswerte Spektralregion im langwelligen Bereich. Daher können sie die terrestrische (also die für die Erde typische) Strahlung nicht absorbieren und sind infolgedessen keine bedeutenden Treibhausgase. Das sogenannte terrestrische Spektrum und diejenigen Regionen in ihm, in denen die Treibhausgase wirken, sind in Abb. 1 gezeigt. Dort können wir sehen, in welchem Maße unsere Atmosphäre die Strahlung, die von unserem Planeten abgegeben wird, durchläßt und in welchem Maße sie diese festhält. Wissenschaftler nennen diese Eigenschaft „opak". Die Abbildung zeigt weiterhin, in welchem Spektralbereich der natürliche Treibhauseffekt wirkt, der unsere gegenwärtigen, recht wirtlichen Bedingungen auf der Erde erhält.

Bevor wir uns dem zusätzlichen, durch menschliche Aktivitäten verursachten Treibhauseffekt zuwenden, gibt es einen weiteren Punkt zu beachten. Er ist von Interesse, wenn man herausfinden will, welchen Beitrag ein bestimmtes Gas zum Treibhauseffekt beisteuert: Aufgrund der molekularen Struktur der beteiligten Gase kommt es vor, daß es im Spektrum Regionen gibt, in denen verschiedene Gase gleichzeitig wirken. So kommt es zu Überlappungen, und es wird schwierig, den Treibhausbeitrag der einzelnen Gase deutlich voneinander zu trennen.

Dies ist besonders bei Wasserdampf der Fall, der ja nun gerade das wichtigste Treibhausgas ist. Der Wasserdampfgehalt der Atmosphäre ist je nach Region, Jahreszeit oder nach der Höhe in der Atmosphäre sehr verschieden. Diese Variationsbreite unterscheidet ihn von fast allen anderen Treibhausgasen, die in der Regel recht gut in der Atmossphäre vermischt sind und kaum räumlichen und jahreszeitlichen Schwankungen unterliegen. Demzufolge kann man erwarten, daß das Ausmaß der Überlappung zwischen den einzelnen Treibhausgasen, aber auch die Größenordnung des natürlichen Treibhauseffektes selbst, sehr stark von dem jeweiligen Feuchtigkeitsgehalt der Luft abhängt. Man kann vermuten, daß der natürliche Treibhauseffekt dort am ausgeprägtesten ist, wo man den höchsten Wasserdampfgehalt findet, und am schwächsten dort, wo die Luft am trockensten ist.

Und so ist es auch. Wo aber findet man auf der Erde die höchsten Wasserdampfkonzentrationen? Um das herauszubekommen, müssen wir zusätzlich noch berücksichtigen, daß die Wasserdampfmenge, die von der Atmosphäre gehalten werden kann, ohne daß sie zu Wolken oder Regen kondensiert, von der jeweils herrschenden Temperatur abhängt. Hierbei gilt die Faustregel: Bei jedem Temperaturanstieg um 10° C kann die Luft doppelt so viel Wasserdampf aufnehmen. Demzufolge sollte der natürliche Treibhauseffekt in den Tropen und in solchen Regionen stark sein, wo wir bei hohen Temperaturen und guter Vegetation oder reichlichem Oberflächenwasser eine hohe Luftfeuchtigkeit vorfinden. Der Blick auf die Landkarte zeigt uns, daß dies über den tropischen Ozeanen und besonders über dem westlichen, tropischen Pazifik der Fall sein muß. In den USA wären diese Regionen die Golfküste, Florida und der Südosten, in Afrika das Kongobecken.

In Wüstenregionen treffen wir zwar hohe Temperaturen an, aber bis auf gelegentliche Ausnahmen nur sehr geringe Wasserdampfgehalte. Deswegen erwarten wir dort auch nur einen relativ schwach ausgeprägten natürlichen Treibhauseffekt. Dann nimmt der Treibhauseffekt rasch mit der Höhe ab, da dort die Temperaturen schnell sinken und mit ihnen der Wasserdampfgehalt der Luft. Der größte Teil der durch den Wasserdampf am Boden verursachten Erwärmung hat dann auch in den untersten 1,5 km der Atmosphäre seinen Ursprung.

Der natürliche Treibhauseffekt ist ebenfalls in den kalten Regionen der Erde recht klein, wie z.B. in der Arktis. Dort kann die Luft schon wegen der großen Kälte nur sehr wenig Wasserdampf aufnehmen (s. Abb. 2, Seite 27).

Folgerichtig ist der Treibhauseffekt im Winter auch kleiner als im Sommer.

Kurz gesagt, wenn man den Wasserdampfgehalt der Luft erhöht, erhöht man den natürlichen Treibhauseffekt. Jedoch gibt es hier Grenzen. Man weiß, daß die Luft in den Tropen in den unteren Luftschichten bereits so stark mit Wasserdampf angereichert ist, daß die Absorptionsbereiche im Spektrum nahezu gesättigt sind. Deswegen kann hier weder ein Anstieg des Wasserdampfgehaltes der Luft noch eine Zunahme irgendwelcher Treibhausgase, die sich mit Wasserdampf im Wärmestrahlungsspektrum überlappen, den Treibhauseffekt so erhöhen, daß die Temperaturen in Bodennähe dadurch noch weiter steigen.

In der freien Troposphäre, der Region zwischen zwei und zehn Kilometern Höhe, sehen die Verhältnisse etwas anders aus. Dort ist die Luft kälter und wasserdampfärmer. Aber schon jetzt können wir festhalten, daß wir bei weiterer Zunahme von treibhausrelevanten Spurengasen in den unteren Luftschichten der Tropen die geringsten

Temperaturzunahmen zu erwarten haben.

Um noch ein besseres Gefühl für die Wirkung des natürlichen Treibhauseffekts zu bekommen, betrachten wir folgende Situation: Für Temperaturschwankungen zwischen Tag und Nacht ist die Sonneneinstrahlung der ausschlaggebende Faktor. Im Sommer ist es an einem wolkigen Tag im allgemeinen viel kühler als an einem sonnigen. Nehmen wir einmal an, wir hätten an zwei verschiedenen Orten die gleiche Menge Sonnenschein. Der eine Ort sei sehr trocken, der andere dagegen sehr feucht. Welchen Unterschied in der täglichen Temperaturschwankung nähme man zwischen ihnen wahr? Der wasserdampfarme Ort erwärmt sich während des Tages etwa genauso stark wie der wasserdampfreiche, kühlt sich aber während der Nacht erheblich stärker ab. Den Unterschied besorgt der Treibhauseffekt des Wasserdampfes. Er wirkt während der Nacht wie ein „Schutzschild", eine Art Daunendecke. An dem trockenen Ort fehlt so etwas. Deswegen schwanken die Temperaturen zwischen Tag und Nacht in der Sahara so stark, während sich die Nacht im tropischen Regenwald kaum abkühlt.

Das Beispiel legt nun den Schluß nahe, der zusätzliche Treibhauseffekt der Klimakatastrophe führe dazu, daß sich die Temperaturen während der Nacht nicht mehr so deutlich abkühlen können. Dafür gibt es, wie wir später sehen werden, tatsächlich einige Hinweise. Zunächst wollen wir aber festhalten, daß der „Schutzschild" des natürlichen Treibhauseffektes verhindert, daß sich die Erde zu stark abkühlt. Er ist daher für unser gegenwärtiges Klima verantwortlich.

Löcher im Treibhaus-Schutzschild

Dieser Schutzschild hat allerdings von Natur aus ein paar Löcher oder Ventile, durch die Wärmestrahlung von der Erde entweicht. Durch sie kann die Erde sozusagen Wärme ablassen und sich so abkühlen, daß sie die Temperatur genau auf dem gegenwärtigen Niveau hält. Diese „Löcher" zeigen sich als die „Lücken" in Abb. 1.

Nun betritt der menschengemachte Treibhauseffekt die Bühne. Denn aufgrund menschlicher Aktivitäten (diese gängige Formulierung haben Sie sicher schon einmal im Zusammenhang mit dem Treibhauseffekt gehört) werden bestimmte Spurengase in die Atmosphäre abgelassen und häufen sich dort an. Wie es der böse Zufall und ihre molekularen Eigenschaften wollen, absorbieren sie gerade dort Wärmestrahlung, wo sich die Löcher im Schutzschild befinden. Mit anderen Worten, sie stopfen die Ventile im Schutzschild zu und verhindern, daß die von unserer Erde und ihrer Atmosphäre ausgehende Wärmestrahlung in den Weltraum entweicht. Die Wärme bleibt da und macht uns darüber hinaus noch zu schaffen: Sie bewirkt nämlich die vielzitierte „beängstigende" Erwärmung von Erde und Atmosphäre. Das ist, in Kurzfassung, die wesentliche Theorie hinter dem in Verruf geratenen Treibhauseffekt.

Die Einzelheiten sind leider ein wenig komplizierter. Um sie zu erläutern, muß man wissen, wie das Gesamtsystem von Atmosphäre, Ozean und Eis auf einen Anstieg der Wärmestrahlung als Folge des Treibhauseffekts reagiert. Wir werden uns damit weiter unten auseinandersetzen. Gegenwärtig wollen wir uns mit der Feststellung zufrieden geben, daß die Menge der Wärmestrahlung, die zusätzlich absorbiert werden kann, recht unsicher ist. Aber sie ist immer noch die am besten bekannte Variable der ganzen Angelegenheit. Die Unsicherheiten ergeben sich vor allem aus den oben beschriebenen Überlappungen, die natürlich in Abhängigkeit des in der Luft jeweils vorhandenen Wasserdampfes wechseln. Daher sind sinnvolle Aussagen in diesem Zusammenhang nur möglich, wenn die geographische Lage, die Jahreszeit und die jeweilige Höhenlage in der Atmosphäre berücksichtigt werden. Gleichermaßen wichtig sind Überlappungsregionen zwischen den verschiedenen Spurengasen selbst. Denn mangelhafte Kenntnis der Art und Weise, wie und welche Wärmespektren von den einzelnen Treibhausgasen jeweils absorbiert werden, kann leicht zu großen Fehlern in der berechneten Treibhausstrahlung führen.

Während wir also den allgemeinen Schluß ziehen können, daß ein Anstieg der Spurengaskonzentration dazu führen wird, daß mehr Wärmestrahlung in der Atmosphäre absorbiert werden wird, ist es recht schwierig, die genaue *Größenordnung* dieses Anstieges abzuschätzen. Noch schwieriger wird es vorherzusagen, wie das Klima darauf reagieren wird. Abgesehen davon, daß es zu einer durchschnittlichen Erwärmung von Erde und Atmosphäre kommen dürfte, besteht eine beträchtliche Unsicherheit darin anzugeben, wie, wo und zu welchem Grad in den einzelnen Klimazonen die Durchschnittstemperatur ansteigen wird.

Akteure im Treibhaus-Drama

Bevor wir die möglichen Auswirkungen des verstärkten Treibhauseffekts auf das Klima genauer unter die Lupe nehmen, werden wir uns erst einmal denjenigen Gasen und menschlichen Aktivitäten zuwenden, die einen Beitrag dazu leisten, die „Löcher" im atmosphärischen Schutzschild — von denen oben die Rede war — zu stopfen. Wir werden das in mehreren Schritten tun. Wir werden

1. die beteiligten Gase und diejenigen menschlichen Aktivitäten dingfest machen, die zu ihrem Ausstoß führen;
2. untersuchen, wieviel davon in der Vergangenheit abgegeben wurde und wo die Gase in der Zwischenzeit geblieben sind;
3. abwägen, wie sich der Ausstoß dieser Gase entwickeln wird;
4. den Beitrag untersuchen, den sie zum Treibhauseffekt beisteuern, und zwar in der Vergangenheit, der Gegenwart und in Zukunft.

In Tab. 2 sind diejenigen Spurengase aufgeführt, die als „klimarelevant" gelten, die also einen Beitrag zum Treibhauseffekt leisten. Sie zeigt auch den geschätzten Anteil der einzelnen Gase am zusätzlichen Treibhauseffekt,

Tabelle 2: Zusammenfassung wichtiger Eigenschaften von Treibhausgasen.

	CO_2	CH_4	N_2O	FCKW-11	FCKW-12
Vorindustrielle atmosphärische Konzentration (1750 - 1800)	280 ppm	0,8 ppm	288 ppb	0	0
Gegenwärtige atmosphärische Konzentration (1990)	353 ppm	1,72 ppm	310 ppb	280 ppt	484 ppt
Gegenwärtige jährliche Anstiegsrate	1,8 ppm (0,5 %)	0,015 ppm (0,9 %)	0,8 ppb (0,25 %)	9,5 ppt (4 %)	17 ppt (4 %)
Spezifisches Treibhauspotential (pro kg Gas)	1	58	206	3.970	5.750
Global Warming Potential (100 Jahre) (pro kg Gas)	1	21	290	3.500	7.300

Quelle: Nach IPCC, 1990.

wenn man den gegenwärtigen Ausstoß beibehält. Weiterhin führt Tab. 2 noch einen Begriff mit Namen „Global Warming Potential" (GWP) ein. Hierbei handelt es sich um den zusätzlichen Treibhauseffekt, der durch ein Kilogramm des jeweiligen Gases bewirkt wird, wenn er über einen festgelegten Zeithorizont aufsummiert wird. Das GWP wird in bezug auf CO_2 ausgedrückt.

Der relative Beitrag eines Gases zum Treibhauseffekt ändert sich mit der Zeit wegen der unterschiedlichen Lebensdauer der Gase: Sind sie kurzlebig, nimmt ihre Bedeutung im Vergleich zu CO_2 ab, leben sie lange, bleibt der Beitrag hoch oder nimmt noch zu. Bei der Konstruktion dieses Denkgerüstes — um mehr handelt es sich nicht — wurden jedoch eine Reihe von Annahmen gemacht, die einer kritischeren Betrachtung nicht unbedingt standhalten. Dies gilt insbesondere für die Lebensdauer eines CO_2-Moleküls, die mit 100-200 Jahren angegeben wird. Sie ist unrealistisch hoch angesetzt worden. Die Lebensdauer von Methan ist ebenfalls umstritten. Deswegen sehen wir davon ab, den Beitrag der einzelnen Treibhausgase auf der Grundlage der GWPs zu definieren und verwenden hier die „spezifischen Treibhauspotentiale" (s. Tab. 2).

Allgemein lassen sich diese Gase in zwei Untergruppen einteilen:

1. Gase, die bereits ein natürlicher Bestandteil unserer Atmosphäre sind, aber aufgrund menschlicher Aktivitäten vermehrt anfallen, und
2. Gase, die natürlicherweise nicht in unserer Atmosphäre auftreten, sondern ausschließlich ein Produkt oder Nebenprodukt verschiedener industrieller Aktivitäten sind.

1. Natürlich auftretende Spurengase

Kohlendioxid (CO_2)

Das erste Spurengas, dem wir unsere Aufmerksamkeit zuwenden wollen, ist das Kohlendioxid. Es ist ein natürlicher Bestandteil unserer Atmosphäre und bei weitem das wichtigste der Gase, mit denen wir uns befassen müssen. In Tab. 2 sind die Spurengasgehalte als Mischungsverhältnis angegeben, nämlich als Teile des Spurengases pro Teile Luft. Man benutzt dabei das Maß „ppm". 1 ppm bedeutet ein Teil Spurengas pro eine Million Teile Luft. Offensichtlich haben wir es in der Tat mit sehr geringen Konzentrationen zu tun.

Die gegenwärtige Konzentration von CO_2 beträgt etwa 350 ppm. Seit 1958, als man begann, genaue Messungen durchzuführen, ist sie etwa um 35 ppm gestiegen. Der gesamte Anstieg, seit die Menschheit CO_2 durch verschiedene Aktivitäten in die Atmosphäre gepustet hat, beläuft sich auf etwa 70 ppm. Verantwortlich dafür waren in erster Linie die Nutzung fossiler Energieträger: Kohle, Öl, Gas und Holz und auch die Vernichtung von Wald-

Tabelle 3: CO_2-Emissionen durch verschiedene fossile Energieträger incl. der geschätzten biosphärischen Emissionen Ende der 1980er Jahre.

	Mrd t C	in %	Relativer Kohlenstoffgehalt pro Einheit erzeugter Energie
Kohle	2,4	32	1,0
Öl	2,4	32	0,8
Gas	0,9	12	0,6
Zementherstellg.	0,2	3	–
Biosphäre (Brandrodung/Landnutzung)	1,6	21	–
Summe	7,5	100	

Quelle: IEA, 1990; 1991.

flächen. Da CO_2 nach Wasserdampf den Löwenanteil des Treibhauseffekts ausmacht — obwohl der *genaue* Anteil weiterhin wissenschaftlich ungeklärt und daher umstritten ist — konzentriert sich die Debatte häufig darauf, wie man die CO_2-Emissionen senken könnte, d.h. wie man die Nutzung fossiler Energie verringert. Die Waldrodung sollte man dabei allerdings nicht vergessen. Die Debatte beschränkt sich allerdings nicht nur auf CO_2.

Tab. 3 gibt einen Überblick darüber, wie die einzelnen fossilen Energieträger, darunter auch die Waldvernichtung am CO_2-Ausstoß beteiligt sind. Ebenfalls aufgeführt sind die spezifischen CO_2-Emissionen der einzelnen Energieträger pro Einheit gewonnener Energie. Es handelt sich hierbei um die gegenwärtig gebräuchlichsten Abschätzungen.

Die gesamte Freisetzung von CO_2 durch die Nutzung fossiler Energieträger seit Mitte des 19. Jahrhunderts ist recht gut dokumentiert und in Abb. 3 S. 27 dargestellt. Der geschätzte Beitrag durch die Waldvernichtung ist erheblich unsicherer, und der in Abb. 3 gezeigte Wert sollte als ein vorläufiger angesehen werden — er stellt aber nichtsdestoweniger die beste verfügbare Schätzung dar. Der Anteil der Waldvernichtung an den gesamten CO_2-Emissionen seit 1850 beläuft sich demnach auf gar nicht so unerhebliche 40%. In den zurückliegenden Jahrzehnten setzte die Brandrodung sogar ca. 50% der Menge CO_2, die durch fossile Energieträger insgesamt in die Atmosphäre gebracht wurde, zusätzlich frei.

Der allgemein recht gleichmäßige Anstieg der durch fossile Energieträger verursachten Emissionen erfuhr während der beiden Weltkriege dieses Jahrhunderts einige Einschnitte. Ein weiterer liegt in der Zeit der Weltwirtschaftskrise in den 30er Jahren. Schließlich erkennt man noch einen Einschnitt in der Zeit der Energiekrisen der 70er Jahre. In jüngster Zeit hat die Nutzung fossiler Energieträger wieder zugenommen und erreicht nun, Anfang der 90er Jahre, etwas mehr als 6 Milliarden Tonnen (6 Gt) Kohlenstoff pro Jahr. Die Nutzung fossiler Energie wird im allgemeinen in t Kohlenstoff ausgedrückt, wobei diese Zahl immer kleiner als die verbrauchte Menge Kohle oder Öl ist, denn außer dem Kohlenstoff enthält sie auch noch nicht-kohlenstoffhaltige Komponenten.

Die jährliche Zuwachsrate der Kohlenstoffemissionen lag nach dem Zweiten Weltkrieg zunächst bei etwa 4% und etwas unter 2% zwischen den Jahren 1973 und 1980. Nach der zweiten Ölkrise in den Jahren 1979 – 1981 nahmen die Emissionen sogar leicht ab.

Die frühe Nutzung der fossilen Energieträger Ende letzten und Anfang dieses Jahrhunderts beschränkte sich meist auf die Kohle. Sie wurde nach dem Zweiten Weltkrieg zunächst langsam und dann immer schneller durch das Erdöl verdrängt. Dann kam die Nutzung des Erdgases hinzu und stieg ebenfalls, vor allem in den letzten Jahren, kontinuierlich an. Seit der ersten Ölkrise im Jahre 1973 und besonders nach der zweiten 1979, ging die Bedeutung des Öls langsam zurück, während die Kohle wieder an Boden zu gewinnen begann, was sie in früheren Jahrzehnten verloren hatte. Erst nach dem Verfall der Ölpreise im Jahre 1986 stieg auch der Anteil des Öls wieder an.

Wenn wir uns nun den Anteil einzelner Länder an den weltweiten CO_2-Emissionen anschauen (s. Abb. 4), dann stellt sich heraus: Die USA sind mit einem Anteil von 24% der größte Emittent, ihr folgen die Sowjetunion mit 19%, Westeuropa (d.h. die zwölf EG-Länder) mit 14%, die Volksrepublik China mit 9% und Japan sowie das wiedervereinigte Deutschland mit jeweils etwa 5%. Diese Länder zusammen blasen etwa 70% oder mehr als zwei Drittel der künstlichen CO_2-Emissionen weltweit in die Luft. Die Industrieländer tragen also den Löwenanteil zu den globalen Emissionen bei.

Die Länder der Dritten Welt leisten andererseits den größten Beitrag zu den Emissionen durch Brandrodung, die gegenwärtig auf ca. 2 bis 4 Gt pro Jahr geschätzt werden. Der relative Anteil der Industrieländer an der Nutzung fossiler Energien und der CO_2-Emissionen ist seit geraumer Zeit zugunsten der Entwicklungsländer und der neu industrialisierten Staaten rückläufig. Beispielsweise hat sich der Anteil dieser Länder wie auch der Entwicklungsländer am Ölverbrauch des Westens zwischen 1973 und 1988 von 15 auf 28% erhöht.

Tabelle 4: Der Treibhauseffekt nach Verursacherbereichen. ***Geschätzte*** **Werte für die Emissionen Ende der 80er Jahre weltweit.**

		in %
$C0_2$:	Stromerzeugung	13
	Verkehr	13
	Industrie	9
	Haushalte	7
	Übrige fossile Nutzung	1
	Brandrodung/Landnutzung	13
Summe $C0_2$		56
Methan (CH_4)		15
Distickstoffoxid (N_20)		6
FCKW		23
Gesamtsumme		100

Quelle: Warrick u. Mitarbeiter, 1990; IEA, 1991.

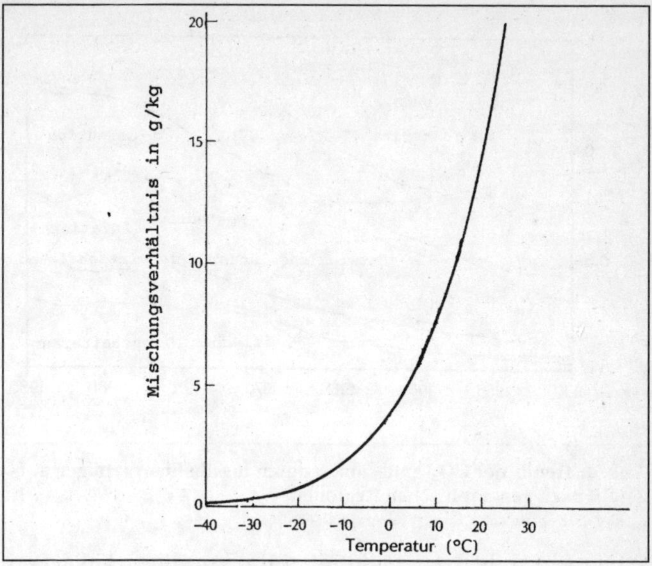

Abb. 2: Das Sättigungs- Mischungsverhältnis von Wasserdampf in Abhängigkeit von der Temperatur.

Quelle: Nach Anthes und Mitarbeiter, "The Atmosphere", 1978.

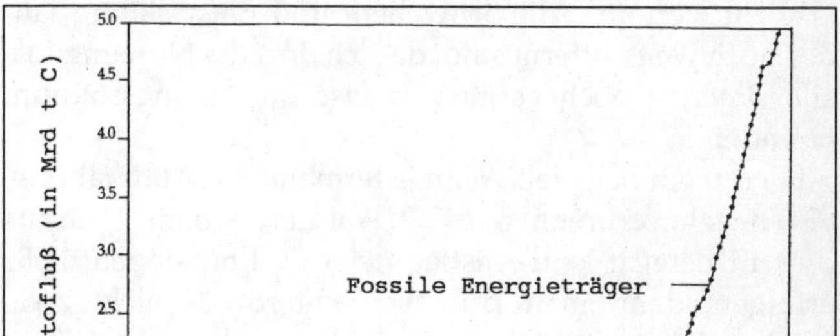

Abb. 3: CO_2-Emissionen durch Nutzung fossiler Energieträger und Freisetzung aus der Biosphäre 1860 bis 1980.

Quelle: World Resources Institute, 1991.

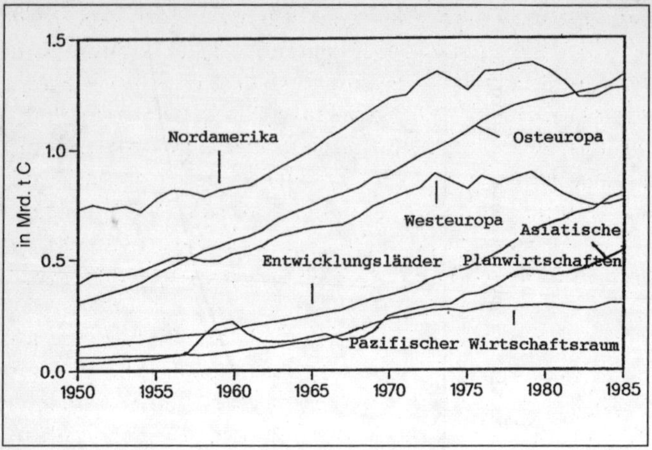

Abb. 4: Trends der CO_2-Emissionen durch fossile Energieträger, aufgeteilt nach geographischen Regionen.
Quelle:U.S. Department of Energy, Report DOE/FE-0164

Hierfür gibt es mehrere offenkundige Ursachen. Zunächst einmal hat die fossile Energienutzung in den Industrieländern in einigen Bereichen einen Sättigungsgrad erreicht, von dem die Schwellen- und Entwicklungsländer noch weit entfernt sind, da sich dort die Nutzung fossiler Energie noch vergleichsweise im Anfangsstadium befindet.

Hierzu ein Beispiel: Wenn jedermann ein Auto fährt — also Benzin verbrennt und CO_2 emittiert — dann kann aus diesem Bereich kein Anstieg der CO_2-Emissionen mehr erfolgen, denn man kann schlechterdings nicht zwei Wagen gleichzeitig fahren. In ähnlicher Weise kann man etwa bei den Haushaltsgeräten argumentieren, die mit elektrischem Strom betrieben werden, der aus einem Kohlekraftwerk stammt.

Kurz gesagt, in den Industrieländern ist in vielen Bereichen eine gewisse Sättigung im Energieverbrauch eingetreten. Sie dürfte die potentiellen, künftigen Zuwächse bei den CO_2-Emissionen erheblich einschränken. Das ist sicherlich in den Entwicklungsländern nicht der Fall. Hier liegt der durchschnittliche Verbrauch pro Kopf an fossiler Energie bei nur einem kleinen Bruchteil dessen, was in den Industrieländern verbraucht wird. Jedoch bewegt er sich dort zügig nach oben. Nicht nur das: Im Gegensatz zu den Industrieländern, wo die Bevölkerung kaum wächst, nimmt die Bevölkerung der Entwicklungsländer in atemberaubendem Maße zu. Diese beiden Faktoren zusammengenommen, rasches Bevölkerungswachstum und Wachstum des Energieverbrauchs pro Kopf, erklären zum größten Teil den rapiden Anstieg der CO_2-Emissionen. Es wird allgemein damit gerechnet, daß dieser Trend weiterhin anhält.

Da nun die geäußerte Besorgnis über den Spurengasanstieg und mögliche Klimaveränderungen eine Sorge über *künftige* Emissionszunahmen ist, werden die Energienutzung und CO_2-Emissionen der kommenden Jahrzehnte in den rasch wachsenden Regionen der Welt eine Schlüsselrolle einnehmen.

Zudem ist die Energienutzung zwar nicht vollständig, aber in hohem Maße von der wirtschaftlichen Entwicklung abhängig. Aus diesem Grunde verlief die CO_2-Emissionsentwicklung in der Vergangenheit parallel zur Wirtschaftsentwicklung. Die globale Verteilung der Wirtschaftsentwicklung hat sich nach dem Zweiten Weltkrieg drastisch gewandelt. Der einst dominierende, wirtschaftliche Riese USA sah seinen relativen Anteil am weltweiten Bruttosozialprodukt (BSP) langsam dahinschwinden. Zunächst schrumpfte er zugunsten der anderen Industrieländer, die ihre vom Kriege zerstörten Volkswirtschaften wieder auf die Beine brachten, und nun durch die Entwicklungsländer.

Die allgemeine Stagnation im Energieverbrauch in den Industrieländern nach den Ölkrisen der 70er Jahre kann als ein verzweifelter Versuch verstanden werden, die Abhängigkeit vom Importöl zu verringern. In den 70er Jahren wurden in fast allen Industrieländern Energiesparmaßnahmen vorgenommen, die — wenn man so will — einige Früchte trugen. Die wirtschaftlichen Verwerfungen, die mit der letzten Ölkrise einhergingen, waren beträchtlich. Die beiden Rezessionen 1974-75 und 1980-82, denen die Einbrüche bei der CO_2-Emission vor allem zu

„danken" sind, gehen neben finanzpolitischen Rahmenbedingungen auch auf das Konto der drastischen Ölpreissteigerungen.

Nachdem der Ölverbrauch abgenommen hatte, und insbesondere, nachdem der Marktanteil der OPEC-Staaten zurückgegangen war, wurden die Auswirkungen des verringerten Energieverbrauchs erkennbar. Der starke Einbruch der Ölpreise im Jahre 1986 wirkte dagegen wie ein „Geschenk des Himmels", nicht nur für die Industrieländer, sondern besonders auch für die an Öl und Devisen armen Entwicklungsländer. Man sprach in europäischen Kreisen in diesem Zusammenhang von einem Marshall-Plan der späten 80er Jahre. Das starke Wirtschaftswachstum der vergangenen Jahre wird zu einem Gutteil auf das Ölpreisgeschenk der OPEC-Staaten zurückgeführt. Dieses Bild sollte allerdings nicht in allzu rosigen Farben gemalt werden, da es einige verborgene Unrichtigkeiten und Gefahren enthält.

Zunächst einmal könnten die Preise wegen der erhöhten Nachfrage oder aufgrund politischer Ereignisse wie dem Golfkrieg wieder steigen. Dadurch könnte möglicherweise ein erneuter Ölschock ausgelöst werden, und die erhöhte Nachfrage führte unter Umständen zur Restauration einer Art OPEC-Ölkartell.

Für die Stagnation der CO_2-Emissionen der letzten Jahre in den Industrieländern gibt es neben der Zunahme der Energieeffizienz und der Sättigungserscheinungen beim Energieverbrauch einen weiteren Grund: nämlich strukturelle Veränderungen innerhalb der Volkswirtschaft. Wir erleben gegenwärtig eine Abkehr von energieintensiver Schwerindustrie hin zu einer Dienstleistungsgesellschaft, die mit erheblich weniger Energie auskommt. Dieser Trend soll dem Vernehmen nach auch zukünftig noch andauern.

Ein Beispiel mag das verdeutlichen: Um ein Wirtschaftsergebnis, das sich in einer bestimmten Summe Geld ausdrücken läßt, zu erzielen, braucht man im Montanbereich (z.B. bei der Stahlerzeugung) erheblich mehr Energie als bei der Herstellung von Personalcomputern oder dem Verkauf von Wertpapieren oder der Bereitstellung von „Finanzdienstleistungen".

Schauen wir uns abschließend die globalen CO_2-Emissionen an, aufgeschlüsselt nach Verursacherbereichen bzw. nach den Bereichen menschlicher Aktivität, in denen sie verursacht werden (Tab. 4). Beispielsweise trägt der Verkehr in den weiträumigen Vereinigten Staaten 29% zu den CO_2-Emissionen bei, während es weltweit nur ca. 13% sind. Im engräumigen Deutschland (alte Bundesrepublik) liegt die Zahl noch immer bei 19%.

Die Tabelle zeigt recht offensichtlich: Es gibt keine herausragende, alles andere überschattende, menschliche Aktivität, die man als „die" Treibhausquelle bezeichnen könnte. Dieser Schluß wird noch zwingender, wenn man die übrigen Treibhausgase mit berücksichtigt. Dazu zählen die FCKWs an oberster Stelle, mit denen wir uns später noch beschäftigen werden (Tab. 4, S. 26).

Methan

Das nächste Gas in unserer Gruppe der natürlichen Treibhausgase ist Methan, chemisch CH_4. Es leistet einen geschätzten Treibhausbeitrag von 15%. Methan entspringt meist natürlichen Quellen. Es steigt aus Sümpfen, Marschen und Reisfeldern auf und wird von Termiten und Wiederkäuern ausgeschieden (s. Tab. 5). Seine atmosphärische Konzentration ist geringer als die von CO_2, aber sie steigt viel schneller, nämlich um 1,1% pro Jahr an. Darüber hinaus ist Methan ein erheblich effektiveres Treibhausgas.

Wie aus Tab. 2 hervorgeht, hat 1 kg Methan die Treibhauswirkung von 58 kg CO_2.

Die Wissenschaft ist sich nicht ganz im klaren darüber, wie der rapide Anstieg der Methankonzentration in der Atmosphäre zu erklären ist. An industriellen Aktivitäten kommt der Kohlebergbau sowie die Exploration von Öl und Gasfeldern und die Verteilung von Erdgas in Frage. Es handelt sich hierbei aber um vergleichweise geringe Quellen. So kommt die Mehrheit der damit befaßten Wissenschaftler zu der Annahme, daß der Anstieg im we-

Tabelle 5: Geschätzte Quellen und Senken von Methan.

	Jährliche Freisetzung (Mio t CH_4)
Quellen:	
Natürliche Feuchtgebiete	115
Reisanbau	110
Wiederkäuer	80
Produktion und Förderung von Erdgas	45
Brandrodung	40
Termiten	40
Mülldeponien	40
Kohlebergbau	35
Ozeane	10
Frischwassergebiete	5
CH4 hydratische Destabilisierung	5
Senken:	
Entfernung durch Böden	-30
Atmosphärische Reaktion mit OH	-500
Anstieg in der Atmosphäre	44

Quelle: IPCC, 1990.

sentlichen durch die Zunahme der Nahrungsmittelproduktion zu erklären sei. Hier spielt besonders der Reisanbau und die Schlachtviehhaltung eine wichtige Rolle. Ein Indiz dafür ist, daß Bevölkerungswachstum und Methananstieg sich parallel zu entwickeln scheinen. Will man die Bevölkerung nicht „reduzieren" oder ihr den Brotkorb weghängen, dann wird man wohl auch die Methan-Emissionen in Kauf nehmen müssen.

Di-Stickstoff-Oxid (N_2O)

Die gestiegene Konzentration von N_2O soll bei momentanen Emissionsraten weitere 6% zum Treibhauseffekt beitragen. Die Ursachen des Anstiegs — etwa 0,25% pro Jahr — sind noch weniger geklärt, als dies bei Methan der Fall war. Man geht allgemein davon aus, daß die Ausbringung von stickstoffhaltigem Kunstdünger, die Verbrennung fossiler Energieträger und die Brandrodung jeweils ihren Beitrag dazu leisten (s. Tab. 6).

Tabelle 6: Abgeschätzte Quellen und Senken von N_2O.

	Bereich (Mio. t N/a)
Quellen:	
Ozeane	1,4 - 2,6
Böden (tropische Wälder)	2,2 - 3,7
(Wälder der mittleren Breiten)	0,7 - 1,5
Verbrennung	0,1 - 0,3
Brandrodung	0,02- 0,2
Düngemitteleinsatz	0,01- 2,2
Summe:	4,4 -10,5
Senken:	
Entfernung durch Böden	?
Photolyse in der Stratosphäre	-7 bis -13
Anstieg in der Atmosphäre	3 - 4,5

Quelle: IPCC, 1990.

Ozon

Schließlich sollen auch Veränderungen in der atmospärischen Ozonkonzentration auf zweifache Weise einen Beitrag zur globalen Erwärmung beisteuern. Zum einen vermutet man, daß Ozon im oberen Stockwerk der Atmosphäre, der *Stratosphäre* (oberhalb von 10 km Höhe), wegen der angeblich ozonzerstörenden Wirkung der FCKWs abnimmt. Wir werden darauf weiter unten noch zu sprechen kommen. Zum anderen glaubt man Hinweise dafür zu haben, daß Ozon im unteren Stockwerk, der *Troposphäre* (unterhalb von 10 km), als Folge eines allgemeinen Anstiegs von Stickoxid- und Kohlenwasserstoffemissionen zunimmt.

Die Ausdünnung der stratosphärischen Ozonschicht ließe größere Mengen an ultravioletter Strahlung bis zur Erdoberfläche vordringen. Das soll dort unabhängig vom Treibhauseffekt zu einer zusätzlichen, wenn auch geringen Erwärmung führen. Der Anstieg des troposphärischen Ozons erhöhte dagegen den Treibhauseffekt und trüge dadurch stärker zur Erwärmung bei. Im Gesamtergebnis wäre diese Erwärmung im Vergleich zu der, die andere Gasen verursachen, gering; zudem ist sehr unsicher, ob dergleichen wirklich geschieht, da keine verläßlichen Zahlen über den globalen troposphärischen Ozonanstieg bekannt sind. Abschließend sei noch angemerkt, daß der troposphärische Ozonanstieg den stratosphärischen Ozonrückgang im begrenzten Maße kompensieren könnte. Dies ist unter Umständen von einer gewissen Bedeutung bei der Einschätzung der zusätzlichen UV-Strahlung, die angeblich wegen der Ozonausdünnung in der oberen Atmosphäre in tiefere Schichten vordringt. Dort ist allerdings noch kein Anstieg der UV-Strahlung nachgewiesen worden.

2. Industrielle Spurengase

Wir wenden unsere Aufmerksamkeit nun der letzten Gruppe von Substanzen zu, die unter Umständen das Strahlungsgleichgewicht der Erde stören könnten. Sie sind in der Tat „Schwergewichte" hinsichtlich ihres Beitrages zum Treibhauseffekt (s. Tab. 2 und 4): Es sind dies die Fluorchlorkohlenwasserstoffe oder kurz: FCKWs. Sie treten natürlicherweise nicht in der Erdatmosphäre auf und sind ausschließlich das Produkt oder Nebenprodukt industrieller Aktivitäten des Menschen.

FCKWs waren bis vor kurzem als Treibmittel in Sprühdosen weit verbreitet. Sie werden nach wie vor als Kältemittel in mobilen und stationären Klimaanlagen und Kälteaggregaten, wie in normalen Haushaltskühlschränken, verwendet. Schließlich dienen sie als Löschmittel bei heiklen Brandherden, z.B. in Computeranlagen, sowie als Verdünner und Reinigungsmittel. Sie wurden Ende der 20er Jahre entwickelt und fanden wegen ihrer günstigen technischen und chemischen Eigenschaften schnell weite Verbreitung. Ihre weltweite Verwendung stieg bis in die 70er Jahre mit zweistelligen Wachstumsraten an. Dann kam der Verdacht auf, sie könnten schädliche Auswirkungen auf die stratosphärische Ozonschicht haben. In den USA wurde ihre Verwendung daraufhin vorsichtshalber in einigen Verwendungsbereichen eingeschränkt. Das gilt hauptsächlich für ihren Einsatz als Treibgas in Sprühdosen.

Nach der Entdeckung des Ozonlochs, das weitgehend den FCKWs angelastet wurde, nahmen auf internationaler Ebene die Bemühungen zu, ihre Verwendung stärker einzuschränken, wenn nicht sogar völlig zu verbieten. Als erster Schritt in dieser Richtung kam das „Montrealer Protokoll" zustande, dessen Signaturstaaten sich verpflichteten, die FCKW-Produktion bis zum Jahre 2000 um 30% zu senken.

Die internationalen Umweltbewegungen gaben sich damit jedoch nicht zufrieden, und so kam es zwischen 1988 und 1990 zu mehreren Folgekonferenzen, auf denen sich eine Reihe von Staaten zu noch drastischeren Reduzierungsmaßnahmen verpflichteten — bis hin zum völligen Verbot. Einer dieser Staaten ist die Bundesrepublik Deutschland.

Treibhauseffekt und Ozonloch...

Die Zerstörung der stratosphärischen Ozonschicht läßt mit Ausnahme einer kleinen Überschneidung, auf die wir sogleich eingehen wollen, nahezu keine Querverbindungen zum Treibhauseffekt zu. Trotzdem werden Ozonloch und Treibhauseffekt in der öffentlichen Debatte häufig in einem Atemzug genannt, sozusagen als zwei Faktoren der angeblichen Klimakatastrophe. Wir wollen hier nicht versuchen, eine erschöpfende Antwort auf die komplexen wissenschaftlichen Fragen zu geben, die das Problem der stratosphärischen Ozonausdünnung umgeben, aber ein kurzer Exkurs ist an dieser Stelle doch angebracht.*

Die FCKWs sind sehr schwere Gase, die man wegen ihres großen spezifischen Gewichts wie Flüssigkeiten gießen kann. Wegen ihrer chemischen Eigenschaften sind

* Zur Problematik der FCKWs erscheint in der gleichen Reihe in der Dr. Böttiger Verlags-GmbH das Buch von Roger M. Maduro, *Ozonloch, das mißbrauchte Naturwunder*.

sie in der unteren Atmosphäre sehr stabil. Es sind keine Mechanismen bekannt, die sie dort zerstören könnten. Das macht sie gerade für verschiedene industrielle Anwendungen so wertvoll. Über längere Zeiträume hinweg werden sie trotz ihres hohen spezifischen Gewichts teilweise in die Stratosphäre hinaufgemischt, wobei sie die Tropopause, eine starke Barriere zwischen Troposphäre und Stratosphäre, durchbrechen. Wenn sie allerdings dort angelangen, fallen sie der kürzerwelligen UV-Strahlung anheim, die von den unteren Atmosphäreschichten durch die stratosphärische Ozonschicht ferngehalten wird.

Diese UV-Strahlen brechen nun die FCKW-Moleküle auf und setzen Chloratome frei. Diese brechen nun — laut Ozonloch-Theorie — ihrerseits weitere Ozonmoleküle auf, ohne dabei selbst in erwähnenswertem Maße aufgebraucht zu werden. Deshalb können theoretisch schon relativ kleine Mengen von Chloratomen einen beträchtlichen Ozonabbau bewirken. Man hat geschätzt, daß bei Fortsetzung gegenwärtiger Trends (was immer damit gemeint sein mag), und falls die FCKW-Moleküle sich so verhalten, wie man es annimmt, die derzeitige Freisetzung von FCKWs nach 50-100 Jahren zu einer Ozonvernichtung von etwa 10-15% führen könnte.

Die ganze um die FCKWs entfachte Hysterie berücksichtigt aber nicht die millionenfach größeren Quellen, durch die bisher, und schon lange vor den FCKWs, Chlor in die Atmosphäre gelangt ist. Dazu gehören neben vielen anderen Quellen jene beträchtlichen Chlorgasmengen, die Vulkanausbrüche begleiten.

Man sollte sich jedoch auch darüber im klaren sein, daß die atmosphärenchemischen Modellrechnungen, worauf die Annahmen über das Verhalten des Chlors in der Stratosphäre beruhen, notorisch unsicher sind. Sie haben in nur wenigen Jahren große Sprünge in die eine und dann wieder in die andere Richtung vollführt, und tun das noch immer. Die drastischen Sprünge in den Einschätzungen ergeben sich aus „Verbesserungen" (oder scheinbaren Verbesserungen) in der modellmäßigen Erfassung der komplexen Atmosphärenchemie. Die Sache änderte sich aber schlagartig, als man 1985 das „Ozonloch" über der Antarktis entdeckte und keiner der bislang beschriebenen Reaktionsmechanismen in der Lage war, die plötzliche und zeitlich begrenzte Ozonvernichtung zu beschreiben, die nun einmal in jedem antarktischen Frühjahr sechs Wochen lang in Erscheinung trat. Bald stellte sich jedoch heraus, daß es sich bei dem Ozonloch möglicherweise um kein völlig neues Phänomen handelte, denn ähnliche, unerklärliche Ozonausdünnungen wurden über der Antarktis von dem englischen Wissenschaftler Dobson bereits im Jahre 1957 beobachtet.

Allerdings geben sich Wissenschaftler manchmal als recht helle Jungs aus. So dauerte es nicht lange, bis sie einen Mechanismus herausfanden, der die plötzliche und zeitlich begrenzte Ozonvernichtung erklären sollte.

Dabei spielen die FCKWs und eine Kombination von natürlichen Faktoren eine Rolle, die nur über der Antarktis auftritt. Der wesentliche Punkt ist, daß ein „Ozonloch" nur bei sehr tiefen Temperaturen auftreten kann, die mehrere Wochen lang anhalten müssen. Diese Bedingungen treten in der antarktischen Stratosphäre nur im Winter auf. Darüber hinaus müssen noch bestimmte gefrorene Partikel vorhanden sein, sogenannte „polare stratosphärische Wolken" (PSWs). Sie bilden sich nur, wenn ein bestimmter Schwellenwert der Temperatur unterschritten wird. Diese PSWs agieren dann zu Beginn des antarktischen Frühjahres, wenn die Sonne dort erstmals wieder den Horizont überschreitet, als Reaktionspartner mit den FCKWs und verursachen die plötzliche Ozonvernichtung, die sich als „Ozonloch" — d.h. drastisch reduzierte Ozonwerte in der Stratosphäre — bemerkbar macht.

Dieses Loch verschwindet nach ein paar Wochen wieder, wenn die Sonne wieder höher über den Horizont der Antarktis klettert und der normale Prozeß der Ozonbildung wieder einsetzt. So viel kann man jedenfalls sagen: Das Ozonloch ist ein vorübergehendes Phänomen, welches aufgrund natürlicher Faktoren auf die Antarktis begrenzt bleibt. Je nach dem, wie diese natürlichen Faktoren

— im wesentlichen die Temperatur und die PSWs — sich verhalten, verschwindet dieses „Loch" und taucht wieder auf, einmal größer, ein andermal kleiner.

...hängen anders zusammen, als man denkt

„Temperatur" ist das Schlüsselwort, wenn wir uns jetzt der Querverbindung zwischen Treibhauseffekt und Ozonschwund zuwenden.

Der Treibhaustheorie zufolge müssen wir damit rechnen, daß die Temperaturen in der Troposphäre, dem Untergeschoß der Atmosphäre, steigen. Diese Theorie verlangt dann aber auch, daß die Temperaturen gleichzeitig in der Stratosphäre sinken. (Weshalb das so ist, soll uns im Moment nicht interessieren). Entscheidend ist, daß dadurch die Bildung der PSWs gefördert wird, die sich ja nur unterhalb eines bestimmten Temperaturschwellenwerts bilden. Daraus soll folgen: Wenn die Temperaturen in der antarktischen Stratosphäre durch den Treibhauseffekt sinken, müßten wir mit häufigeren Ozonlöchern rechnen, wenn weiterhin FCKWs freigesetzt werden.

Unglücklicherweise ist das nur die eine Hälfte der Geschichte. Denn, um die Angelegenheit noch weiter zu komplizieren, haben die Wissenschaftler auch herausgefunden, daß niedrigere Temperaturen in der Stratosphäre — als Folge des Treibhauseffekts — den Prozeß der langfristigen Ozonausdünnung verlangsamen oder gar abmildern. Deswegen könnte der Treibhauseffekt eine „heilende" Auswirkung auf die langfristige Ozonausdünnung haben und in diesem Sinne sogar nützlich sein.

In jüngster Zeit gab es Berichte über kleinere Ozonlöcher, die über der Arktis beobachtet wurden. Hierbei handelt es sich jedoch um Erscheinungen wesentlich kleineren Ausmaßes und von nur vorübergehender Natur. Sie können in keiner Weise mit den riesigen und ausgedehnteren Ozonlöchern verglichen werden, die über der Antarktis beobachtet wurden. Nur die zugrundeliegenden, chemischen Prozesse sollen grundsätzlich die gleichen sein. Jedoch gibt es keinen Grund zur Annahme, daß diese kleinen Löcher wachsen und eines Tages sogar antarktische Ausmaße annehmen könnten: Die Unterschiede zwischen den arktischen und den antarktischen atmosphärischen Zirkulationsverhältnissen sind dafür entschieden zu groß.

Der längerfristige Ozonabbau in der Stratosphäre könnte zu einem Anstieg der ultravioletten Strahlung an der Erdoberfläche führen. Dadurch sollen angeblich schädliche Auswirkungen auf die Biosphäre und den Menschen entstehen. Erwiesen ist das nicht. Manche glauben darin sogar das Gegenteil erkennen zu können, nämlich wachstumsfördernde Auswirkungen auf die Biosphäre. Es wird gegenwärtig darüber diskutiert, ob eine solche Abnahme der Ozonkonzentration bereits stattfindet. Aber abgesehen von den polaren Breiten der Südhemisphäre ist es anderswo zu keinem bemerkbaren Ozonabbau gekommen, der über das Maß der natürlichen Schwankungen hinausginge.

Darüber hinaus haben Messungen der ultravioletten Strahlung an verschiedenen Orten in den USA und in Europa in den letzten 10-15 Jahren ergeben, daß die Strahlung, falls sie sich überhaupt verändert hat, dann abgenommen hat. Damit entfällt ein weiterer Hinweis auf den theoretisch geforderten Ozonabbau, der ja den Anstieg der UV-Strahlung zur Folge hätte. Ferner stellen einige Wissenschaftler die schädlichen Auswirkungen eines 10- bis 20prozentigen Anstiegs der UV-Strahlung auf die Biosphäre in Frage. Denn — so argumentieren sie — die natürliche UV- Strahlung nimmt um einen Faktor von 2-3 zu, wenn man sich vom hohen Norden oder Süden her dem Äquator zubewegt. Der durch den mäßigen Ozonschwund bewirkte, weit geringere Anstieg der UV-Strahlung entspräche lediglich einer Reise von nur einigen Dutzend Kilometern in Richtung Äquator!

Wenn wir nun zur Rolle der FCKWs als Treibhausgase zurückkehren, fällt uns zunächst auf, daß sie trotz ihrer sehr geringen Konzentration in der Atmosphäre eine derart wichtige Rolle spielen. Auch dies ist wiederum, wie schon bei den anderen Treibhausgasen, ihrer besonderen molekularen Struktur zuzuschreiben. Die bewirkt nämlich einerseits ein breiteres Absorptionsband für Wärmestrahlung, und andererseits, daß ihr Absorptionsbereich genau in den Bereich eines der „Löcher" in unserem atmosphärischen Schutzschild fällt. Daraus ergibt sich, daß 1 kg FCKW die Treibhauswirkung von mehr als 4 000 kg CO_2 hat (s. Tab. 2). Dazu kommt, daß ihre Konzentration in der Atmosphäre mit 3-5% im Jahr sehr rasch wächst und sie sich dort, wegen ihrer großen Stabilität auch sehr lange aufhalten können, nämlich durchschnittlich über 100 Jahre lang. Ihr Anteil an dem vom Menschen bewirkten Treibhauseffekt wird auf 20-25% geschätzt und wird wahrscheinlich noch wachsen.

Ergänzende und weiterführende Literatur:

Angell, J.K., 1987: Seasonal Differences in the Trend of Total Ozone and Contributions from Tropospheric and Stratospheric Layers. In: Monthly Weather Review, 115, Seite 753-762.

Anthes, R.A., H.A. Panofsky, J.J. Cahir and A. Rango, 1978: The Atmosphere. 2. Edition, Charles E. Merrill Publishing Company, Columbus, Ohio 43216, USA, 442 Seiten.

Battan, T.A., P. Kanciruk, und M.P. Farrell, 1990: Trends '90: A Compendium of Data on Global Change. Oak Ridge, Tennessee, Carbon Dioxide Information Analysis Center, Environmental Science Division, Oak Ridge National Laboratory.

Bojkov, R.D. and P. Fabian, 1989: Ozone in the Atmosphere. Proceedings on the Quadrennial Ozone Symposium 1988 and Tropospheric Ozone Workshop. Göttingen, Federal Republic of Germany, 4.-13. August 1988, A. Deepak Publishing, Hampton, Virginia, USA.

Eckman, R.S, J.D. Haigh und J.A. Pyle, 1987: An Important Uncertainty in Coupled Chlorine-Carbon Dioxide Studies of Atmospheric Ozone Modification, Nature, 329, Seite 616-619.

Ellsaesser, H.W., 1982: Should we Trust Models or Observations? Atmospheric Environment, 16, No. 2, Seite 197-205.

Goody, R.M. und J.C.G. Walker, 1972: Atmospheres. Prentice Hall, 150 Seiten.

Hart, M.H.,1978: The Evolution of the Atmosphere of the Earth. Icarus, 33, Seite 23-29.

Hess, S.L., 1959: Introduction to Theoretical Meteorology. Holt, Rinehart and Winston, New York, 362 Seiten.

IPCC, 1990: Climate Change: The IPCC Scientific Assessment. ed. by

Houghton, J.T., G.J. Jenkins und J.J. Ephraums, Cambridge University Press, Cambridge England, 365 Seiten.

Maduro, R.M., 1991: Ozonloch, das mißbrauchte Naturwunder. Dr. Böttiger Verlags-GmbH, Wiesbaden, erscheint demnächst.

Schoeberle, M.R. und D.L. Hartmann, 1991: The Dynamics of the Stratospheric Polar Vortex and Its Relations to Springtime Ozone Depletions. Science, 251, Seite 46-52.

Urey, H.C., 1952: The Planets: Their Origin and Development. Yale University Press, New Haven.

U.S. Department of Energy, 1990: A Fossil Energy Perspective on Global Climate Change. Report DOE/FE-0164, 99 Seiten.

World Meteorological Organisation (WMO), 1986: Atmospheric Ozone 1985. Global Ozone Research and Monitoring Project Report No. 16, 3 Bdd., WMO Genf.

World Resources Institute, 1991: Minding the Carbon Store: Weighing U.S. Forestry Strategies to Slow Global Warming, 81 Seiten.

2. KAPITEL

Können wir in die Zukunft sehen?

Bislang haben wir uns nur Gedanken über die vergangenen und gegenwärtigen Emissionsraten der verschiedenen Treibhausgase gemacht. Über die Zukunft haben wir aber noch nichts gesagt. Die Zukunft ist natürlich das entscheidende Thema der ganzen Treibhausdebatte. Niemand würde sich über die Spurengasemissionen der Vergangenheit aufregen, wenn er nicht erwartete, daß die *zukünftigen* Emissionen in irgendeiner Weise das Klima schädigen könnten.

Hier beginnt das Leben jedoch schwierig zu werden. All die Befürchtungen, die über die zukünftige Entwicklung des Klimas geäußert werden, nehmen in irgendeiner Weise an, daß die Treibhausgase sich in der Atmosphäre weiter wie bisher anreichern oder in irgendeiner bedenklichen Form schnell und massiv genug zunehmen werden, um zu spürbaren, schädlichen Auswirkungen auf das Klima zu führen. Diese Auswirkungen würden angeblich so zeitig und so ernsthaft auftreten, daß sofortige Gegenmaßnahmen zwingend geboten seien, damit die Emission von Treibhausgasen noch rechtzeitig vermindert oder verhindert werden kann.

Deswegen werden wir uns bei der Untersuchung der wissenschaftlichen Grundlagen des Treibhauseffekts und seiner angeblichen negativen Auswirkungen auf das Klima nun mit der Frage beschäftigen müssen, wie sich die Emission der betreffenden Spurengase in der Zukunft entwickeln wird, und worauf sich die dabei vielfach geäußerten Erwartungen stützen können. Wir wollen also nicht nur herausfinden, *ob* es zu einer ernsthaften Spurengasanreicherung kommen wird, sondern auch *wann* es dazu kommen könnte. Dabei kommt es durchaus auf den zeitlichen Ablauf der Ereignisse an. Der Zeitraum, innerhalb dessen es zu möglichen Klimaänderungen kommt, bestimmt, wie drastisch die Natur davon in Mitleidenschaft gezogen wird und wie zerstörerisch dies ausfällt. Dieser Zeitraum bestimmt aber auch, wieviel Zeit uns noch bleibt, um diese Klimaänderungen abzuwenden, falls wir das wollen. Denn es ist offensichtlich: Wenn wir schädliche Klimaänderungen bereits in etwa 20 Jahren erwarten müssen, dürften wir keine Zeit mehr verschwenden. Falls diese Änderungen erst in 100 Jahren einträten, könnten wir es uns leisten, etwas Zeit darauf zu verschwenden, nach der *besten* Möglichkeit zu fahnden, um sie abzuwenden.

Und nun die Kristallkugel bitte!

Wenden wir also unsere Aufmerksamkeit zunächst dem CO_2 zu, das ja in der Treibhausdebatte die Hauptrolle spielt. Ihm widmen sich eine große Anzahl von Studien, die herausfinden wollen, in welcher Weise die CO_2-Emissionen mit einer Reihe von wirtschaftlichen Faktoren zusammenhängen. Da CO_2 im wesentlichen durch die Energieumwandlung freigesetzt wird, konzentrierte sich die Debatte in der Vergangenheit (und wird es wahrscheinlich auch in Zukunft tun) auf die Energiepolitik, wo sich Aktivisten jeglicher politischer Einfärbung am liebsten tummeln und sich besonders gern der Querverbindungen zwischen Klima und Energieverbrauch annehmen. Auf den ersten Blick scheinen diese beiden Bereiche wenig miteinander zu tun zu haben. Sie stehen jedoch, wie wir bald sehen werden, in vielerlei Hinsicht in enger Verbindung miteinander.

Bevor wir hier weiter ins Detail gehen, sollten wir uns darüber im klaren sein, daß wir uns mit allen Voraussagen und Annahmen auf recht dünnem Eise bewegen. Denn jede Projektion in und jede Annahme über die Zukunft ist in den meisten Fällen nur eine Spekulation. Es können so viele unvorhersehbare Ereignisse eintreten, sei es ein Krieg wie Anfang 1991 im Irak, eine Wirtschafts- oder Finanzkrise oder ein größerer technologischer Durchbruch wie z.B. bei der Kernfusion, etwa bei der umstrittenen „kalten Fusion". Es genügt ein Ereignis solcher Art, und alle Annahmen über die zukünftige Entwicklung fallen dahin.

Wie ist es dem früheren saudiarabischen Ölminister Scheich Jamani ergangen? Er konnte sich die besten verfügbaren Prognostiker leisten, die ihm aus den gegenwärtigen Trends die mögliche Entwicklung des Ölpreises vorhersagen sollten. Aufgrund der ihm vorgelegten Projektionen verkündete er im Jahre 1981 öffentlich, die Ölpreise könnten nur noch steigen. Die Preise hielten sich aber nicht an die Projektionen dieser Experten, sondern sind seither nur noch gefallen. Im Jahre 1986, nach dem Zusammenbruch der Ölpreise, wurde Jamani seiner Dienstpflichten enthoben.

Aussagen darüber, wieviel CO_2 in Zukunft pro Jahr an die Atmosphäre abgegeben wird, sind Aussagen über die Entwicklung des Energieverbrauchs und damit über die Entwicklung der produzierenden Wirtschaft. Im ersten Kapitel haben wir dazu einiges gesagt.

Es gibt zahlreiche Beispiele dafür, daß Vorhersagen über die wirtschaftliche Entwicklung noch unzuverlässiger sind als langfristige Wettervorhersagen. Nehmen wir ein Beispiel aus jüngster Zeit. Waren sich nicht die meisten „Experten" und „Fachleute" im Sommer des Jahres 1987 absolut sicher, daß die Aktienkurse nur noch steigen könnten? Nur zwei Monate später stürzten die Kurse mit lautem Gepolter an den Börsen in die Tiefe. Und dann waren es wieder die „Experten" und „Fachleute", die eine schwere und andauernde Stagnationskrise voraussagten, vergleichbar der, die dem Börsenkrach der 20er Jahre gefolgt war. Aber sie wurden Zeuge eines wundersamen Aufschwungs an den Wertpapiermärkten, und das schon im darauffolgenden Jahr. Offensichtlich können sich sogar „Experten" manchmal irren.

Woran sind wir also? Wir sollten jede Aussage über die

Zukunft mit sehr viel Vorsicht genießen und nach möglichen Fehlerquellen suchen. Und wir sollten uns darauf einstellen, solche Prognosen auseinanderfallen zu sehen, falls eine oder mehrere der Annahmen, worauf sie sich stützen, hinfällig werden. Vorhersagen sind eben schwierig, besonders diejenigen, welche die von Menschen gestaltete Zukunft betreffen.

Wenn wir jetzt zu den CO_2-Emissionen zurückkehren, wissen wir, daß die vergangenen – wie auch die künftigen – Emissionen von einer Reihe wirtschaftlicher Faktoren abhängen. Die wichtigsten sind: Bevölkerungswachstum – Wirtschaftswachstum – Wachstum des Energieverbrauchs – Struktur des Energieverbrauchs.

Alle diese Faktoren haben unmittelbar mit unseren Lebensbedingungen zu tun. Wir begreifen damit vielleicht das Ausmaß und die möglichen Auswirkungen der Treibhausdebatte auf unser Leben. Die Frage der CO_2-Emission, die für den Treibhauseffekt so maßgeblich sein soll, hängt sehr eng mit jeder menschlichen Aktivität zusammen, vor allem mit solchen Tätigkeiten, die zur Erhaltung unseres Lebens und materiellen Wohlbefindens dienen. Daher scheint es nahezu unmöglich, die CO_2-Emissionen zu senken oder gar völlig einzustellen. Schließlich atmen wir ja auch CO_2 aus.

Der erste der genannten Faktoren, das Bevölkerungswachstum, wird in den kommenden Jahrzehnten für die Entwicklungsländer sehr wichtig werden. Er wird natürlich nicht ohne Berücksichtigung des Lebensstandards der Bevölkerung und damit des Wirtschaftswachstums zu behandeln sein. Die Entwicklungsländer geben gegenwärtig durchschnittlich nur 1/5 der Menge CO_2 an die Atmosphäre ab, die sich die Industrieländer leisten. Schlägt man die CO_2-Emission pro Kopf der Bevölkerung um, dann sind die Werte noch viel geringer. Wenn man jedoch annimmt, daß die Bevölkerung der Entwicklungsländer in den nächsten fünf Jahrzehnten mit einer durchschnittlichen Jahresrate von 2% wächst — das entspricht dem durchschnittlichen Wachstum in den letzten 20 Jahren; und wenn man von der eher unwahrscheinlichen Annahme ausgeht, daß die Emission pro Kopf dort konstant bleibt, dann wird sich trotzdem die CO_2-Emission in den Entwicklungsländern insgesamt mehr als verdoppeln.

Jedoch erscheint es unvernünftig, von konstanten Emissionen pro Kopf auszugehen. Die Volkswirtschaften der Entwicklungsländer müssen, wenn sie das Überleben ihrer Bevölkerungen sichern wollen, wahrscheinlich sehr hohe Zuwachsraten erzielen. Das damit einhergehende Wirtschaftswachstum wird — wenn nicht irgendein Wunder geschieht — vornehmlich auf der Nutzung fossiler Energieträger beruhen. Wenn man nun eine durchschnittliche Wachstumsrate von 3% pro Jahr annimmt, was wiederum eine moderate Zahl ist, würde dies ein Wachstum pro Kopf von jährlich 1% bedeuten. Wenn man dann noch annimmt, daß die pro Geldeinheit des Bruttosozialprodukts freigesetzte CO_2-Menge gleich bleibt, werden sich die CO_2-Emissionen in 50 Jahren mehr als vervierfachen. Das ist immer noch eine sehr moderate Schätzung. Legt man die Trends zugrunde, die nach dem Zweiten Weltkrieg in den Entwicklungsländern auftraten — damals wuchs die CO_2- Emission um gut 6,3% pro Jahr an —, dann verzwanzigfacht sich die CO_2-Emission in den nächsten 50 Jahren. Und selbst in diesem Fall bliebe die Emission pro Kopf in den Entwicklungsländern teilweise noch unter den in einigen Industrieländern gängigen Werten.

Allmählich bekommen wir ein Gefühl für das zweite Thema, das sich mit der Treibhausdebatte vermischt: das Wohlstandsgefälle zwischen Nord und Süd.

Um dieses kaum zu rechtfertigende Gefälle auszugleichen, muß der Süden sich aus dem Dilemma, in dem er sich befindet, durch ein solides Wirtschaftswachstum herausarbeiten dürfen. Das verlangt wiederum die erweiterte Nutzung fossiler Energieträger.

Inzwischen ist das Bevölkerungswachstum in den Industrieländern in weiten Bereichen zum Erliegen gekommen, in einigen Ländern ist es sogar rückläufig. Deswegen wird ihr künftiger Beitrag zu den CO_2-Emissionen, soweit er als Folge des Bevölkerungsanstiegs auftritt, im Vergleich zu den Entwicklungsländern wahrscheinlich nur sehr niedrig ausfallen.

Andererseits wird das Wirtschaftswachstum in den Industrieländern beibehalten werden. Gehen wir nur von einem durchschnittlichen Wirtschaftswachstum von 2% pro Jahr aus, dann werden sich die CO_2-Emissionen in den nächsten 50 Jahren dort verdoppeln, wenn der Brennstoffeinsatz pro Einheit BSP beibehalten wird. Dabei sind 2% Wachstum eine sehr maßvolle Annahme. Sie erscheint trotzdem sinnvoll zu sein, denn sie ist geringer als in den stürmischen Nachkriegsjahren, aber höher als während der schwierigen wirtschaftlichen Zeiten in den 70er und 80er Jahren.

Wie wir jedoch schon gesehen haben, beginnen Wirtschaftswachstum und Energienutzung sich voneinander abzukoppeln. Recht spürbar wurde das nach den traumatischen Erfahrungen der Energiekrise in den 70er Jahren. Heute verwendet man viel weniger Energie, insbesondere fossile Energie, um eine Einheit Bruttosozialprodukt herzustellen, als in den frühen 70er Jahren. Diese Tatsache wird sehr eindrucksvoll in Tab. 7 demonstriert. Sie zeigt den Grad der Energieausnutzung in verschiedenen Ländern. Hier liegt, wenig überraschend, wieder einmal Japan an der Spitze. Aber auch die anderen Industrieländer stehen nicht schlecht da.

Alles in allem kann man bei einem ersten Überblick sagen, daß die Zunahme in der Energieeffizienz und strukturelle Veränderungen in den Volkswirtschaften den

Tabelle 7: Zeitliche Entwicklung der Energieintensität in einigen OECD-Staaten zwischen 1970 und 1985 (1970 = 100).

	1970	1975	1980	1985	1970*	1985*
BRD	100	91	89	82	0,38	0,31
Japan	100	96	85	72	0,40	0,29
USA	100	95	89	76	0,76	0,57
OECD	100	94	89	79	0,55	0,43

* Tonnen Öläquivalent pro 1.000 US$ (1980) BSP

Quelle: Nach OECD.

Emissionseffekt ihres Wirtschaftswachstums fast ausgleichen konnten.

Nehmen wir nun an, die Industrieländer könnten auch weiterhin die Energieeffizienz ihrer Volkswirtschaft im gleichen Tempo steigern, und dieses Tempo über die nächsten 50 Jahre aufrecht erhalten. In diesem Fall würde bei einem Wirtschaftswachstum von 2% die CO_2-Emission nur um 0,7% p.a. zunehmen. Das dürfte aber sehr schwierig und eher fragwürdig sein. Denn wir befinden uns nicht nur auf der Lernkurve in einer ungünstigeren Position. Jedenfalls würde selbst in diesem unwahrscheinlichen Fall die CO_2-Emission in den nächsten 50 Jahren weiterhin um gut 40% wachsen, wenn das Bruttosozialprodukt sich verdoppelte.

Wir können nun weiterrechnen und noch annehmen, daß ein Teil des Effizienzgewinnes sich auch in den schneller wachsenden Volkswirtschaften der Entwicklungsländer durchsetzen läßt. Freilich müßte man ihnen bei der Energienutzung mehr freie Hand lassen, da sie sich von einem niedrigeren Ausgangsniveau abstoßen müssen. Wenn wir den Effizienzgewinn dort also mit etwa 1% pro Jahr ansetzen, würden die CO_2-Emissionen bei einem Wirtschaftswachstum von 3% noch immer um 2% wachsen und sich in 50 Jahren mehr als verdoppeln. Bei dieser Annahme teilen wir den Effizienzgewinn in folgender Weise grob auf: Kein Effizienzgewinn in den ersten 25 Jahren, d.h. die CO_2-Emissionen wachsen im Gleichschritt mit dem Wirtschaftswachstum. Das scheint eine vernünftige Annahme zu sein, denn während der Aufbauphase wird pro Einheit Bruttosozialprodukt mehr Energie verbraucht, als noch während der Zeit der Unterindustrialisierung. In den späteren Stadien der Industrialisierung wachsen dann die CO_2-Emissionen mit 1/3 der Rate des Wirtschaftswachstums, also um 1%.

Fassen wir dann in 50 Jahren die Emissionen der Industrieländer mit denen der Entwicklungsländer zusammen, so ergibt sich eine jährliche CO_2-Emission von etwa 10 Mrd. Tonnen Kohlenstoff. Dieses recht einfache Szenario, das natürlich genauso unsicher ist wie jedes andere

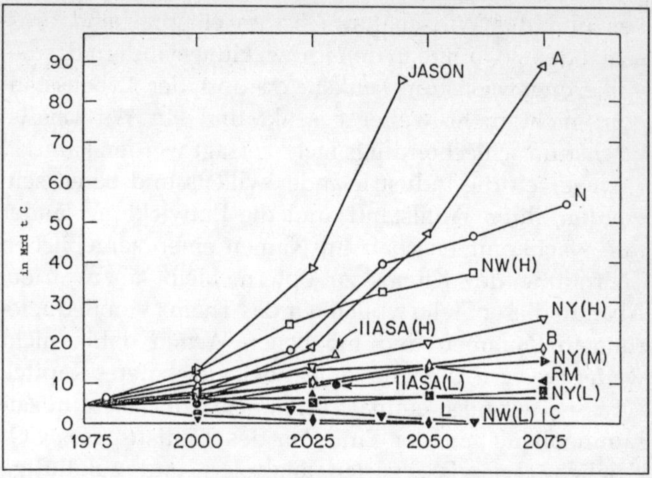

Abb. 5: Verschiedene Szenarien für die künftige Entwicklung der CO_2-Emissionen. Die Beschriftung der einzelnen Kurven bezieht sich auf die Prognosen verschiedener Forschergruppen

Quelle: Oak Ridge Natinal Laboratory, 1984

auch, hat eine gewisse Chance, nicht allzusehr daneben zuliegen. Es hält sich in der Tat recht genau im Mittelfeld der Schätzungen einer Anzahl von Studien aus jüngster Zeit. Die Bandbreite dieser Schätzungen zeigt Abb. 5. Diese Szenarien rechnen wie das unsrige mit einem gewissen Maß an Energieeffizienzgewinnen und damit, daß sich die heutige Emission mindestens verdoppeln wird.

Dieses einfache Energiebedarfsszenarium ist unvereinbar mit Forderungen, die die CO_2-Emission um 20 oder sogar 50% senken wollen. Denn wir können unsere Augen nicht vor den Folgen verschließen, die die Ausführung solcher Forderungen für die Menschen heraufbeschwört. Wir haben ja angedeutet, welch zentrale Rolle die Nutzung fossiler Energieträger, berechtigt oder unberechtigt, in den Volkswirtschaften rund um die Welt einnimmt. Müßte es trotzdem zu einer 20prozentigen Reduzierung des CO_2-Ausstoßes kommen, dann bliebe der Menschheit die Wahl zwischen zwei mehr oder weniger unangenehmen Möglichkeiten: Sie könnte entweder in den Industrieländern den Lebensstandard drastisch senken und das Wirtschaftswachstum entsprechend drosseln; oder sie müßte in den Entwicklungsländern das Bevölkerungswachstum senken, da dort der Lebensstandard nicht mehr weiter gesenkt und ein Wirtschaftswachstum schlechterdings nicht versagt werden kann.

Inwieweit die Industrieländer willens und bereit sein werden, ihren Wohlstand, und die Entwicklungsländer ihre Nachkommenschaft im Namen einer vorgeblichen Bedrohung des Klimas zu opfern, bleibt abzuwarten. Aber an dieser Stelle wollen wir das Thema von Reduzierungsmaßnahmen und möglichen Wegen dahin nicht weiter erörtern, denn davon handelt ein späteres Kapitel.

Fassen wir noch einmal zusammen: Wir haben im Zusammenhang mit der Emission des Treihausgases CO_2 mögliche Energieszenarien analysiert und zukünftige Emissionsraten ermittelt. Wir haben bei aller gebotenen Vorsicht ein mögliches Szenario vorgestellt, das so ziemlich in der Mitte der Prognosen liegt, die eine Anzahl verschiedener anderer Studien vorgeschlagen haben. Unser Vorschlag vermeidet also nach beiden Seiten hin extreme Entwicklungen und scheint uns daher noch der annehmbarste zu sein. Aus ihm ergibt sich, daß die Emission an CO_2 in die Atmosphäre jährlich um 1-1,5% zunehmen dürfte.

Wir sollten uns daran erinnern, daß diese Schätzung bereits ein gutes Maß an Effizienzanstieg der Wirtschaft beinhaltet, die uns mit hohen gesellschaftlichen Kosten zwei politisch veranlaßte Energiekrisen in den 70er Jahren aufgenötigt haben. Sie bestimmten nämlich den Trend, den wir für die nächsten 50 Jahre annehmen, mit. So wäre es möglich, daß unser Szenario die tatsächliche Entwicklung der CO_2-Emission sogar zu niedrig ansetzt. Die tatsächlichen Wachstumsraten lagen ja sogar während der letzten 10-15 Jahre höher, die wirtschaftliche Schwächeperioden zur Zeit der beiden Energiekrisen mit einschließt. Damit wollen wir nur noch einmal betonen, daß selbst bei ganz vorsichtigen Einschätzungen von Wirtschafts- und Bevölkerungswachstum sich die CO_2-Emissionen in den nächsten 50 Jahren ohne weiteres verdoppeln könnten. Dem

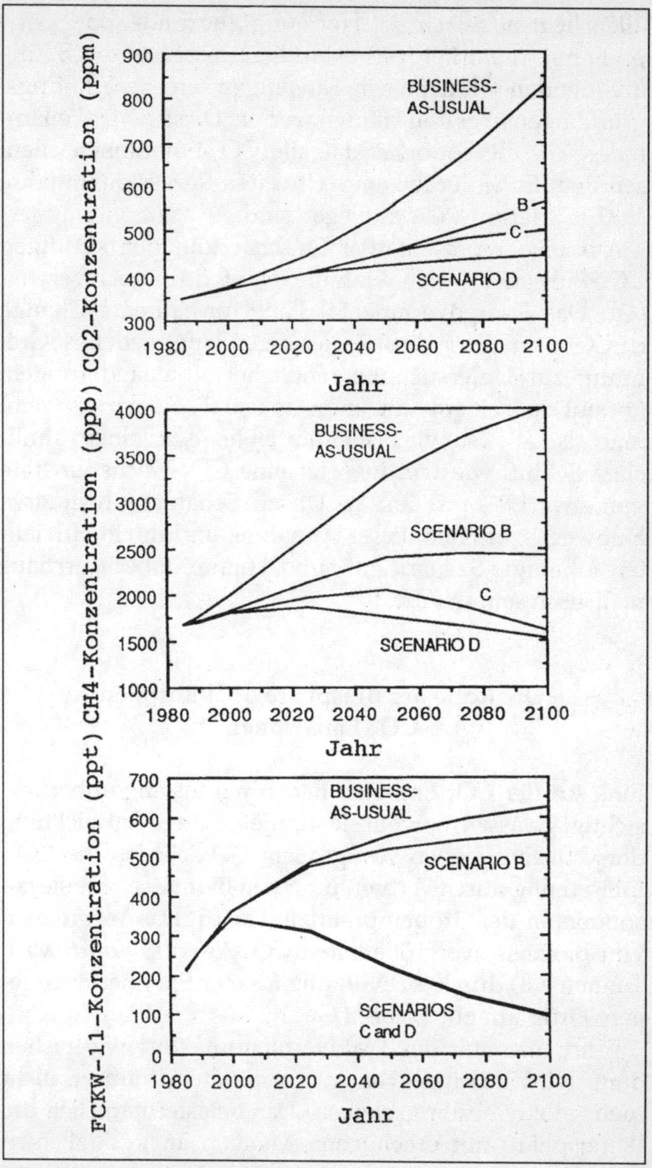

Abb. 6: Vorhergesagte Entwicklung der Konzentration einzelner Spurengase unter Verwendung verschiedener Emissionsszenarien.
Quelle: IPCC, 1990

allen liegt natürlich die Hoffnung zugrunde, daß keine größeren unvorhergesehenen Ereignisse, wie z.B. die brennenden Ölquellen in Kuwait, unsere Berechnungsgrundlagen über den Haufen werfen. Diese Bedenken unterstreicht die Tatsache, daß die CO_2-Emissionen allein seit dem Ende der letzten weltweiten Rezession im Jahre 1982 wieder um 20% gestiegen sind.

Auf eine repräsentative Einschätzung der künftigen CO_2-Emission wollen wir zum Schluß doch noch verweisen. Das Intergovernmental Panel on Climate Change (IPCC), ein über den Regierungen angesiedeltes Gremium zur Untersuchung möglicher Klimaänderungen, kommt in seinem „Business-as-usual"-Szenario, wenn man also alles so wie bisher laufen ließe, zu einem ähnlichen Schluß wie wir. Es setzt eine CO_2-Wachstumsrate von etwa 1,8% pro Jahr an. Unsere Schätzung liegt etwa halbwegs zwischen dieser Annahme und ihrem effizienteren Energie-Szenario „B" und könnte daher durchaus realistisch sein (s. Abb. 6).

Die Rolle der Biosphäre bei künftigen CO_2-Emissionen

Eine Art der CO_2-Emission haben wir bislang unberücksichtigt gelassen, obwohl sie für die künftige Entwicklung der CO_2-Emissionen von großem Gewicht ist: die CO_2-Freisetzung durch Verbrennung von Biomasse, wie sie besonders in den Tropen praktiziert wird. Das Verbrennen von Biomasse vergrößert den CO_2-Ausstoß von 6 Mrd. Tonnen (Gt) durch die Nutzung fossiler Energieträger gegenwärtig um gut 1,5 bis 2 Gt.

Fährt man mit der Waldvernichtung fort wie bisher, dann wird in Kürze von den tropischen Wäldern nicht mehr allzuviel übrig bleiben. Das belastet natürlich die Atmosphäre mit erheblichen Mengen an zusätzlichem CO_2. Hat man dagegen Erfolg mit den Bemühungen, der Wäldervernichtung in den Tropen Einhalt zu gebieten, könnte der CO_2-Anstieg sicherlich erheblich reduziert werden. Das wäre insbesondere dann der Fall, wenn sich jüngste Forschungsergebnisse als richtig herausstellen. Diese Studien wollen herausgefunden haben, daß in den Tropen allein pro Jahr 4 Gt CO_2 in die Biosphäre abgegeben werden. Dagegen gibt es Hinweise darauf, daß in der Biosphäre der mittleren Breiten der Nordhemisphäre CO_2-Mengen im gleichen Umfang, also auch etwa 4 Gt, verschwinden.

Wenn das stimmt, dann könnte eine Beendigung der Brandrodung und der Ausbau eines vernünftigen Energienetzes, das die Holzverbrennung überflüssig macht, die CO_2-Emissionen um 4 Gt verringern und die Biosphäre der mittleren Breiten in die Lage versetzen, den durch fossile Energieträger hervorgerufenen CO_2-Anstieg erheblich abzubauen. Auch wenn man skeptisch bleibt und nur damit re[illegible]et, daß vielleicht 2 Gt in den mittleren Breiten verschwinden und weniger CO_2 in den Tropen freigesetzt wird, dann leistete das Ende der Brandrodungen immer noch einen recht erheblichen Beitrag zur Verringerung des CO_2-Anstiegs.

Wieviel fossilen Brennstoff gibt es eigentlich auf der Erde?

Wir haben bisher so getan, als könnten wir beliebig viel CO_2 an die Atmosphäre abgeben. Wenn wir aber etwas weiter in die Zukunft schauen, dann könnte doch die Frage aufkommen, ob es überhaupt eine ausreichende Menge an fossilen Energieträgern gibt, um den atmosphärischen CO_2- Gehalt damit zu verdoppeln.

Tatsächlich gehen auch die einschlägigen Klimamodellvorhersagen, mit denen wir uns in einem späteren Kapitel eingehender beschäftigen wollen, alle von der Hypothese aus, daß sich der CO_2-Gehalt in der Atmosphäre verdoppeln ließe. Die meisten Klimaprojektionen beruhen auf eben diesem Eckwert. Sie speisen die Klimakatastrophenvorhersagen, mit denen uns die Medien fast täglich erschrecken wollen. Es erscheint deshalb angebracht, sich die Umstände genauer anzuschauen, unter denen es zu einer solchen Verdoppelung kommen kann.

Als erstes werden wir versuchen herauszufinden, ob es überhaupt genügend Vorräte an fossilen Energieträgern gibt, um damit den CO_2-Gehalt der Luft zu verdoppeln. Noch vor kurzem, genauer 1972, schreckte uns der Club of Rome in seinem Bericht *Die Grenzen des Wachstums* mit einem Weltuntergangsszenario. Die Energiequellen, hieß es da, würden in Kürze versiegen. Im Prinzip hat der Club damit ja auch recht, aber eben nur im Prinzip. Denn in einem endlichen System kann nichts unendlich lange wachsen. Das gilt auch für den Energieverbrauch, der in den letzten Jahrzehnten mit exponentiellen Zuwachsraten aufwartete.

Allerdings muß sich bei dem weltberühmten Club irgend jemand im Zeitplan vertan haben. Ein gutes Beispiel sind die angegebenen Reichweiten der Ölvorräte. Immer wieder hieß es, das Öl reiche noch knapp 40 Jahre. Aber das sagt man uns nun schon seit 1972, obwohl wir doch seitdem fortwährend Öl verbrannt haben. Dieser Widerspruch erklärt sich zum Teil dadurch, daß man immer wieder neues Öl entdeckt und die Vorräte dementsprechend nach oben revidiert.

Die meisten multinationalen Ölgesellschaften und internationalen Körperschaften, wie die Internationale Energie-Agentur (IEA) oder die Weltenergiekonferenz (WEC) verwenden recht viel Zeit und Mühe darauf, über die vorhandenen Energievorräte stets auf dem laufenden zu bleiben. Sie kamen dabei zu dem Ergebnis, daß es ungefähr 750 Mrd. t Kohlenstoff an „sicher abbaubaren Reserven" gebe. „Sicher" bedeutet hier, daß die Geophysiker und Geologen diese Vorräte mit ihren Geräten nachweisen konnten und daß man sie mit der gegenwärtig vorhandenen Technologie wirtschaftlich ans Tageslicht befördern kann.

Daneben gibt es noch zusätzliche „Ressourcen", von denen die Geologen wegen der Ähnlichkeit ihrer Lagerstättengeologie mit der anderer Fundstellen und aufgrund ähnlicher Überlegungen „annehmen", „vermuten" oder „schätzen", daß auch dort fossile Energieträger vorhanden und gegebenenfalls auch abbaubar wären. Diese Ressourcen sind freilich recht spekulativ, sie werden mit etwa 2000 Mrd. t Kohlenstoff angegeben. Darüber hinaus gibt es weitere Vorkommen, von denen wir nichts ahnen. Die geologisch vorhandenen Vorräte mögen also erheblich umfangreicher sein, sie gelten aber als mit heutiger Technologie nicht abbauwürdig.

Der atmosphärische Gehalt an CO_2 beträgt heute etwa 350 ppm. Das entspricht guten 720 Mrd. t Kohlenstoff. Auf den ersten Blick scheint es also ein Leichtes zu sein, den atmosphärischen CO_2-Gehalt dadurch zu verdoppeln, daß man die sicher abbaubaren Reserven verbraucht. Es gibt jedoch einen Unterschied zwischen dem, was wir in die Atmosphäre emittieren, und dem, was in ihr als atmosphärische CO_2-Konzentration verbleibt. Der in der Atmosphäre verbleibende Teil wird „airborne fraction" genannt. Er betrug in den vergangenen Jahrzehnten nur etwa die Hälfte dessen, was durch fossile Energieträger in die Atmosphäre gelangte.

Da die Brandrodung pro Jahr weitere 1-2 Gt Kohlenstoff in die Atmosphäre bringt, müßte die tatsächliche „airborne fraction" noch geringer ausfallen. Der nicht als CO_2-Gehalt der Luft auftretende Rest des CO_2 verschwindet, auf die eine oder andere Weise, in verschiedenen Teilen des sogenannten Kohlenstoffkreislaufs. Dieser spielt eine wichtige Rolle im irdischen Lebensablauf. Wir werden ihn in Kürze etwas genauer betrachten. Im Moment genügt es zu wissen, daß der „fehlende Kohlenstoff" erstens von den Ozeanen und zweitens von der Biosphäre auf den Kontinenten verschlungen wird.

Für unsere Frage folgt daraus, daß, auch wenn wir die gesamten nachgewiesenen und gewinnbaren fossilen Rohstoffe verbrennen würden, wir den atmosphärischen CO_2-Gehalt damit doch nicht verdoppeln könnten. Die nachgewiesenen verfügbaren fossilen Brennstoffe belaufen sich auf gut 750 Mrd. t. Wenn davon nur die Hälfte zum CO_2-Gehalt der Luft beiträgt, dann reichen diese Vorräte gerade dazu aus, die CO_2-Konzentration um 50%

zu steigern. Nur wenn wir die zusätzlichen gewinnbaren Ressourcen, also der Teil der fossilen Energieträger, über den man nur spekulieren kann, hinzunähmen, könnten wir die CO_2-Konzentration verdoppeln. Aber wie gesagt: Die Existenz dieser Rohstoffe und die Möglichkeit, sie zu gewinnen, ist sehr unsicher. Ihre Entdeckung und Bergung mag in Zukunft teurer zu stehen kommen als der Einsatz „alternativer" Energiequellen — man denke etwa an die möglicherweise bald nutzbare Kernfusion. Dann wird sich niemand mehr die Mühe machen, die fossilen Energieträger auszugraben und zu verbrennen.

Das mag in wenigen Jahrzehnten durchaus der Fall sein, wenn sich herausstellen sollte, daß an der Nutzung „zusätzlicher" Ressourcen zur Deckung des Weltenergiebedarfs ohnehin kein Weg mehr vorbeiführt. Aus diesem Grunde könnte die Kostensituation irgendwann einmal den Übergang vom fossilen zum solaren oder irgendeinem anderen alternativen Energiezeitalter herbeiführen. Vielleicht ist das schon sehr bald der Fall: Ein technologischer Durchbruch bei der Kernfusion könnte das erreichen, und schon stünden wir am Ende des fossilen Zeitalters. Gleichzeitig wären dann alle gegenwärtigen Energie- und Klimaprognosen wertlos. Dieser kleine Hinweis zeigt, wie vorsichtig man mit Annahmen über den zukünftigen Energieverbrauch und die daraus resultierenden CO_2-Emissionen umgehen sollte.

Andererseits bleibt festzuhalten, daß die fossilen Energien letzten Endes doch begrenzt sind. Es ist also nicht falsch, vorsichtig und sparsam mit ihnen umzugehen: Beim gegenwärtigen Verbrauch von 6 Mrd. t pro Jahr, werden die nachgewiesenen Vorräte in 120 bis 130 Jahren aufgebraucht sein. Das kann sogar noch schneller geschehen, wenn man den steigenden Verbrauch in den kommenden Jahrzehnten berücksichtigt. Daraus ziehen wir also nicht den Schluß, es sei unmöglich, den atmosphärischen CO_2-Gehalt zu verdoppeln. Wir wollen nur darauf hinweisen, wo die Grenzen für einen Anstieg dieser Größenordnung liegen, der manchem Katastrophenaposteln so locker aus der Feder fließt.

Nächster Kandidat: Methan

Als nächstes schauen wir uns Methan an. Warum der Methangehalt der Atmosphäre ansteigt, ist — wie wir bereits weiter oben dargelegt haben — nicht so leicht zu durchschauen. Sicher ist nur, daß er bisher in der gleichen Weise wuchs wie die Weltbevölkerung. Da es hierfür keine bessere Erklärung gibt, verknüpfen die meisten Wissenschaftler den Methananstieg mit dem der Weltbevölkerung. Er betrug in der Vergangenheit etwa 1,5% im Jahr, und das wird auch in der näheren Zukunft so bleiben. Es wird geschätzt, daß sich in 50 Jahren die Konzentration des Methans der Luft in etwa verdoppeln und dann gerade ungefähr 3,2 ppm erreichen wird. Die gleiche Einschätzung teilt die oben erwähnte Studie des IPCC in ihrem „Business-as-usual"-Szenario: Die relative Bedeutung des Methans als Treibhausgas würde wachsen.

Weiter mit: N_2O

Unsere „Kristallkugel" als Fernrohr in die Zukunft verdüstert sich weiter, wenn wir auf N_2O zu sprechen kommen. Aber es ist wegen seiner geringen Konzentration ein relativ unbedeutendes Treibhausgas. Da uns bessere Schätzungen fehlen, extrapolieren wir den bisher beobachteten Anstieg von 0,25% pro Jahr in die Zukunft und gelangen zu einem Anstieg von ca. 10-20% in den nächsten 50 Jahren.

Kein Ende in Sicht: Ozon

Die Lage wird noch undurchsichtiger beim Ozon. Wie wir oben bereits gesagt haben, leistet es möglicherweise einen doppelten Beitrag zur Erwärmung unserer Erde: Zunächst einmal wächst dadurch, daß die Ozonschicht in der Stratosphäre abnehmen soll, die kurzwellige Sonnenstrahlung, die auf die Erdoberfläche trifft. Dann wirkt es zudem noch wie ein normales Treibhausgas in der Troposphäre.

Neuere Untersuchungen zeigen, daß der Ozonschwund nicht so vor sich geht, wie viele befürchtet hatten. Die stratosphärische Ozonschicht ändert sich, und zwar nicht nur mit der Jahreszeit, sondern auch aufgrund gewisser, an den sogenannten Sonnenflecken ablesbarer Erscheinungen auf der Sonne. Wenn dies so ist und gar kein Ozonschwund im befürchteten Maße stattfindet, dann steigt auch die kurzwellige UV-Strahlung nicht an — zumindest nicht so wie befürchtet.

Wenden wir uns dem zweiten Punkt zu. In der Troposphäre ist der Ozongehalt der Luft möglicherweise tatsächlich gestiegen. Der Anstieg erfolgte aber in den letzten 15 Jahren so uneinheitlich und unregelmäßig, daß die Meßdaten keinen Trend erkennen lassen. Die gleiche Unklarheit betrifft die Ursachen des Ozonanstiegs. Während einige Leute Industrie- und Autoabgase dafür verantwortlich machen, messen andere erhöhte Ozongehalte auch in Wäldern und Parks, und zwar dann, wenn es dort sehr warm und sonnig ist. So ist immer noch ungewiß, ob weltweit das Ozon wirklich zunimmt, und wenn dem so wäre, um wieviel es sich dabei handelt. Ermittlungen dazu sind auch deshalb so schwierig, weil alle zuverlässigen Ozonmessungen, die einen Anstieg zeigen, entweder aus Europa oder Nordamerika stammen. Deshalb sind Zweifel angebracht, ob derartige Messungen für die Weltentwicklung repräsentativ sind. Die Meßergebnisse können ja durch besondere regionale Ozonquellen, die in anderen Gegenden nicht zu finden sind, beeinträchtigt worden sein.

Selbst in den USA und in Europa gab es in den letzten 10-15 Jahren, wenn man von einigen Ballungsgebieten absieht, keinen signifikanten Anstieg der Ozonkonzentrationen am Boden. Einige Wissenschaftler vertreten zwar die Auffassung, die globale Ozonkonzentration habe sich in den letzten 100 Jahren verdoppelt. Doch hier ist Vorsicht geboten. Denn nach Ansicht anderer Wissenschaftler kann die Ozonkonzentration im vergangenen Jahrhundert in relativ stark bevölkerten Gebieten, von denen wir Daten haben, nicht erheblich unter den Werten gelegen haben, die heute in den Reinluftgebieten beobachtet werden. Sie führen dazu mehrere Gründe an, die mit der Atmosphärenchemie zu tun haben, auf die wir hier aber nicht weiter eingehen wollen.

Wenn man also hört, die Ozonkonzentration steige in den nächsten 50 Jahren um 50%, dann sollte man das sehr gelassen aufnehmen. Viel wahrscheinlicher ist nämlich, daß sie erheblich weniger stark ansteigt.

Freilich wäre es auch sehr schwierig, den Ozonanstieg, wenn er nun doch eintreten sollte, wirksam zu bekämpfen. Das haben Kommunalpolitiker in einer Reihe von Ballungsgebieten der USA in den letzten Jahren zu ihrem Leidwesen herausfinden müssen. Sie haben vor allem erfahren müssen, daß Strategien zur Reduzierung des Ozongehalts der Luft, die sich in bestimmten Regionen bewährt haben mögen, anderswo auf rätselhafte Weise versagen. Die Ursachen hierzu liegen in dem sehr komplexen chemischen Verhalten des Ozons in der Troposphäre, das man noch nicht so recht verstanden hat.

Mit einiger Sicherheit läßt sich nur sagen, daß eine Verringerung der Stickoxidemissionen noch am ehesten zu einer Verringerung des globalen Ozonanstieges in der Troposphäre beiträgt. In den meisten Industriestaaten wurden aber schon Maßnahmen ergriffen, um den Ausstoß von Stickoxiden einzudämmen. Es ist aus diesen Gründen recht schwierig, die künftige Entwicklung troposphärischer Ozonkonzentrationen vorauszusagen. Nur soviel läßt sich sagen, daß der manchmal genannte Anstieg um 50% für die nächsten 50 Jahre nicht ganz realistisch ist.

Diese Einschätzung unterstützen neuere Modellrechnungen. Sie rechnen im allgemeinen bis zum Jahre 2020 nur mit einem troposphärischen Ozonanstieg von etwa 10-20%. Wir wollen auf Nummer sicher gehen und rechnen mit einem Ozonanstieg von 30%. Dabei sollten wir uns bewußt sein, daß es gegenwärtig weder für die Annahme eines Anstiegs um 10% noch um 50% eine wissenschaftlich solide Grundlage gibt.

Ozon bleibt noch ein Rätsel, das gelöst werden muß. Und es wäre keine Überraschung, wenn sich die hier genannten Zahlen in den kommenden Jahren noch deutlich änderten. Dies beendet die erste Runde unseres Ausblicks in die Zukunft — allerdings in etwas unbefriedigender Weise.

Letzter Akt: die FCKWs

In der „zweiten Runde" wollen wir künftige Trends der „industriellen Gase", der FCKWs, analysieren. Hierbei werden wir unsere Überlegungen im wesentlichen auf FCKW 11 und FCKW 12 beschränken. Sie sind die beiden wichtigsten Kandidaten. Wir wollen aber auch vermerken, daß es weitere FCKWs gibt, die noch in sehr geringen Konzentrationen auftreten, aber in den nächsten Jahrzehnten an Bedeutung gewinnen könnten.

Der gegenwärtige Beitrag von FCKW 11 und 12 zu dem vom Menschen verursachten Treibhauseffekt beläuft sich auf 20-25%. Das ist nicht unerheblich und verweist die FCKWs auf den zweitwichtigsten Platz unter den Spurengasen, die angeblich auf das Klima einwirken. Sie nehmen in der Treibhausdebatte darüber hinaus einen Sonderplatz ein, weil sie mit 5-6% sehr hohe Zunahmen in der Atmosphäre aufweisen. Sie liegen damit erheblich über dem Kohlendioxid, das jährlich um 0,5% zunimmt (s. Tab 2).

Dauerten diese Wachstumsraten uneingeschränkt an, dann wären die FCKWs in nur wenigen Jahrzehnten die wichtigsten Treibhausgase und überträfen sogar das CO_2. In der Tat gründet sich die Besorgnis über den Spurengasanstieg und die möglichen Klimaänderungen in jüngster Zeit auf die Erkenntnis, daß nicht nur CO_2 als Treibhausgas wirkt, sondern daß es noch andere klimawirksame Gase gibt. Diese nehmen überdies noch erheblich schneller als CO_2 in der Atmosphäre zu und könnten den zeitlichen Ablauf der erwarteten Klimaänderung rasant beschleunigen. Das bedeutet, wir könnten die klimatischen

Auswirkungen, die wir aufgrund des CO_2-Anstiegs erst für das Jahr 2050 erwarten, vielleicht schon im Jahr 2020 oder 2030 erleben.

Um ihrer vermeintlichen Rolle bei der langfristigen Ozonzerstörung entgegenzuwirken, wurden bereits in vielen Ländern Vorschriften erlassen, die den Einsatz und die Produktion der FCKWs beschränken. Dabei haben sich die USA in den 70er Jahren als Vorreiter hervorgetan. Dies hatte die vielleicht zunächst unbeabsichtigte, aber nun recht willkommene Nebenwirkung, daß dadurch auch der Treibhauseffekt dieser Gase bekämpft wurde. Durch Vereinbarungen, die in Montreal beschlossen wurden und in den sogenannten Montreal-Protokollen niedergelegt sind, verpflichten sich die Unterzeichnerstaaten, die FCKW-Emissionen um 30% zu drosseln. Zwischenzeitlich haben sich viele Staaten dazu verpflichtet, die Nutzung der FCKWs innerhalb der nächsten 10 Jahre völlig einzustellen. Die Zahl dieser Staaten wächst. Damit könnte in den nächsten 10-15 Jahren das Ende für die FCKW-Produktion und -Emission gekommen sein.

Welche Maßnahmen ergriffen werden können und wie streng sie durchgeführt werden sollen, wird auf internationaler Ebene noch heftig diskutiert, weil die Auswirkungen des FCKW-Verbots auf die Bevölkerung außerordentlich weitreichend sind. Sie werden von den Leuten jedoch kaum berücksichtigt oder nicht einmal wahrgenommen, die sich so begeistert für das Verbot dieser Gase einsetzen. Wie auch immer die Entscheidungen ausfallen mögen, soviel läßt sich wohl sagen: Die FCKWs werden in den nächsten Jahrzehnten keine Wachstumsraten von 5-6% pro Jahr mehr erreichen. Vielmehr werden diese Wachstumsraten abnehmen, und sie könnten sogar negativ werden, wodurch die atmosphärische Konzentration nur noch sehr langsam stiege oder sogar abnähme. Wir sollten in diesem Zusammenhang erwähnen, daß die atmosphärische Konzentration eines Gases so lange zunehmen wird, wie seine Quellen mehr davon abgeben, als in den Senken verschwinden kann. Das gilt natürlich auch für die FCKWs.

Bei den FCKWs ist die Situation allerdings etwas unübersichtlich, weil eine große Menge davon noch in Geräten wie z.B. Kühlschränken oder Klimaanlagen steckt. Sie würden freigesetzt, wenn diese Geräte ausgedient haben und unsachgemäß entsorgt werden. Das könnte noch geschehen, wenn der Einsatz der FCKWs schon längst verboten ist. Deswegen ist es sehr schwierig, auch wenn man die verschiedenen Maßnahmen zum FCKW-Verbot berücksichtigen wollte, eine zuverlässige Einschätzung über den künftigen Anstieg der FCKW- Konzentration zu finden. Die hierzu gemachten Vorhersagen, weisen eine äußerst breite Streuung auf. Berücksichtigen muß man hierbei auch, daß Produktion von FCKWs nicht gleich Emission ist. In gut abgedichteten Kühlaggregaten halten sich FCKWs über Jahrzehnte hinweg und könnten sogar wiederverwendet werden, ohne in die Atmosphäre zu gelangen — ein Gesichtspunkt, den man in der FCKW-Diskussion häufig vermißt.

Wenn man die verschiedenen Szenarien für die nächsten 50 Jahre betrachtet, erscheint eine mittlere Wachstumsrate von 1,5% pro Jahr als vernünftiger Schätzwert, der eine höhere Rate von etwa 3% in den ersten Jahrzehnten und eine geringe Wachstumsrate, die bald gegen 0% ginge, in den späteren Jahrzehnten zusammenfaßt. Dieses Szenario läge dann zwischen den Szenarien „B" und „C,D" des oben erwähnten IPCC (s. Abb. 6). Wir sind nun in der Lage, mit all den unsicheren Angaben ein Spurengasszenario für die nächsten 50 Jahre zu errechnen. Es handelt sich, wie bei jedem anderen dieser Szenarien auch, um einen Versuch, der mit viel Vorsicht zu genießen ist. Nichtsdestoweniger spricht vieles dafür, daß es sich dabei um einen vernünftigen Mittelwert handelt, der Extreme in jeder Richtung vermeidet:

CO_2:	1,0-1,5	(Wachstumsrate der Emission)
CH_4:	1,5	(Veränderung der Konzentration)
N_2O:	0,2	"
O_3:	0,5	"
FCKWs:	1,5	"

Die hier aufgeführten Zahlen unterscheiden sich. Die Zahl für den CO_2-Zuwachs bezieht sich auf die Steigerung der CO_2-Emission an die Atmosphäre. Die Zahlen für die übrigen Spurengase beziehen sich auf die Veränderung ihrer Konzentration in der Atmosphäre. Dies hat folgenden Grund. Wie wir in Kürze sehen werden, hängt der tatsächliche CO_2-Anstieg von mehreren Wechselwirkungen im Kohlenstoffkreislauf ab. Ihn wollen wir uns näher anschauen, bevor wir der atmosphärischen Anstiegsrate von CO_2 einen Wert zuweisen.

Weiterhin sei hervorgehoben, daß wir die Anstiegsrate der FCKWs, der zweitwichtigsten Treibhausgase, von den üblicherweise angesetzten 5-6% auf 1,5% heruntergesetzt haben. Um ein Gefühl für die Bedeutung dieser Modifizierung zu bekommen, schauen wir uns einmal die Veränderungen nach 50 Jahren an. In einem 5,5%-Szenarium läge die Konzentration 14 mal so hoch wie heute, wohingegen sie sich in dem 1,5%-Szenarium nur ungefähr verdoppeln würde. Denn offensichtlich zeigen die Reduzierungsmaßnahmen, die gegen die FCKWs bereits ergriffen worden sind, eine immer deutlichere Wirkung.

Es zeigt sich schon jetzt, daß der Zeitablauf der Klimakatastrophe, vor der ihre Apostel so eindringlich warnen, sich um etliche Jahre hinauszögern könnte. Wir wollen im weiteren fragen, ob uns das nur die Galgenfrist verlängert oder ob sich vielleicht doch eine Erlösung aus dem Schwitzkasten, in dem wir noch zu stecken scheinen, andeutet.

Ergänzende und weiterführende Literatur:

Bundesministerium für Wirtschaft, 1989: Reserven, Ressourcen und Verfügbarkeit von Energierohstoffen. Studienreihe 64, BMWi, Bonn.

IPCC, 1990 siehe unter Kapitel 1.

Oak Ridge National Laboratory, 1984: The IEA/ORAU Long-Term Global Energy-CO_2 Model. Beitrag von J.A. Edmonds und J.M. Reilly. Bericht CMP-002, Oak Ridge National Laboratory.

OECD, 1987: OECD Environmental Data. OECD Paris, 365 Seiten.

Weltenergiekonferenz, 1986: WEC Survey of Energy Resources 1986.

World Resources Institute, 1990: World Resources 1990-91. Oxford University Press, Oxford, 383 Seiten.

WMO, 1989: Environmental Pollution Monitoring and Research Programme, No. 59 Extended Abstracts of Papers Presented at the Third International Conferences on Analysis and Evaluation of Atmospheric CO_2 Data Present and Past. Hinterzarten, 16. — 20. Oktober 1989.

3. KAPITEL

Im Wunderland der Großrechner: Modelle nach Wunsch

Bislang haben wir bei unseren Nachforschungen über die Hintergründe des Treibhauseffekts folgendes erreicht:

1. Wir haben herausgefunden, was der Treibhauseffekt ist, und dabei den natürlichen und den vom Menschen verursachten Treibhauseffekt unterschieden.
2. Wir haben herausgefunden, welche Spurengase und menschlichen Aktivitäten hierzu einen Beitrag leisten.
3. Wir haben mit vielem Wenn und Aber in die Kristallkugel geschaut, um herauszufinden, wie die künftigen Konzentrationen der Treibhausgase aussehen könnten.

Unser nächster Schritt wird nun sein herauszufinden, wie sich das Klima ändern könnte, *falls* die Spurengase in der erwarteten Weise ansteigen. Die Klimaänderungen, über die wir sprechen werden, sind also „Was-wäre-wenn?-Szenarien". Mit anderen Worten, wir werden über Änderungen sprechen, die auftreten könnten, falls die Spurengase so ansteigen, wie wir es in Kapitel 2 dargestellt haben und wie es die Klimamodellvorhersagen voraussetzen. Wir nähern uns damit dem zentralen Punkt der ganzen Debatte, nämlich den Vorhersagen über die künftigen Veränderungen unseres Klimas. Denn niemand hätte sich über den Anstieg der Spurengase an sich aufgeregt, wenn nicht die Klimakatastrophe damit in Zusammenhang gebracht worden wäre.

Konsequenterweise wird es eines unserer zentralen Anliegen sein, diese Klimavorhersagen genau zu untersuchen. Denn nur wenn man ihnen mit einigem Grund Glauben schenken darf, erscheint die Besorgnis über den

Anstieg der Spurengase gerechtfertigt. Bevor wir uns jedoch auf eine Reise durch das Land der Klimavorhersagen begeben, gilt es noch eine Arbeit zu erledigen, die vom vorangegangenen Kapitel übriggeblieben ist. Wir wollten ja noch herausfinden, was mit dem CO_2 geschieht, das nach einem Verbrennungsprozeß in die Atmosphäre gelangt.

Der Kohlenstoffkreislauf

Viele Leute sind vielleicht erstaunt zu hören, daß Kohlendioxid gar kein Schadstoff ist. Sein Name klingt so unangenehm gefährlich und erinnert klanglich an Schwefeldioxid oder Stickoxid. Kohlendioxid ist eine Substanz, ohne die auf der Erde gar kein Leben, so wie wir es kennen, existieren könnte. Man sollte CO_2 weit eher ein „Lebensgas" nennen, anstatt es als „Schadstoff" und „Umweltgefahr" zu verteufeln. Kohlendioxid, oder auch nur der Kohlenstoff, der sich in ihm mit Sauerstoff verbunden hat, durchdringt alles auf der Erde, was auch nur einen Funken Leben in sich trägt. Es ist die Substanz, aus der sich das Belebte schlechthin aufbaut. Kein Pflanzenleben, kein Tierleben, auch kein menschliches Lebens, wäre ohne Kohlendioxid möglich.

Während Sie hier sitzen und dieses Buch lesen, atmen Sie. Dabei nehmen sie Sauerstoff auf und geben Kohlendioxid ab. Ihr Körper hat es durch Oxidierung kohlenstoffhaltiger Komponenten der Nahrung, die Sie irgendwann im Laufe des Tages verzehrt hatten, hergestellt. „Oxidierung" sagen Wissenschaftler, wenn sie nicht von „Verbrennung" reden wollen. Während Menschen und Tiere CO_2 ausatmen, ähnlich wie ein Kraftfahrzeug, wenn es Benzin verbrennt, nimmt die Pflanzenwelt — die Bäume, die Getreidefelder und gewisses Plankton im Meer — CO_2 auf, atmet es ein.

In einem Prozeß, den man Photosynthese nennt, brechen die grünen Pflanzen mit Hilfe der Sonnenenergie CO_2 auf und benutzen den darin enthaltenen Kohlenstoff

(C), um daraus Baumstämme, Zweige, Blätter und Blüten herzustellen. Die Verbrennungsenergie des Kohlenstoffs in Kohle, Öl oder Erdgas ist, wenn man so will, nichts anderes als gespeicherte Sonnenenergie.

Die Pflanzen geben nun wieder den anderen Bestandteil des CO_2, den Sauerstoff (O_2), den sie selbst nicht nutzen, in die Umgebung ab. Mensch und Tier atmen den freiwerdenden Sauerstoff ein und benutzen ihn, um den in den Nahrungspflanzen, in Tomaten, Äpfeln, Kartoffeln oder Getreide enthaltenen Kohlenstoff zu verbrennen. Aus dem Verbrennungsprozeß gewinnen sie ihre Lebensenergie. Die bei diesem metabolischen Verbrennungsprozeß anfallende „Asche", nämlich das CO_2, atmen wir aus.

Das ist ein einfaches, aber doch recht anschauliches Beispiel für einen kleinen Kohlenstoffkreislauf. Es gibt viele andere Kohlenstoffkreisläufe in der Natur. Sie greifen alle mehr oder weniger ineinander und bilden zusammen den globalen Kohlenstoffkreislauf oder das, was man „Leben" nennt.

Halten wir einmal einen Augenblick inne und denken über diesen Kreislauf noch einmal nach! Was wäre denn, wenn auch das Kohlendioxid, das wir dadurch erzeugen, daß wir atmen, mit dem Auto zur Arbeit fahren, unsere Wohnungen heizen oder Stahl erzeugen, insgesamt von Pflanzen aufgenommen würde? Es ist doch dem Gedeihen der Pflanzen dienlich. Wie also kommt es, daß Kohlendioxid in letzter Zeit so in Verruf geraten ist? Wenn Kohlendioxid für die Biosphäre lebensnotwendig ist, sollten wir dann nicht sogar mehr davon in die Atmosphäre bringen, damit die Pflanzen besser wachsen können? Man kann noch weiter gehen und fragen: Ließen sich vielleicht durch die gezielte Anwendung des Kohlendioxids im Pflanzenanbau sogar einige der Ernährungsprobleme lösen, die wir für die Zukunft in einigen Teilen der Welt erwarten? Wie wir in Kürze sehen werden, ist die Antwort auf diese Fragen ein nahezu bedingungsloses Ja. Welche Ironie der Debatte, die sich an Spurengasen, Klimaänderungen und Umweltschutz entzündet hat und eine Katastrophe verheißt! Das Problem, mit dem wir es zunächst zu tun haben, ist, daß wir mehr CO_2 in die Atmosphäre bringen, als unsere Biosphäre ihr gegenwärtig wieder entzieht. Zudem läßt man die Biosphäre durch Brandrodungen und Änderungen in der Landnutzung unablässig schrumpfen.

Es hat sich nämlich gezeigt, daß die Biosphäre vor allem in den gefährdeten, tropischen Regenwaldzonen und anderen Gebieten, in denen traditionell die Entwicklungsländer liegen, zurückgeht. Dagegen ist sie in den mittleren Breiten der Nordhalbkugel, den Zentralgebieten der Industrieländer, in den letzten Jahrzehnten als Folge der intensiveren Land- und Forstwirtschaft gewachsen und hat somit auch mehr CO_2 aufgenommen und gebunden.

Hinzu kommt noch, daß die Biosphäre bereits auf den steigenden CO_2-Gehalt der Luft wie auf eine CO_2-Düngung reagiert. Die Biosphäre erzeugt schneller und mehr Biomasse, wenn ihre Atemluft stärker mit CO_2 angereichert ist. Es läßt sich auf diese Weise ein „Selbstregelungseffekt" der Natur beobachten. Liegt mehr CO_2 in der Luft, steigert sich der Pflanzenwuchs und entzieht dieses Mehr an CO_2 wieder der Luft, um es in mehr pflanzlichen Kohlenstoff zu binden. Dieser Prozeß läßt sich nicht nur in Experimenten nachweisen, er wird schon wirtschaftlich genutzt. Treibhäuser werden zu diesem Zweck speziell mit einer CO_2-angereicherten Atmosphäre begast und zusätzlich noch geheizt. Die Ertragssteigerung rechtfertigt den nicht unerheblichen Aufwand. Einige Wissenschaftler vertreten die Auffassung, daß sich dieser Effekt seit langem in der Natur nachweisen läßt. Sie führen darauf die steigende Amplitude der Schwankungen zurück, die Abb. 7 zeigt, und schließen daraus: Wenn immer die Biosphäre tiefer durchatmet, werden diese Schwankungen größer.

Jedoch wird ein großer Teil des Kohlenstoffs, den die Pflanzen im Sommer aufnehmen, im Herbst und Winter wieder in die Atmosphäre abgegeben. Dann fallen die Blätter von den Bäumen, sterben die Gräser ab, und das Kraut beginnt zu verrotten. Bei der Verrottung zersetzen Bakterien das Pflanzengewebe. Dabei entsteht, wie jeder

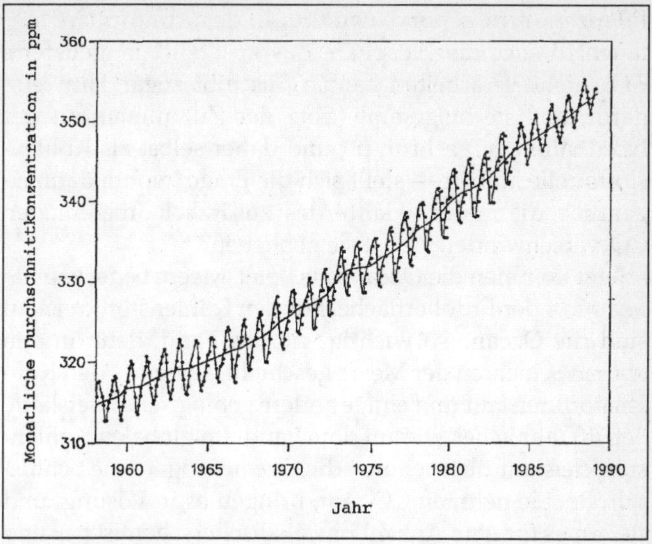

Abb. 7: Historische CO_2-Konzentrationen nach den Beobachtungen am Mauna Loa, Hawaii.
Quelle: U.S. Department of Energy, Report DOE/FE-0164.

glückliche Gartenbesitzer an seinem Komposthaufen erfahren kann, spürbare Wärme, d.h. es wird Energie erzeugt. Sie stammt daher, daß pflanzlicher Kohlenstoff zu CO_2 verbrennt, das wieder in die Atmosphäre entweicht.

Ein Teil des Kohlenstoffs bleibt allerdings in der hölzernen Masse der Bäume eingelagert und kann dort über Jahrzehnte, Jahrhunderte oder sogar Jahrtausende gebunden bleiben: Denn so lange leben manche Bäume. Unter besonderen Bedingungen gerieten Hölzer und Pflanzen unter die Erde und werden jetzt, nach Jahrmillionen, als Kohle, Öl oder Gas wieder hervorgeholt. Bäume und andere Pflanzen bilden also so etwas wie eine „Senke" für CO_2. Das Wort „Senke" wurde aus dem Amerikanischen übernommenen, wo „sink" (auf deutsch „Senke") das Gegenteil von „Quelle" bedeutet, also einen Abfluß.

Die Senke für CO_2 in Form holzartiger Pflanzen reicht zur Zeit aber nicht aus, um die Quelle durch Verbrennen auszugleichen. Aber wir können auch nicht erklären, warum gerade nur die Hälfte des freigesetzten, aber in

Pflanzen nicht gebundenen CO_2 in der Atmosphäre auftaucht. Wenn die Biosphäre das zusätzlich angelieferte CO_2 nicht verarbeiten kann — es gibt sogar Hinweise dafür, daß sie insgesamt (trotz der Zunahmen auf der Nordhalbkugel) schrumpft und daher selbst als Kohlenstoffquelle auftritt — stellt sich die Frage, wohin dann eigentlich die andere Hälfte des zusätzlich freigesetzten CO_2verschwindet. Wo ist sie geblieben?

Jetzt kommen die Ozeane ins Spiel. Meere bedecken nahezu 3/4 der Erdoberfläche. Für den Kohlenstoffkreislauf sind die Ozeane so wichtig wie das Land, denn in den oberen Schichten der Meere geschieht, soweit es den Kohlenstoffkreislauf und einige andere geologische Kreisläufe betrifft, ähnliches wie auf dem Land. Im globalen Kohlenstoffkreislauf übernehmen die Ozeane sogar eine Schlüsselrolle. Sie nehmen CO_2 auf, bringen es in Lösung, und stellen es für eine Anzahl physikalischer, chemischer und biologischer Vorgänge zur Verfügung.

Physikalisch kann der Kohlenstoff durch Ozeanströmungen horizontal und vertikal transportiert werden. Wir wissen aus Beobachtungen und Modellstudien, daß Ozeane das CO_2 hauptsächlich in hohen Breiten, also nahe

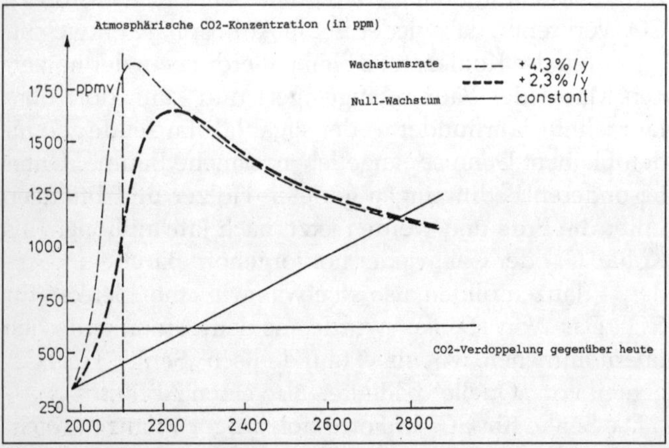

Abb. 8: Anstieg der atmosphärischen CO2-Konzentration als Funktion der Wachstumsrate bei den Emissionen.

Quelle: Maier-Reimer und Hasselmann, Climate Dynamics, 1987.

der Polkappen aufnehmen und dann äquatorwärts transportieren. Chemisch reagiert CO_2 im Meerwasser vor allem mit dem dort gelösten Kalziumkarbonat, dem Material, aus dem die Muscheln ihr Gehäuse bilden. Biologisch wird es vom Plankton und manchen Algenarten aufgenommen. Diese frühen Formen von Leben dienen nur zu einem geringen Teil anderen Lebewesen des Meeres als Nahrung. Das meiste sinkt auf den Meeresboden ab. Dadurch wird Kohlenstoff aus den Oberflächengewässern entfernt und in die Tiefe gebracht. Dort sollen sich unter dem sehr hohen Wasserdruck nach Ansicht mancher Wissenschaftler ölartige Ablagerungen bilden. Diese und weitere Prozesse entfernen Kohlenstoff aus der Atmosphäre. Sie sind eine sehr große Kohlenstoffsenke.

Trotzdem reicht diese Senke zusammen mit der Landbiosphäre nicht aus, um die Kohlenstoffbilanz ganz auszugleichen. Denn, wie wir wissen, steigt der atmosphärische Kohlenstoffgehalt weiter an.

Wie bei der Biosphäre, nur in noch größerem Umfang, hängt die Fähigkeit der Ozeane, CO_2 aus der Atmosphäre zu nehmen und zu binden, von dem Grad ab, zu dem CO_2 in der Atmosphäre vorhanden ist und den Ozeanen zur Verfügung gestellt wird. Bleibt nun die Fähigkeit der Ozeane, CO_2 aufzunehmen, hinter der Menge zurück, die pro Zeiteinheit in die Atmosphäre entlassen wird, können es die Ozeane nicht vollständig aufnehmen, und die atmosphärische CO_2-Konzentration steigt an. Das Verhältnis von CO_2-Emission und CO_2-Aufnahme durch die Ozeane zeigt Abb. 8. Sie stellt Ergebnisse von ozeanischen Modellrechnungen vor. Die Modelle, die die Daten geliefert haben, berücksichtigen die physikalischen und chemischen, aber nicht die biologischen Prozesse im Ozean. Wir führen die Abbildung trotzdem hier an, weil sie einen interessanten Aspekt belegt. Sie läßt nämlich erkennen, daß der atmosphärische CO_2-Anstieg sich dramatisch verlangsamt, wenn die Emissionsrate sich von 2 auf 0% jährlich verringert (d.h. wenn wir gleichbleibende Emissionsmengen pro Zeiteinheit erreichen). Der CO_2-Anstieg verändert sich aber nur sehr wenig, wenn wir von den konstanten Emissionen zu negativen Wachstumsraten übergehen, also die abgegebene CO_2-Menge pro Zeiteinheit senken.

Im vorangegangen Kapitel haben wir aufgrund einiger Überlegungen für die nächsten 50 Jahre eine jährliche Wachstumsrate der CO_2-Freisetzung in die Luft zwischen 1 und 1,5% angenommen. Wir lagen damit mitten in dem Bereich, der nach den Werten von Abb. 8 große Veränderungen der atmosphärischen Konzentration bei kleinen Änderungen der Emissionsrate erwarten läßt. Mit welchen atmosphärischen CO_2-Konzentrationen künftig zu rechnen sein wird, hängt ganz entscheidend davon ab, ob die Emissionen um 2% oder nur um 1% pro Jahr ansteigen werden. Es bringt uns aber kaum etwas ein, wenn wir die Emissionsrate krampfhaft unter 0% reduzieren.

Wenn wir nun Erkenntnisse, wie Abb. 8 sie nahelegt, auf unser 1-1,5%-Szenario anwenden, erreichen wir eine Verdoppelung von CO_2 in der Luft nicht in näherer Zukunft, sondern erst irgendwann am Anfang des 22. Jahrhunderts. In einem Nullwachstumsszenario träte eine Verdoppelung erst um das Jahr 2300 herum ein, und bei 2,3% Wachstum etwa um die Mitte des nächsten Jahrhunderts, wie es von vielen Wissenschaftlern erwartet wird.

Die Emissionssteigerung von 1-1,5% jährlich ließe sich interessanterweise in einen 0,5%-Anstieg des atmosphärischen CO_2-Gehaltes übersetzen. Und das entspricht ziemlich genau dem gegenwärtigen Trend. Wenn wir uns noch einmal an die IPCC-Szenarien von Abb. 6 zurückerinnern, bewegten wir uns demnach in 50 Jahren nicht mehr in der Mitte zwischen dem Szenario „A" und „B" der IPCC-Studie, sondern etwas näher bei „B".

Darüber hinaus sei daran erinnert, daß die der Abb. 8 zugrunde liegenden Berechnungen die ozeanische Biologie, die noch zusätzlich den CO_2-Anstieg in der Atmosphäre dämpfen und verzögern könnte, nicht berücksichtigen. Auch die CO_2-Senke der Biosphäre des Landes ist in diesen Rechnungen noch nicht enthalten. Wir gelangen deswegen zu dem Schluß, daß, obwohl die CO_2-Emissionen durch die Nutzung fossiler Energieträger weiterhin wachsen werden, die Wahrscheinlichkeit eines raschen und dramatischen Anwachsens der CO_2-Konzentration in der Atmosphäre geringer ist, als man bislang glaubte. Das gilt besonders dann, wenn die Waldvernichtung, die in der Vergangenheit eine größere Rolle gespielt hat, künftig eingestellt werden wird. Damit würde die möglicherweise drohende Klimaerwärmung beträchtlich hinausgezögert.

Wir erinnern uns, daß wir die Größenordnung und den Zeitablauf der voraussichtlichen Klimaerwärmung schon einmal neu bewerten mußten. Der Grund war, daß die zweitwichtigsten Treibhausgase, die FCKWs, wahrscheinlich geringer zunehmen, als bisher erwartet worden ist.

Nehmen wir uns noch einmal die Szenarien der IPCC-Studie vor (Abb. 6). Bei der Beurteilung der CO_2-Entwicklungen sind wir bereits näher an das Szenario „B" herangerückt. Die möglichen FCKW-Entwicklungen drängen uns in die Richtung von Szenario „C" und „D". Mit der Einschätzung bei Methan bleiben wir im Szenario „A". Zusammengenommen bringen uns unsere Überlegungen und Einschätzungen näher an das Szenario „B" als an „A". Der Grund ist einfach. CO_2 bleibt weiterhin das wichtigste Treibhausgas, der erwartete stärkere Anstieg von Methan wird durch den geringeren Anstieg der FCKWs, die noch dazu weit wirksamere Treibhausgase als Methan sind, ausgeglichen.

Wir stellen nun noch einmal die Frage, ob all die schrecklichen Auswirkungen auf das Klima, mit denen wir uns im einzelnen noch befassen werden, wirklich so früh auf uns zukommen, wie viele Leute behaupten, oder ob sie erst viel später zu erwarten sind. In diesem Fall bliebe uns mehr Zeit, diese Entwicklungen zu verhindern oder uns angemessen auf sie einzustellen. Jedenfalls entfiele der Grund für überstürzte Maßnahmen, und der Katastrophenbesorgnis würde die Schärfe genommen. Alle uns vorliegenden Hinweise deuten darauf hin, daß die angekündigten Entwicklungen wesentlich langsamer vor sich gehen, als bisher angenommen.

Wir kehren noch einmal zum CO_2 zurück. Wir wollen einen Aspekt wieder aufgreifen, der häufig entweder vollständig übersehen oder nur beiläufig angerührt wird und den auch wir noch nicht erschöpft haben. Es handelt sich um die Wechselwirkungen zwischen CO_2 und der Biosphäre.

CO_2 nimmt in der Tat eine besondere Rolle ein, da es ja kein Schadstoff, sondern ein für die biologischen Vorgänge unentbehrliches Nutzgas ist. Natürlich muß die Konzentration dieses Gases in der Luft in Schranken gehalten werden. Aber halten wir noch einmal fest: Wir schädigen unsere Umwelt durch die Emission von CO_2 nicht, sondern nützen ihr damit sogar.

Mit dieser Tatsache tun sich sehr viele Leute schwer. Der Grund dafür liegt bei den Medien. Sie haben der Öffentlichkeit in den letzten Jahren immer wieder eingehämmert, daß menschliche Handlungen per se und grundsätzlich schädlich für die Umwelt sein müssen. Diese Sichtweise verdichtet sich bei manchen Zeitgenossen zu der Ideologie, daß jede vom Menschen verursachte Veränderung der Natur von vornherein schlecht sei und daher grundsätzlich verhindert werden müsse. Es handelt sich dabei um Glaubenssätze, Dogmen also, die nichts mit den wissenschaftlichen Grundlagen der Beurteilung des Treibhauseffekts und dessen Auswirkungen zu tun haben. Da sich aber sinnvoll nur über wissenschaftliche Argumente streiten läßt, werden wir uns bei jenen Dogmen nicht länger aufhalten und zu den mit Vernunftgründen oder wissenschaftlich ermittelten Tatsachen diskutierbaren Überlegungen zurückkehren. Wir fragen also, wie sich die Biosphäre bei einem Anstieg der CO_2-Konzentrationen wohl entwickeln könnte.

Es gibt bereits eine große Anzahl von Studien und wissenschaftlichen Arbeiten, in denen die möglichen Auswirkungen einer erhöhten CO_2-Konzentration auf eine große Anzahl verschiedener Pflanzenarten untersucht worden ist. Die allgemeinen Schlußfolgerungen dieser Arbeiten sind überwiegend positiv, und können in folgender Weise zusammengefaßt werden:

Eine höhere CO_2-Konzentration fördert:
- die Photosynthese,
- das Pflanzengewicht,
- die Anzahl der sich an der Pflanze bildenden Äste und Früchte,
- die Größe der Früchte,
- die Wassernutzungseffizienz der Pflanzen,
- die abnehmende Empfindlichkeit der Pflanzen gegenüber Schädlingsbefall und Luftverschmutzung.

Bei den erstgenannten Veränderungen der Pflanze wirkt Kohlendioxid wie ein gutes Düngemittel. Die letzten beiden Veränderungen betreffen die Lebensvorgänge der Pflanze selbst. Pflanzen atmen durch kleine Spaltöffnungen auf der Unterseite ihrer Blätter, die man Stomata nennt. Sie reagieren auf Umweltbedingungen und öffnen sich diesen entsprechend weiter oder schmäler. Eine höhere CO_2-Konzentration bewirkt, daß sich die Stomata weniger weit öffnen. Daher dringen weniger Luftschadstoffe in die Pflanze ein, und sie schwitzt weniger Wasser aus. Dies kann in einem trockeneren, aber mit CO_2 angereicherten Klima von Bedeutung sein.

Die positiven Effekte könnten jedoch gemindert werden, wenn andere Nährstoffe, wie Stickstoff oder Phosphor, nur unzureichend zur Verfügung stehen. Stickstoff ist der Hauptbestandteil unserer Luft. Diesen können Pflanzen, von wenigen Bakterienarten abgesehen, nicht direkt verwenden. Sie sind auf Stickstoffverbindungen angewiesen. An Stickstoffdünger bestand wenigstens in den Industrieländern in den letzten Jahrzehnten kein Mangel. Zum Teil liefern Industrieabgase Stickstoffverbindungen, die als kostenloser Stickstoffdünger abregnen, denn sie entstehen als Nebenprodukt bei der Verbrennung von Kohle, Öl und Gas. Obwohl *Nitrat*, das sich aus Stickoxidemissionen durch chemische Umwandlung bildet, einen Düngewert hat, gerieten auch diese Emissionen in die öffentliche Diskussion, weil man ihnen (neben ihrer vermuteten Rolle bei der Ozonentstehung) eine *Überdüngung* der natürlichen Pflanzenwelt unterstellt. Eine ähnlich stimulierende Wirkung auf den Pflanzenwuchs hätte übrigens auch die als Folge des Treibhauseffekts durchschnittlich steigende Temperatur, wenn es nicht an der nötigen Bodenfeuchtigkeit fehlt.

Einige Wissenschaftler befürchten nun freilich, daß bei höherer CO_2-Konzentration die Unkräuter auf Kosten der Nutzpflanzen besser gedeihen. Das mag, wenn es zuträfe, wohl den landwirtschaftlichen Nutzeffekt beeinträchtigen. Zudem wird häufig argumentiert, Pflanzen würden bei steigenden Temperaturen um so anfälliger für das Wachstum beeinträchtigender Krankheiten. In den beheizten und mit zusätzlichem CO_2 begasten Treibhäusern erkennt man an den Nutzpflanzenbeständen kaum Beeinträchtigungen. Ihnen könnte man also, falls es sie wirklich geben sollte, begegnen.

Wir sind damit bereits auf ein anderes zentrales Problem der Debatte um den Treibhauseffekt gestoßen, nämlich die steigenden Temperaturen und ihre Auswirkungen auf den Pflanzenwuchs. Bei unseren Überlegungen sind wir zwar noch nicht bei dem Punkt angelangt, daß wir sagen könnten, um wieviel die Temperaturen als Folge des zusätzlichen Treibhauseffekts steigen könnten. Trotzdem wollen wir einen kurzen Blick auf wissenschaftliche Arbeiten werfen, die untersucht haben, wie sich das Pflanzenwachstum bei hohen CO_2-Konzentrationen und in verschiedenen Temperaturbereichen verhält (s. Abb. 9).

Diese Untersuchungen zeigen, daß bei steigenden Temperaturen die positiven Auswirkungen einer erhöhten CO_2-Konzentration auf das Pflanzenwachstum noch zunehmen. Das trifft sogar auf die heißen tropischen Temperaturbereiche zu. Eigentlich sollte uns das wiederum nicht wundern, denn es läßt sich doch jetzt schon leicht in den tropischen Urwäldern feststellen, daß die Artenvielfalt der irdischen Biosphäre mit steigenden Temperaturen und bei hoher Luftfeuchtigkeit zunimmt. Auf diesen Gedanken wollen wir später noch einmal zurückkommen, wenn wir die möglichen Auswirkungen von Klimaänderungen auf die Natur, die Umwelt und die menschlichen Aktivitäten bewerten können.

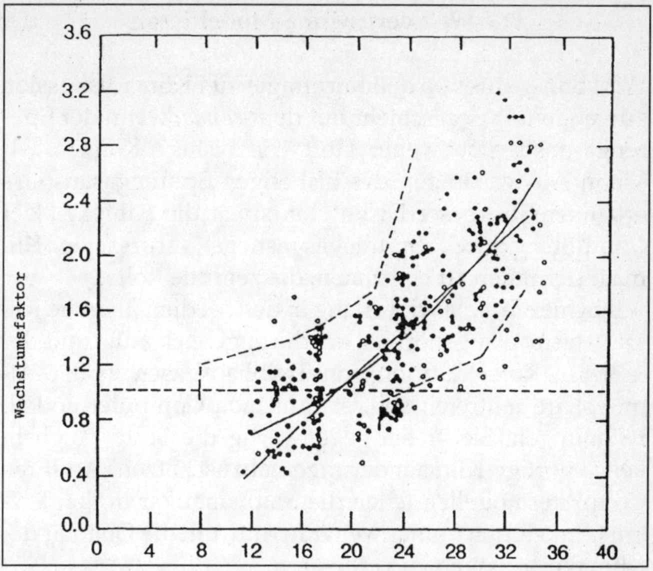

Abb. 9: Der Einfluß verschiedener Temperaturbereiche auf das Pflanzenwachstum bei einer 300 ppm-höheren CO_2-Konzentration als der heutigen (das entspricht etwa einer CO_2-Verdoppelung). Der Wachstumsfaktor gibt an, um wieviel sich die Wachstumsraten im Vergleich zu den heutigen CO_2-Konzentrationen verändern.

Quelle: Idso und Mitarbeiter, 1989; CDIAC Communications.

Wir haben zuerst untersucht, wie die Konzentration von Treibhausgasen in der Atmosphäre in den nächsten Jahren steigen könnte. Wir haben dann abgewogen, wie rasch mögliche Klimaänderungen aufgrund der steigenden Spurengaskonzentration zu erwarten sind. Und wir haben uns schließlich mit dem Schicksal von Kohlendioxid in den chemischen und biologischen Kreisläufen der Natur befaßt. Wir sind dabei zunächst darauf gestoßen, daß die Konzentration der wichtigsten Treibhausgase, des CO_2 und der FCKWs, aller Wahrscheinlichkeit nach langsamer zunimmt, als bisher angenommen worden war.

Die Welt der „Klima-Modellierer"

Wir können uns nun den Kernfragen der Klimadiskussion zuwenden: Was geschieht mit dem *Klima*, wenn der Spurengasanstieg so weiter läuft wie bisher? Können wir schon Auswirkungen des bisherigen Spurengasanstiegs erkennen? In dieser Diskussion spielt die Fähigkeit der Computer, durch Spurengasanstiege verursachte Klimaänderungen zu berechnen, die zentrale Rolle.

Das meiste, was wir bislang in den Medien über die Klimakatastrophe gehört haben, die angeblich aufgrund der höheren Konzentration von Treibhausgasen in der Atmosphäre eintreten soll, stammt aus Computermodellrechnungen. Sie bieten gegenwärtig die beste Möglichkeit, künftige Klimaänderungen abzuschätzen. An ihren Computermodellen feilen die Mathematiker in den letzten Jahrzehnten immer weiter herum, um die Qualität der Klimavorhersagen zu verbessern.

Wir müssen uns zum besseren Verständnis mit ein paar Details befassen: Es gibt drei Hauptklassen solcher Modelle:

1. Die sogenannten Energiebilanzmodelle (EBMs), die nur Energieflüsse am Boden berücksichtigen,
2. die RCMs oder Strahlungskonvektionsmodelle, die zusätzlich den vertikalen Luftaustausch in der Atmosphäre mitberücksichtigen,
3. die GCMs oder allgemeinen Zirkulationsmodelle, die am ausgefeiltesten sind und alles miteinbeziehen wollen, was die Klimaentwicklung beeinflussen könnte, also z.B. die Luftströmungen in verschiedenen Höhenlagen der Atmosphäre, Feuchtigkeitsströme, Wolkenbildung, Regen, Schnee, Verdunstung, neuerdings sogar die Ozeane, sowie jahreszeitliche und tägliche Schwankungen.

Wir wollen uns im folgenden auf die dritte Klasse von Modellen, die GCMs, beschränken. Auch die allgemeine Diskussion baut inzwischen nur noch auf solchen GCM-Rechnungen auf. Diese Modelle ähneln im Grunde denjenigen, die der Wetterdienst seine Wettervorhersagen für das nächste Wochenende zugrundelegt. Sie werden lediglich um solche Prozesse erweitert, die für das morgige Wetter keine Rolle spielen, aber für das Klima von ausschlaggebender Bedeutung sind. Bei diesen Prozessen handelt es sich — neben der sich ändernden chemischen Zusammensetzung der Atmosphäre und den daraus resultierenden Änderungen in den Strahlungsflüssen — z.B. auch um den Austausch zwischen Atmosphäre und Erdoberfläche. Der wichtigste Austausch dieser Art ist die Wasserverdunstung.

Eines müssen wir allerdings ganz klar sehen: Unabhängig davon, wie gut solche Modelle auch sein mögen, es handelt sich immer nur um Modelle, also um den Versuch, eine Vielzahl physikalischer, chemischer und biologischer Vorgänge, die auf der Erde und in ihrer Atmosphäre ablaufen, annähernd zusammenzusehen und ihre Wechselwirkung zu berechnen. Sie sind gegenwärtig noch weit davon entfernt, alle Prozesse, von denen man annimmt, daß sie einen Einfluß auf das Klima haben mögen, berücksichtigen zu können. Zunächst einmal kennen wir noch nicht einmal alle Prozesse, die in Betracht zu ziehen wären. Einige, die wir schon kennen, konnten wegen vieler mathematischer und rechentechnischer Schwierigkeiten noch nicht in die Modelle eingebaut werden.

An den Überraschungen mit dem Wetter, wenn es statt des angekündigten Sonnenscheins einmal wieder tüchtig regnet, erkennen wir die Grenzen der Vorhersagen und damit auch der Modelle, auf denen sie fußen. Unzweifelhaft gibt es bei allen Arten von Wetter- und Klimavorhersagen Verbesserungsmöglichkeiten.

Eine Klima-„Vorhersage" bedeutet ja, daß man ein solches Modell nicht nur für das nächste Wochenende laufen läßt, sondern für die nächsten 30 oder 50 Jahre. An dieser Stelle dürfen wir uns nicht mehr um die Frage drücken, was wir überhaupt unter „Klima" verstehen. Als Klima bezeichnet man den durchschnittlichen Zustand der Atmosphäre über einen längeren Zeitraum hinweg. Man betrachtet dabei häufig die Mittelwerte von Parametern wie

Temperatur oder Niederschlag, aber auch deren Veränderlichkeit und Schwankungsbreite innerhalb dieses Zeitraumes. Das Klima kann für einen beliebigen Ort oder eine größere geographische Region beschrieben werden. Der Zeitraum, den man zur Festlegung dieser Werte auswählt, beträgt gewöhnlich 30 Jahre, jedenfalls sollte man ihn nicht kürzer als 20 Jahre wählen. Wenn man also den Begriff Klima verwendet, unterstellt man auch, daß sich von einer Periode von 30 Jahren bis zur nächsten nicht allzuviel ändert. Mit anderen Worten: das Klima wird wie eine Konstante betrachtet. Diese Annahme ist natürlich nur sehr eingeschränkt gültig, wie sich gleich zeigen wird. Denn das Klima ändert sich natürlich fortlaufend, und zwar in Zeiträumen, die von wenigen Jahren bis zu Jahrhunderten und Jahrtausenden reichen können.

Eine Klima-*Änderung* bedeutet nach der gegebenen Definition, daß sich ein oder mehrere der Klimaparameter geändert haben, wenn man seine Durchschnittswerte einer Periode von dreißig Jahren mit denen einer anderen vergleicht. Dabei muß die festgestellte Änderung eine bestimmte Größenordnung überschreiten, um als solche anerkannt zu werden. Diese Größenordnung hängt von der natürlichen Schwankungsbreite des Parameters ab. Wenn es also eine Anzahl von Jahreszeiten, oder sogar nur von Jahren gibt, die entweder kälter, wärmer, regnerischer oder trockener sind als der jeweilige Durchschnittswert für die Periode, spricht man noch nicht von einer Klimaänderung, sondern nur von kurzfristigen Klimaschwankungen. Wenn es also Ende der 70er Jahre in den USA zu einer Reihe extrem kalter Winter oder in den 30er Jahren zu extrem heißen, trockenen Sommern kam, dann sind das nicht unbedingt Zeichen für eine Klimaänderung. Die Temperaturen können ja anschließend wieder zu ihren langjährigen Normalwerten zurückgekehrt sein. Die Dürren der 30er und die kalten Winter Ende der 70er Jahre sind in dieser Hinsicht gute Beispiele für kurzfristige Klimaschwankungen.

Die Klimamodelle und die Diskussion um die Klimakatastrophe dürfen sich natürlich nicht auf solche kurzfristi-

Tabelle 8: Klimamodellvorhersagen für neun europäische Hauptstädte für den Fall einer $C0_2$-Verdoppelung.

Vorhergesagte Temperaturänderungen (in ° C)

	Winter				Sommer			
	GFDL	GISS	NCAR	Mittel	GFDL	GISS	NCAR	Mittel
Madrid	4,7	3,5	4,3	4,2	6,0	4,5	2,0	4,2
Rom	4,8	4,0	6,0	4,9	5,5	3,2	2,0	3,6
Athen	4,9	3,8	6,0	4,9	4,0	3,8	2,0	3,3
Paris	5,2	4,5	5,5	5,1	6,3	4,0	2,0	4,1
Wien	5,5	5,5	6,5	5,8	6,0	3,0	2,0	3,7
London	5,8	4,7	6,0	5,5	5,8	4,0	4,0	5,3
Berlin	6,1	6,0	7,0	6,4	5,5	3,0	3,0	3,8
Stockholm	10,0	5,5	10,4	8,6	5,5	2,0	4,0	3,8
Moskau	7,5	7,0	8,0	7,5	5,0	2,3	1,8	3,0

Vorhergesagte Niederschlagsänderungen (in mm/Tag)

	Winter				Sommer			
	GFDL	GISS	NCAR	Mittel	GFDL	GISS	NCAR	Mittel
Madrid	0,5	0,1	0,5	0,4	-0,5	-0,2	0,3	-0,1
Rom	0,5	0,1	0,5	0,4	-0,3	-0,2	0,4	0,1
Athen	0,5	0,0	0,0	0,2	-0,1	-0,1	0,4	0,1
Paris	0,5	0,3	1,2	0,7	-0,3	-0,1	0,6	0,1
Wien	0,5	0,3	1,2	0,7	-0,3	0,2	0,6	0,2
London	0,5	0,4	0,8	0,6	-0,3	-0,2	0,7	0,1
Berlin	0,5	0,4	1,0	0,6	-0,3	0,3	0,7	0,2
Stockholm	0,5	0,6	1,1	0,7	0,0	0,7	0,8	0,5
Moskau	0,5	0,5	1,0	0,7	-0,2	1,0	1,0	0,6

Quelle: Nach Daten aus U.S. Department of Energy, Report DOE/ER-0237.

gen Klimaschwankungen beziehen. Sie sollten nur mit langfristigen, dauerhaften Veränderungen, die sich über Zeiträume von mehreren Jahrzehnten oder sogar Jahrhunderten erstrecken, argumentieren.

Der Lauf eines Klimamodells erfordert sogar auf den schnellsten, besten und natürlich auch extrem teueren Supercomputern noch sehr viel Zeit. Deswegen gibt es weltweit nur eine Handvoll Forschungsanstalten, die über hinreichende Finanzmittel und ausreichendes Fachpersonal verfügen, um solche Rechnungen durchführen zu

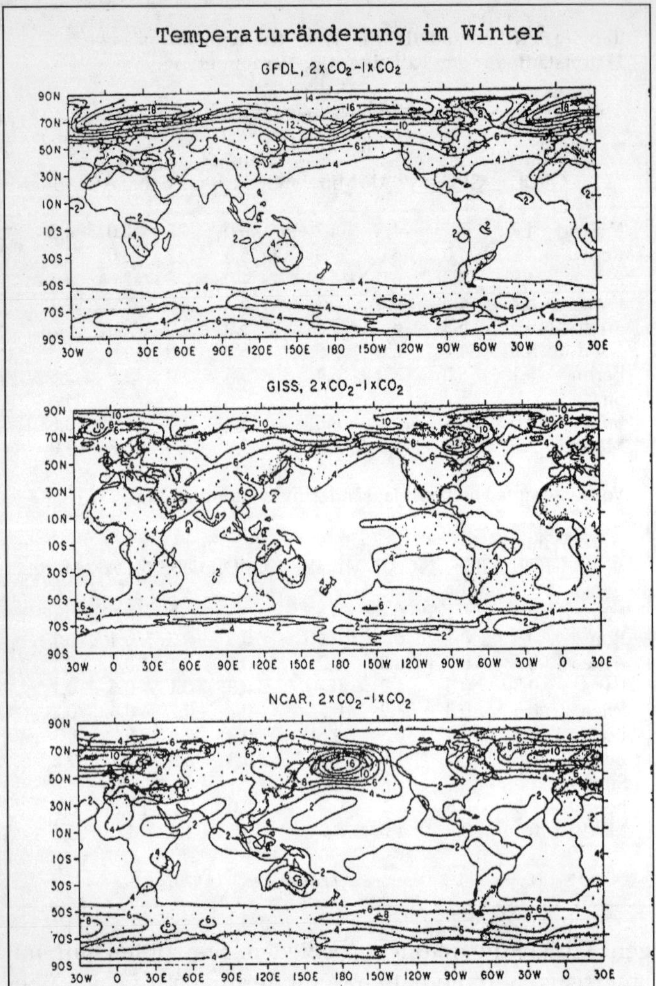

Abb. 10a: Klimamodellergebnisse für den Fall einer CO_2-Verdoppelung. Gezeigt ist die geographische Verteilung der Temperaturänderung, die von drei führenden Klimamodellen (GFDL, GISS und NCAR, Erläuterung siehe Text) errechnet wurde (in ° C).

Quelle: U.S. Department of Engergy, Report DOE/ER-0237

können. Jede dieser Forschungsgruppen modelliert die Atmosphäre ein wenig anders, oder sagen wir, versucht

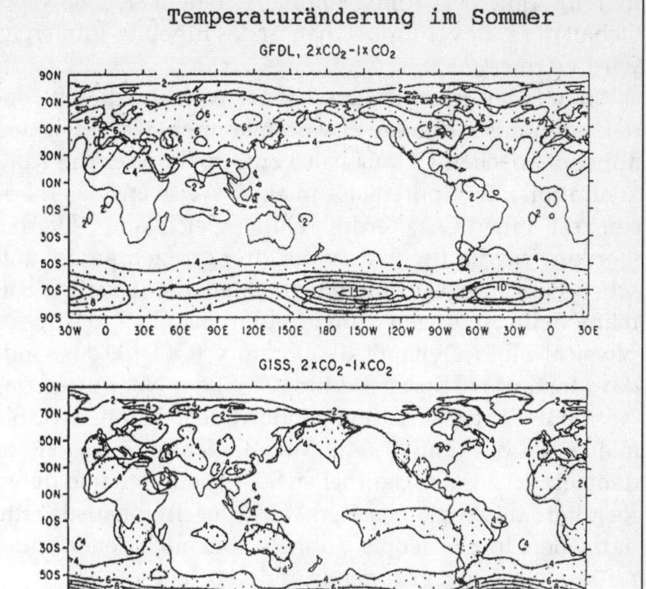

Abb. 10 b

sich der wirklichen Atmosphärenphysik auf eine etwas andere Weise anzunähern. Daher unterscheiden sich die Ergebnisse ihrer Rechnungen. Die Unterschiede werden beträchtlich, wenn man ins regionale Detail hinunterrechnet. „Regional" bezieht sich dabei schon auf Gebiete von der Ausdehnung Europas.

Gleichgültig mit welchem Modell wir rechnen, wenn

man mit ihnen ein Klima simuliert, in dem sich der CO_2-Gehalt der Luft verdoppelt hat, ist das Ergebnis immer: Es wird wärmer!

Wir werden uns nun anschauen, was wir diesen Modellrechnungen zufolge erwarten können, wenn wir den atmosphärischen CO_2-Gehalt verdoppeln oder die Konzentration aller Spurengase in einer Weise ansteigen lassen, die einer CO_2-Verdoppelung gleichkäme. Hierbei werden wir die Ergebnisse der drei größten amerikanischen Forschungsanstalten betrachten, die derartige Klimamodellrechnungen durchführen, nämlich das Geophysical Fluid Dynamics Laboratory (GFDL), das Goddard Institute of Space Studies (GISS) der NASA und das National Center of Atmospheric Research (NCAR). Sie alle lassen hochentwickelte Modelle laufen, die sich auf dem letzten wissenschaftlichen Stand befinden und deren Resultate das wirkliche Kernstück der Treibhausdebatte darstellen. Ihre Ergebnisse ähneln aber auch denen anderer Modellierungsgruppen in anderen Teilen der Welt.

Wir wollen an dieser Stelle nicht weiter in die Modellierungsdetails und die rechnerischen Tricks einsteigen, die in den verschiedene GCMs verwendet werden. Sie sind hochkomplex, und sie näher zu erläutern, würde nur für unnötige Verwirrung sorgen. Es gibt jedoch ein paar Punkte, die wichtig genug sind, um sie an späterer Stelle noch einmal aufzugreifen.

Wenden wir uns also den Klimaänderungen zu, die die Modellrechnungen bei einem verdoppelten CO_2-Gehalt der Luft errechnen. Wir stellen hierzu erst einmal zusammen, worin die verschiedenen Forschungsgruppen übereinstimmen. Und zwar betrachten wir zuerst die für die Gesamtentwicklung berechneten Durchschnittswerte und wenden uns anschließend den Berechnungen für einzelne wichtige Regionen zu, soweit die Modelle ihre Ergebnisse hierfür auflösen können.

Wir sollten uns an dieser Stelle nochmals darüber klar werden, daß es sich bei diesen berechneten Klimaänderungen um „Was-wäre-wenn?-Szenarien" handelt: nämlich *wenn* die Spurengase wirklich so stark ansteigen, und *wenn* die Klimamodelle wirklich recht haben sollten.

Bei einer CO_2-Verdoppelung erwarten die besten verfügbaren Modellrechnungen folgendes:

— Die weltweiten Temperaturen werden 3-4° C höher liegen, als zu Beginn der industriellen Revolution.

— In höheren Breiten (nahe der kalten Polkappen) wäre dieser Temperaturanstieg 2-3 mal so groß wie im globalen Durchschnitt, in Äquatornähe fiele er weitaus geringer als im globalen Mittel aus.

— Der Temperaturanstieg wäre im Winter größer als im Sommer.

— Die Niederschlagsmengen sollen im globalen Mittel um etwa 10% zunehmen, wobei sie in höheren Breiten überdurchschnittlich ansteigen.

— Ferner soll der Meeresspiegel um etwa einen halben Meter steigen.

Diese Ergebnisse sind in Abb. 10 und in Abb. 11 wiedergegeben. Die Erkenntnisse des schon öfter erwähnten IPCC fußen im wesentlichen ebenfalls auf diesen Klimamodellrechnungen und sind auszugsweise in Abb. 12 gezeigt. Schenkt man dem IPCC Glauben, dann hätten sich die Spurengaskonzentrationen bis zum Jahre 2030 soweit erhöht, daß es einer CO_2-Verdoppelung gleichkäme. Zur Erinnerung: Unsere Einschätzungen rechnen erst zu einem späteren Zeitpunkt mit dieser Verdoppelung. Die Temperaturen sollen bis dahin um 2° C gestiegen sein. Ein zusätzlicher Anstieg wird in den darauffolgenden Jahrzehnten erwartet, bis sich die „Gleichgewichtserwärmung" eingestellt hat.

Dabei handelt es sich um den Temperaturanstieg, den die Modelle errechnen, nachdem alle Rückkopplungsmechanismen im Klimasystem gewirkt und nachdem alle den Temperaturanstieg bremsenden Prozesse geendet haben.

Ein Beispiel für einen solchen Rückkopplungsprozeß ist die Wasserdampf-Rückkopplungsschleife. Sie läuft folgendermaßen ab: Ein geringer Anstieg des Treibhauseffekts durch Spurengasanstieg verursacht eine höhere Verdunstung von Oberflächenwasser z.B. über den Ozeanen.

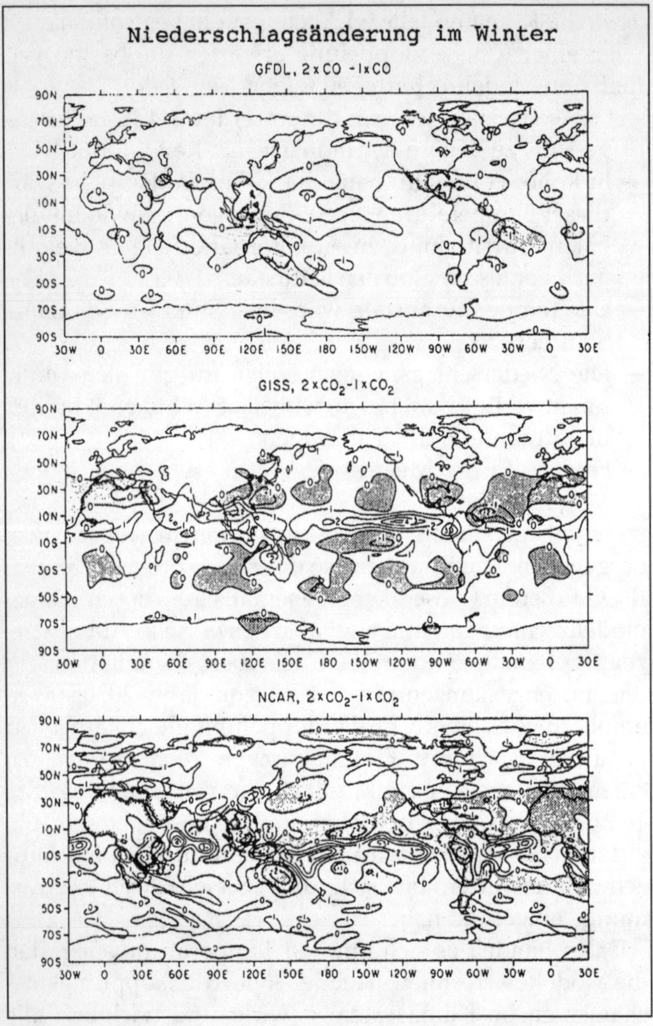

Abb. 11 a: Klimamodellergebnisse für den Fall einer CO_2-Verdoppelung. Gezeigt ist die geographische Verteilung der Niederschlagsänderung, die von drei führenden Klimamodellen (GFDL, GISS und NCAR, Erläuterung siehe Text) errechnet wurde (in mm pro Tag).
Quell: U.S. Department of Energy, Report DOE/ER-0237.

Da Wasserdampf selbst wie ein Treibhausgas wirkt, führt ein höherer Wasserdampfgehalt wiederum zu einem

Niederschlagsänderung im Sommer

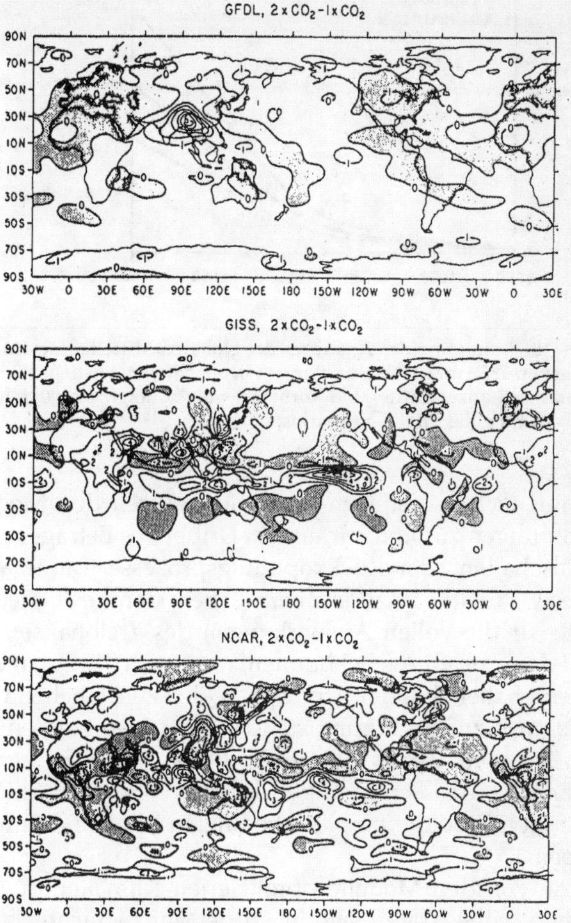

Abb. 11b

höheren Treibhauseffekt und einer höheren Verdunstung (denn mit der Wassertemperatur steigt auch die Verdunstung). Dies schaukelt sich soweit hoch, bis sich die Energieflüsse auf ein neues Gleichgewicht eingestellt haben.

Dieser Rückkopplungsprozeß allein ist bedeutsam genug, um rund zwei Drittel des gesamten, zusätzlichen Treibhauseffekts auszumachen. Mit anderen Worten, gäbe

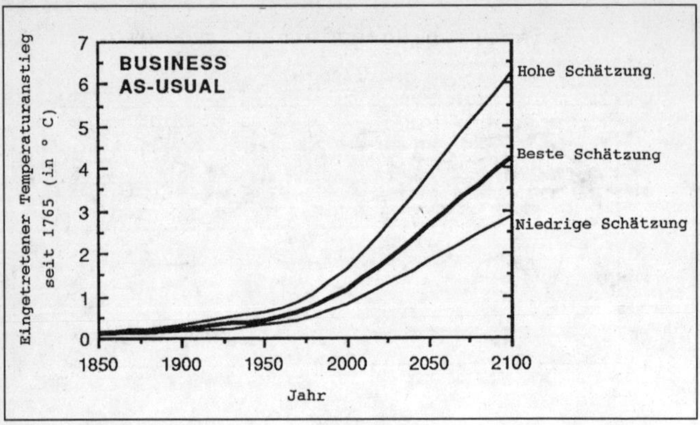

Abb. 12: Simulation des Anstieges der globalen Mitteltemperatur zwischen 1850 und 1990 als Folge des beobachteten Anstieges der Spurengaskonzentration und Vorhersage bis zum Jahre 2100 unter Verwendung des "BaU"-Szenarios.

Quelle: IPCC, 1990.

es ihn nicht, so stiegen die Temperaturen den Modellrechnungen zufolge nur um ein Drittel des Betrages nach „Einschalten" der Rückkopplungsprozesse. Daran werden wir uns noch zu erinnern haben, denn es bedeutet, daß wir die vollen Auswirkungen des Treibhauseffekts erst dann zu spüren bekommen, wenn sich die Ozeane erwärmt haben und der Atmosphäre den zusätzlichen Wasserdampf zur Verfügung stellen. Deswegen werden uns die Temperaturentwicklung der Ozeane und der atmosphärische Wasserdampfgehalt wertvolle Aufschlüsse über den Grad der treibhausbedingten Klimaänderungen geben.

Die von den Modellen projizierten Klimaänderungen selbst wären, träten sie ein, in der Tat beträchtlich. Sie würden auf der Erde ein Klima hervorrufen, das hier seit über 100 000 Jahren nicht mehr geherrscht hat. Denn sie überschreiten noch die Schwankungen der letzten paar tausend Jahre, die, soweit wir wissen, lediglich zwischen +/-2° C pendelten.

Bevor wir jedoch auf die drastischen Auswirkungen eines solchen Klimawandels auf Mensch und Natur im allgemeinen zu sprechen kommen, wollen wir uns ansehen, wie er sich auf neun europäische Hauptstädte auswirken würde, von denen jede eine bestimmte Klimaregion repräsentiert. Die Daten hierzu sind, getrennt nach Sommer und Winter, in Tab. 8 (s. 81) zusammengestellt.

Sie stammen aus den veröffentlichten Ergebnissen der drei oben beschriebenen großen Klimamodelle. Um Ihnen einen Eindruck von den Abweichungen der Modellvorhersagen untereinander zu vermitteln, sind sowohl die Ergebnisse der drei Modelle getrennt als auch gemittelt wiedergegeben. Wie sich zeigt, sind diese Abweichungen von einander zu groß, um allzuviel Zutrauen in die Vorhersage eines einzelnen Modells für einen bestimmten Ort zu erlauben. Deswegen wollen wir hier nur die Konsensvorhersage der drei Modelle betrachten, also das, worauf sie sich zusammenführen lassen.

Die Temperatur für alle Städte würde demnach im Winter durchschnittlich um beachtliche 6° C zunehmen. Das liegt deutlich über dem globalen Mittel. Im Sommer soll es dort immerhin noch zu rund 4° C höheren Durchschnittstemperaturen kommen. Den vergleichsweise geringsten Anstieg gäbe es im Mittelmeerraum mit etwa 4-5° C im Winter und 3-4° C im Sommer. Nördlich der Alpen wäre er dann im Winter in Stockholm mit fast 9° C noch deutlich höher, und im Sommer käme Nordwesteuropa in den Genuß eines nahezu subtropischen Klimas. Über Rußland wäre der Temperaturanstieg mit 3° C sogar noch relativ bescheiden.

Wir sollten anmerken, daß derartige Temperaturzunahmen im Rahmen der Modellrechnungen schon bemerkenswert sind, da ihre Fehlerbandbreite bei ungefähr nur 2-3° C liegt. Diesen Rechnungen zufolge würde sich in Berlin, wenn wir uns vorerst nur auf die Temperaturen beschränken, beispielsweise ein Klima einstellen, das gegenwärtig im nördlichen Raum des Mittelmeers herrscht, wie z.B. in Norditalien oder in der Provence. Das wären für manche Berliner durchaus erfreuliche Aussichten, jedenfalls für diejenigen, die gelegentlich unter kühlen und regnerischen Sommern leiden. In Rom sähe die Sache dann schon ganz anders aus: Die sommerliche Hitze würde Ausmaße annehmen, wie sie zur Zeit an der amerikanischen Golfküste oder in tropischen Regionen auftritt. Rußland und Nordosteuropa andererseits würden von der Last der harten Winter zumindest teilweise befreit, und die Sommer, etwa vergleichbar mit den norddeutschen, würden ebenfalls ein wenig wärmer ausfallen, aber nicht im gleichen Maße wie in Westeuropa. Die Aussichten sind also zumindest nicht durchweg schlecht.

Es reicht aber natürlich nicht aus, Klimaänderungen nur auf der Grundlage von Temperaturänderungen zu betrachten und die Niederschläge außer acht zu lassen. Keine Klimaanalyse wäre komplett, wenn sie nicht wenigstens die Entwicklung der Niederschläge einbezöge. Es wäre beispielsweise unklug zu sagen: Berlin wird ein Klima haben wie das nördliche Mittelmeer — und dabei nur an die Temperatur zu denken. Wenn die Niederschläge in Berlin im Zuge der Erwärmung auf dem gleichen Niveau verharren wie bisher oder sogar noch ansteigen, dann stellt sich nämlich keineswegs ein durch sommerliche Trockenheit gekennzeichnetes Mittelmeerklima ein. Wir bekommen vielmehr ein warmes, aber gleichzeitig relativ feuchtes Klima, wie es für den Nordosten der USA typisch ist. Was sagen die Modelle also zu dem Niederschlagsverhalten in unseren europäischen Hauptstädten, und zwar zunächst in den Sommermonaten? Niederschlagsänderungen in den Sommermonaten sind wegen ihres Einflusses auf die Vegetation besonders interessant und wichtig.

Zunächst fällt auf, daß hierbei die Modellvorhersagen erheblich mehr streuen als bei ihren Angaben zur Temperatur. Jede Forschungsgruppe errechnet ganz andere Ergebnisse, die sich sogar bis in die Vorzeichen unterscheiden. Die Modelle haben offensichtlich schwer mit den Niederschlägen zu kämpfen. Die Konsensvorhersage sollte gerade hier besser sein als die Projektion eines einzelnen Modells. Nach dieser Vorhersage treten im Mittelmeerraum keine Niederschlagsänderungen auf, die man als signifikant bezeichnen könnte. Nördlich der Alpen hingegen nehmen die Niederschläge zu, das betrifft vor allem Nord- und Osteuropa. Hier würden die Niederschläge etwa um 10-20 mm pro Monat ansteigen. Das ist viel, vergleicht man es mit den Normalwerten von ca. 50-80 mm. Zusammen mit der berechneten Temperaturzunahme würden damit für das Pflanzenwachstum viel günstigere Bedingungen geschaffen, als man sie zur Zeit dort hat. Europa nördlich der Alpen stünde damit — im wahrsten Sinne des Wortes — vor einer noch nie dagewesenen Blüte.

Dagegen brächten steigende Sommertemperaturen im Mittelmeerraum bei gleichbleibenden Niederschlägen eine noch größere Austrocknung der Böden mit sich. Das würde die dort bereits bestehenden Probleme verschärfen und als Folge des Wassermangels zu Versteppung und Verwüstung führen. Diesen Mangel würden die im Winter steigenden Niederschläge, die für das Mittelmeer prophezeit werden, allerdings zum Teil wieder ausgleichen. Noch stärker wachsende Niederschläge erwarten die Modelle allerdings während des Winterhalbjahrs im Europa nördlich der Alpen. Die zusätzlichen Niederschlagsmengen des Winterhalbjahrs könnten ihrerseits im Mittelmeergebiet den Bau von Stauseen zur Wasserbevorratung (und zur Stromerzeugung) rentabel machen, mit denen man der Wasserknappheit im Sommer entgegenwirken könnte.

Grob gesagt, sehen wir also im Europa nördlich der Alpen herrlichen Zeiten entgegen, während in Südeuropa im Sommer jene Klimakatastrophen-Szenarien eintreten könnten, vor denen die Medien so leidenschaftlich und reichlich warnen — jedenfalls, wenn man von den „Was-wäre-wenn?-Szenarien" ausgeht.

Würden Sie etwas von der Klimaänderung merken, wenn Sie Ihren Kopf zum Fenster hinausstecken?

Da wir mitten in unseren „Was-wäre-wenn?-Szenarien" stecken, die angeben, was wäre, wenn die Modelle stimmten, schauen wir uns gleich einmal an, wie der menschliche Organismus auf diese in Aussicht gestellten Klimaänderungen reagieren würde. Die wissenschaftliche Disziplin, die sich mit den Auswirkungen von Wetter und Klima auf den Menschen befaßt, nennt sich Bio-Klimatologie (oder Bio-Meteorologie). Sie hat Maßzahlen entwickelt, die auf die eine oder andere Weise den auf den Menschen einwirkenden Klimastreß zu messen versuchen.

Gewöhnlich geht man so vor. Man wählt eine Temperatur aus, bei der sich die meisten Menschen wohl fühlen. Anschließend stellt man für einen bestimmten Ort die Abweichungen der dort beobachteten Temperaturen von der als angenehm eingestuften Temperatur fest. Die Werte werden als Stunden-, Tages- oder Monatsmittelwerte aufsummiert. Das liefert eine Zahl, die ausdrückt, wie wohl — oder unwohl — man sich in diesem bestimmten Klima fühlen würde. Ein Beispiel für ein derartiges Verfahren ist der sog. Heizgradwert, das ist ein Maß für den Heizbedarf im Winter. Hier wird eine Zimmertemperatur von 20° C zugrunde gelegt, bei der sich die meisten Menschen ganz wohl fühlen, und die Abweichung der täglichen Durchschnittstemperatur von diesen 20° C gibt ungefähr an, wie unwohl man sich fühlt und wieviel geheizt werden muß.

Zusätzlich müßte man noch berücksichtigen, daß die meisten Menschen auf Temperaturstreß nicht linear reagieren, sondern es umso unangenehmer empfinden, je weiter die Temperatur von der als angenehm empfundenen abweicht. Diesem Effekt trägt man gerne dadurch Rechnung, daß man den Streß quadratisch mit der Temperatur ansteigen läßt. Hierfür ein Beispiel: Nehmen wir an, Sie fühlen sich bei 20° C wohl und empfinden bei 10° C ein gewisses Frösteln. Dann würden Sie bei 0° C nicht doppelt so stark frösteln wie bei 10° C sondern viermal so stark, und bei -10° C Kälte neunmal so stark wie bei +10° C.

Abb. 13 zeigt ein Beispiel für einen solchen „Klimastreß-Index". Hierbei wird bezogen auf Gebiete in den USA dem ermittelten Streßniveau eine Maßzahl zugeordnet, die mit zunehmendem Streß abnimmt, also den Grad der

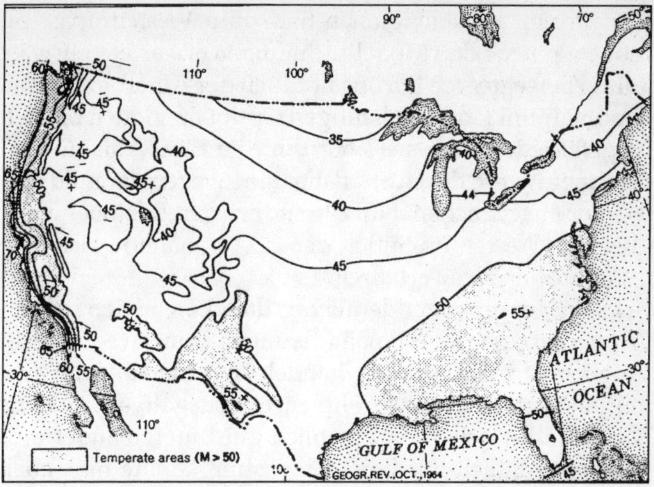

Abb. 13: Geographische Verteilung eines Klimastreß-Indexes über den USA. Der Index in diesem Beispiel ist so definiert, daß hohe Werte auf geringen Streß und niedrige Werte auf hohen Streß hindeuten. Die niedrigen Werte im Norden der USA sind als Folge kalten Winterwetters und die niedrigen Werte im äußersten Süden des Landes als Folge heißen Sommerwetters zu interpretieren.

Quelle. R.E. Munn, Biometerological Methods, 1970

Annehmlichkeit wiedergibt. Als klimatische Idealgebiete erscheinen demnach der westliche Küstenstreifen sowie eine Zone im Süden des Landes. Unkomfortable Werte kommen im Norden durch die sehr kalten Winter und im Süden durch die unangenehm heißen Sommer zustande. Vergleicht man das Gebiet der USA mit dem Europas, nachdem die von den Modellrechnungen ermittelten Klimaänderungen eingetreten sind, dann stellt sich heraus, daß weite Teile Europas ein streßärmeres Klima bekämen. Das ist zumeist die Folge der abnehmenden Winterstrenge. Nur der südliche Bereich Europas erhielte wegen der noch zunehmenden Sommerhitze ein für das menschliche Wohlbefinden „schlechteres" Klima.

Die günstigsten Werte des Klimastreß-Indexes entfallen auf Gegenden, wo winterliche und sommerliche Temperaturextreme vermieden werden und das Klima so dicht wie möglich am „Optimalpunkt" liegt. Diese liegen zur

Zeit in den Küstenregionen Süd- und Westeuropas. Im Zuge der nach den Modellrechnungen erwarteten Erwärmung bewegte sich Europa nördlich der Alpen auf diesen Optimalpunkt zu. Die heutigen Optimalregionen blieben ungefähr dort, wo sie sind: d.h. die Streßzunahme im Sommer würde durch Streßabnahme wegen der milderen Winter ausgeglichen. Nur die südlichsten Regionen würden sich Werten im Süden der USA annähern, also eine Zunahme an Streß erfahren.

Es wird nun immer deutlicher, daß die von den Modellen verhergesagten Klimaänderungen keineswegs durchweg katastrophal sind. Es handelt sich allenfalls um eine bunte Mischung von positiven und negativen Auswirkungen, die sich wahrscheinlich gut untereinander aufwiegen. Ähnlich wie beim Klimastreß könnte man auch verfahren, um die Auswirkungen der in Aussicht gestellten Klimaänderungen auf viele andere menschliche Aktivitäten zu untersuchen. Wir wollen jedoch an dieser Stelle abbrechen, denn wir befinden uns immer noch im „Was-wäre-wenn?-Land". Es wäre nicht der Mühe wert, weiter Auswirkungen von Klimaänderungen zu untersuchen, von denen wir noch nicht einmal wissen, ob sie überhaupt eintreten werden.

Stammt die Klimakatastrophe aus den Medien oder den Modellen?

Stattdessen wollen wir unsere Aufmerksamkeit einigen Punkten zuwenden, die in der Klimadiskussion immer wieder genannt werden, wenn es darum geht, die negativen Auswirkungen der globalen Erwärmung darzustellen:

1. Die Verschiebung der Klimazonen
2. Das Abschmelzen der Polkappen
3. Steigende Meeresspiegel und Überflutung küstennaher Gebiete
4. Zunehmende Dürren in den Landwirtschaftsgebieten mittlerer Breiten.

Wir wollen an dieser Stelle zunächst *nur* die Frage stellen, ob die besten verfügbaren Klimamodelle diese Auswirkungen nahelegen und noch nicht fragen, ob wir derartige Auswirkungen wirklich erwarten oder sie sogar schon erkennen können. Wir versuchen also festzustellen, ob es — den Modellvorhersagen zufolge — eine Grundlage für die Horrorvorstellungen gibt, die uns die Medien so gerne nahelegen.

1. Die Verschiebung der Klimazonen

Das Leben auf der Erde hat sich an die jeweiligen Klimazonen angepaßt. Ihre Lage wird durch die großräumige atmosphärische Zirkulation bestimmt: Die tropischen Zonen liegen entlang des Äquators mit ihren häufigen und reichhaltigen Regenfällen. Sie werden auf beiden Seiten von der Passatwindregion flankiert, dem subtropischen Hochdruckgürtel mit den sehr trockenen Zonen, wie z.B. der Wüste Sahara. Dem folgt nach Norden beziehungsweise Süden die Westwindzone. In ihr ziehen die von West nach Ost wandernden Tiefdruckgebiete, die von den „Strahlströmen" mit hohen Windgeschwindigkeiten im Grenzbereich zwischen kalter und warmer Luft gesteuert werden.

Die grundlegenden Klimazonen oder atmosphärischen Zirkulationsmuster werden — wenn man grob vereinfacht — in erster Linie durch die Umdrehungsgeschwindigkeit der Erde, dann durch den Temperaturkontrast zwischen dem Äquator und den Polen und schließlich durch die Verteilung von Land- und Meeresflächen bestimmt.

Der subtropische Strahlstrom legt die Lage der subtropischen Hochdruckgürtel und somit der Trockenzonen auf der Erde fest. Die polaren Strahlströme sind ihnen gegenüber viel variabler. Sie bestimmen den Weg, den die regenbringenden Tiefdruckgebiete in der Westwindzone einschlagen. Beide Strahlströme werden durch die Temperaturunterschiede zwischen dem Äquator und den

Polen beherrscht. Nimmt der Temperaturunterschied ab, bewegen sich die Strahlströme auf die Pole zu. Nimmt er zu, bewegen sie sich in Richtung Äquator. Die Veränderung der Temperaturgradienten zwischen dem Äquator und den Polen verschöbe die Strahlströme und führte zu einer anderen Anordnung der globalen Zirkulation. Dadurch könnten sich bisherige Trockengebiete in Feuchtregionen verwandeln und umgekehrt.

Wir weisen nochmals darauf hin, daß nicht allein der Einfluß des möglichen Temperaturanstiegs an sich zu den erwarteten, negativen Auswirkungen des Treibhauseffekts führen soll, sondern die sich ändernde Niederschlagsverteilung und die sich daraus ergebende Wasserverfügbarkeit, von der so vieles im Kreislauf der Natur abhängt.

Wie wir oben gezeigt haben, erwärmen sich den Klimamodellen zufolge die polaren Regionen wesentlich stärker als die äquatorialen. Dadurch mindert sich der Temperaturgradient zwischen dem Äquator und den Polen. Demnach ist zu erwarten, daß sich die Strahlströme um ein paar Breitengrade zu den Polen hin verlagern. Das hat zur Folge, daß die den Polen zugekehrten Grenzgebiete der subtropischen Trockenzonen geringere Einbrüche des polaren Strahlstromes erleben und damit auch weniger seinen regenbringenden Tiefdruckgebieten ausgesetzt werden. Die Verschiebung der Klimazonen würden sich also in den dem Äquator zugewandten Grenzgebieten der Westwindzone am nachteiligsten auswirken. Es bestünde die Gefahr, daß sie sich in Trockenzonen verwandeln.

So weit mag das alles richtig sein. Wenn wir uns die Modelle jedoch einmal genauer anschauen, dann finden wir dort ein kleines Detail, das übersehen wurde. Denn verantwortlich für die Lage der Klimazonen ist ja nicht der Temperaturgradient der bodennahen Atmosphärenschichten, sondern der Temperaturgradient der *gesamten* Troposphäre. Und hier warten die Modelle ziemlich einhellig mit einem recht überraschenden Ergebnis auf: Obwohl es in den bodennahen Schichten zu einer starken Erwärmung in den hohen Breiten und einer relativ geringen

Erwärmung in den äquatornahen Breiten kommen soll, kehren sich die Verhältnisse in der oberen Troposphäre geradewegs um. Hier soll umgekehrt wie in Bodennähe in den unteren Breiten eine starke Erwärmung und in den polarnahen hohen Breiten eine recht geringe Erwärmung eintreten. Das hat nun wiederum zur Folge, daß sich die über die gesamte Troposphäre gemittelte durchschnittliche Temperatur ziemlich gleichförmig erhöhen würde. Damit ändert sich aber der Temperaturgradient nur sehr unwesentlich, auch wenn es überall etwas wärmer werden sollte.

Konsequenterweise zeigt auch keines der Modelle eine nennenswerte Verlagerung der wichtigen Strahlströme, der globalen Zirkulationsverhältnisse und damit der Klimazonen. Die Erwärmung allein bedeutet noch keine Verschiebung der Klimazonen in der Weise, wie es oft in den Medien dargestellt wird. Ihrer vereinfachenden Vorstellung nach heißt es: Wenn es irgendwo wärmer werden soll, dann setze man einfach ein Klima ein, das normalerweise etwas näher am Äquator beobachtet wird. Wir betonen aber, weil es so wichtig ist, noch einmal: Klimazonen werden nicht nur durch die Temperatur, sondern auch, und meist sogar nachhaltiger, durch den Niederschlag oder die Wasserverfügbarkeit bestimmt. Der Niederschlag hängt weniger von der Temperatur ab, als davon, wo eine geographische Region innerhalb der allgemeinen Zirkulation der Atmosphäre liegt.

Um diesen Gedanken zu veranschaulichen, führen wir zwei Städte in den USA als Beispiele an. Sie liegen ungefähr auf derselben geographischen Breite und weisen ungefähr die gleiche Jahresdurchschnittstemperatur auf. Gemeint sind Los Angeles in Kalifornien und Savannah im Staate Georgia. Wie Sie vielleicht aus der Pop-Musik-Geschichte wissen, regnet es in Südkalifornien wenig („It never rains in Southern California"), während es in Georgia sehr viele verregnete Nächte gibt („Rainy night in Georgia"). In nackten Zahlen ausgedrückt, empfängt Los Angeles etwa 375 mm Niederschlag pro Jahr (etwa die Hälfte dessen, was in Deutschland üblich ist) und Savannah dagegen 1 250 mm (also fast das doppelte der deutschen Menge). Die Folge ist eine recht spärliche Vegetation in Südkalifornien und eine üppige Vegetation mit reicher Artenvielfalt in Georgia. Der offenkundige Klimaunterschied bei ähnlichen Durchschnittstemperaturen erklärt sich aus der unterschiedlichen Lage beider Städte im globalen Zirkulationsmuster.

2. Das Abschmelzen der Polarkappen

Kaum etwas hat die öffentlichen Emotionen in der Klimakatastrophendebatte so in Bewegung gebracht, wie die Warnung vor dem „Abschmelzen der Polarkappen" und dem damit verbundenen Anstieg des Meeresspiegels, der küstennahe Gebiete überfluten ließe und ähnliches mehr. Das hört sich alles so schrecklich und wahrhaft bedrohlich an, und doch ist es nur ein Mißverständnis, wenn auch ein großes. Warum? Hier ist die Erklärung:

Zunächst müssen wir zwischen den beiden polaren Eiskappen der Erde unterscheiden. Die Nordpolkappe liegt in einem Ozean, der teilweise zugefroren und von den Landmassen des nordamerikanischen und eurasischen Kontinents umgeben ist. Hier handelt es sich um relativ dünnes Meereis, das auf dem Ozean *schwimmt*.

Die Klimamodelle erwarten nun, daß bei einer CO_2-Verdoppelung Teile dieses Meereises schmölzen und die Eisbedeckung sich etwa 200-300 km in Richtung Pole zurückzöge. Aber sie erwarten durchaus nicht, daß dieses Eis im größeren Maße, geschweige denn vollständig, abschmelzen könnte. Welche Auswirkungen hätte das Schmelzen des dünnen Meereises auf den Meeresspiegel? Überhaupt keine.

Denn das *schwimmende* Eis, wenn es auch schmölze, gäbe einfach dem Meerwasser das Volumen frei, das es zuvor verdrängt hatte, als es noch in der Form von Eis auf dem Wasser schwamm. Sie glauben das nicht? Nehmen Sie sich ein Glas, schenken Sie sich einen ordentlichen Whiskey „on the rocks" ein und füllen Sie das Glas soweit mit Sodawasser auf, bis das Eis *vollständig* und frei schwimmt. (Damen empfehlen wir, es mit Erdbeer Daiquiri's zu versuchen). Nun trinken Sie das Ganze zunächst nicht aus — auch wenn es Ihnen schwer fallen sollte —, sondern lassen es so lange stehen, bis alles Eis vollständig geschmolzen ist. Achten sie dabei auf die Wasserlinie im Glas. Sie werden feststellen, daß sie sich in Ihrem Glas nicht verändert hat, obwohl Sie eine gehörige Menge Eis im Glas hatten. Jetzt dürfen Sie sich an Ihrem Drink erfreuen, falls er Ihnen noch nicht schal geworden ist.

Im Prinzip würde das gleiche mit dem schwimmenden Meereis und dem Meeresspiegel passieren, wenn sich das Klima erwärmt. Am Südpol sieht die Sache freilich anders aus. Dort sitzt die Polarkappe auf einem Kontinent, der von Ozeanen umgeben ist. Die umgebenden Ozeane überfrieren zum Teil auch, und die Modelle erwarten, daß Teile davon wegschmelzen, weil sich die Eisgrenze in Richtung Antarktis zurückzieht. Was das für den Meerespiegel bedeutet, wissen wir inzwischen.

Warum schmilzt aber nicht mehr auf dem Land ruhenden Eis ab? Die Antwort ist einfach. Die von den Modellen für den Fall einer CO_2-Verdoppelung vorausgesagte Erwärmung reicht nicht aus, um mehr schmelzen zu lassen. Nehmen wir an, die Erwärmung aufgrund des Treibhauseffektes betrüge über dem arktischen oder antarktischen Eis etwa 10° C. Die dort im Winter tatsächlich gemessenen Temperaturen liegen aber erheblich unter minus 20° C. Mit anderen Worten, auch wenn die Temperatur um 10° anstiege, erreicht sie bei weitem nicht den Schmelzpunkt von Eis, der bei 0° C liegt.

Hinzu kommt noch etwas. Die große Erwärmung, die die meisten Modelle in den hohen Breiten erwarten, soll nämlich nicht die Ursache für das Abschmelzen des Eises sein, sondern eine Folgeerscheinung.

Die Computermodelle berechnen die Klimaparameter auf einem Netz von Gitterpunkten, die abhängig vom verwendeten Modell in Abständen von 500-1 000 km zueinander angeordnet sind. Wie wir gesehen haben, soll das

Meereis in hohen Breiten etwa 300 km in Richtung auf die Pole zurückweichen. Über diesen Gebieten, die dann eisfrei wären, lägen die Temperaturen um den Gefrierpunkt. Dieser Wert ist typisch für den offenen arktischen Ozean. Zuvor, als dort noch eine Eisdecke lag, maß man dort Temperaturen um -20° C. Daraus folgt rein rechnerisch, daß die Erwärmung in dem schmalen, vom Eis befreiten Streifen eine Größenordnung von über 20° C erreicht haben muß. Diese sehr große Erwärmung wird nun durch die Mittelungsrechnung, die in den Modellen angewandt wird, auf die benachbarten Gitterpunkte ausgedehnt, die bis zu 1 000 km entfernt liegen können. Dadurch entsteht nun wiederum für den Rechner der Eindruck, daß sich ein großes Gebiet — etwa zwischen 60° und 80° Breite — zwar nicht gleich um 20° C , aber vielleicht doch noch um recht beeindruckende 10° C erwärmt.

Das ist der Grund, warum die von den GCM-Verfahren angewandten Rechenschritte in den hohen Breiten eine Erwärmung vorgeben, die in Wirklichkeit gar nicht auftreten würde, auch wenn die Erwärmung einträte, die sie im allgemeinen vorgeben. Der tatsächliche Rückgang der Meeresvereisung wäre eine Folge der etwas moderateren Erwärmung der Ozeane in hohen Breiten, die vielleicht 2-3° C betragen könnte.

Die Wundertüte der Klimamodelle ist aber noch für weitere Überraschungen gut. Wie wir bereits vorhin gesagt hatten, ist die Antarktis ein großer Eisblock, der auf einem Kontinent aufliegt. Es ist tatsächlich so, daß über 90% der gesamten auf der Erde vorhandenen Eismasse sich in der Antarktis befindet (in Grönland liegen etwa 5%, und der Rest ist auf verschiedene Gletscher rund um die Welt verteilt).

Aufgeschreckt durch den Alarm über katastrophale Folgen der globalen Erwärmung, die besonders in hohen Breiten groß sein soll, haben Wissenschaftler nun herauszufinden versucht, was mit der antarktischen Eismasse nach einer CO_2-Verdoppelung passieren könnte. Wie wir gesehen haben, schmölze die Eismasse selbst nicht ab, sondern nur ein Teil des die Antarktis umgebenden Meereises. Wenn die antarktische Eismasse vollständig abschmölze, wozu allerdings erheblich höhere Temperaturen nötig wären, als wir durch eine CO_2-Verdoppelung erwarten, dann höbe sich der Meeresspiegel etwa um 50-60 m. Auch diese Zahl geistert durch die Katastrophenmeldungen der Medien. Der Abschmelzprozeß zöge sich aber bei der Situation auf der Antarktis über Tausende von Jahren hin. Doch davon kann selbst bei den schlimmsten Annahmen in bezug auf den Treibhauseffekt überhaupt keine Rede sein. Am Gebrauch solcher Rechenkünste in der Klimadebatte zeigt sich nur wieder einmal, daß in den Medien manchmal Dinge erscheinen, deren wissenschaftliche Grundlage man bestenfalls als fragwürdig bezeichnen muß.

Zurück zur antarktischen Eismasse! Einige Wissenschaftler haben ihre Reaktion auf einen Temperaturanstieg von der Größenordnung, wie er bei einer Verdoppelung der CO_2-Konzentration erwartet wird, untersucht und herausgefunden — vielleicht zur Verärgerung vieler Weltuntergangspropheten —, daß die Eismasse wachsen statt schwinden würde.

Wie ist das nun wiederum zu erklären? Zunächst einmal ist die Antarktis, wie wir wissen, recht kalt, so daß sogar eine recht ordentliche Erwärmung zu keiner nennenswerten Eisabschmelzung führen kann. Aber — und das ist viel wichtiger — die Luft um die Antarktis herum soll sich um einiges erwärmen. Das hieße aber auch, daß sie viel mehr Wasserdampf als gegenwärtig mit sich führen könnte. Die Fähigkeit der Luft, Wasserdampf zu halten, verdoppelt sich etwa mit jedem Temperaturanstieg um 10° C (davon war oben schon die Rede). Über der Antarktis würde diese Luft sich soweit abkühlen, daß ein Teil dieses Wasserdampfes als Niederschlag in Form von Schnee kondensiert. Der Schnee würde dort wie bisher schlicht und einfach liegen bleiben, sich anhäufen und zu Eis verdichten. Dabei handelt es sich um Wasser, das den Ozeanen zusätzlich entzogen und an der Antarktis auf Tausende von Jahren eingelagert wird. Man hat berechnet, daß dieser Vorgang den Meeresspiegel um 30 cm absenken würde. An Stelle überfluteten Landes erhielten wir demnach neue, vom Meer geräumte Landflächen.

Das mag für viele eine große Überraschung bedeuten. Die Klimatologen wußten das aber schon seit geraumer Zeit. Es gibt sogar Forschungsergebnisse, die darauf hindeuten, daß während der Warmzeiten früherer geologischer Zeiträume der Meeresspiegel tiefer lag als in den kalten Episoden. Dieses Ergebnis widerspricht offenkundig der häufig wiederholten Befürchtung, der Meeresspiegel werde als Folge der globalen Erwärmung und der abschmelzenden Eismassen steigen.

Nun fragen Sie sicher, weshalb der Meeresspiegel ansteigen soll, wenn doch die Eiskappen an den Polen gar nicht abschmelzen, sondern eher noch anwachsen. Es werden vor allem zwei Gründe genannt. Erstens: Meerwasser dehnt sich wie jedes andere Objekt aus, wenn es sich erwärmt. Der größte Teil des erwarteten Meeresspiegelanstieges erklärt sich durch die erwartete Erwärmung der Ozeane und die damit verbundene Ausdehnung des Wassers. Zweitens erwartet man, daß ein Teil der Gletscher der polferneren Gebiete als Folge der allgemeinen Erwärmung schmilzt. Dies würde den Meeresspiegel anheben, da ihr Schmelzwasser zusätzlich in den Ozean abfließt.

3. Ansteigender Meeresspiegel und Überflutung von Küstenregionen

Eine der wirklich ernstzunehmenden Auswirkungen der globalen Erwärmung wäre, falls sie tatsächlich eintritt, in der Tat der drohende Anstieg des Meeresspiegels.

Wie wir im vorangegangenen Abschnitt gesehen haben, werden absurde Behauptungen wie jene, der Meeresspiegel könne um 50-60 m ansteigen, nicht durch die Klimamodellrechnungen für die nächsten 100-300 Jahre unterstützt. Solch ein Anstieg erforderte ein Abschmelzen der gesamten antarktischen Eismasse, die niemand erwartet, auch wenn sich der atmosphärische CO_2-Gehalt vervielfachte. Sogar ein Abschmelzen der sog. westantarktischen Eisplatte, die auf einem geneigten Felsplateau unterhalb des Meeresspiegels ruht, wird als Folge einer in den nächsten Jahrhunderten möglicherweise auftretenden Erwärmung nicht erwartet. Schmölze sie, stiege der Meeresspiegel um etwa 5 m an.

Wirklich erwartet wird ein Meeresspiegelanstieg zwischen 30 cm und maximal 1 m, größtenteils als Folge der thermischen Ausdehnung des Ozeanwassers und der erwähnten Gletscherschmelze im Inneren der Kontinente. Aber sogar ein Anstieg von nur 1 m würde sehr viele Nationen vor nahezu unüberwindliche Probleme stellen. Man hat geschätzt, daß der Schaden, den dieser scheinbar geringe Anstieg des Meeresspiegels z.B. nur in einer Stadt wie San Francisco verursachen könnte, sich auf mehrere Mrd. Dollar beliefe. Das Bild verdüstert sich weiter, wenn man Länder wie Bangladesch betrachtet, die in beträchtlichem Ausmaße überflutet werden könnten, ohne daß sie die finanziellen und technischen Möglichkeiten hätten, etwas dagegen zu tun.

Ohne an dieser Stelle weiter ins Detail zu gehen, wollen wir uns mit der Feststellung zufrieden geben, daß bei einem Temperaturanstieg von 3° C die Möglichkeit eines Meeresspiegelanstiegs von etwa einem halben Meter bestünde. Diese Zahlen sind in der Tat niedriger als die noch vor kurzem herumgereichten, denn in jüngster Zeit haben sich die Wissenschaftler damit beschäftigt, die Auswirkungen höherer Temperaturen auf die polaren Eismassen näher zu untersuchen. Sie haben daraufhin ihre Schätzung des treibhausbedingten Meeresspiegelanstiegs auf etwa 30 cm reduziert, immer vorausgesetzt, daß sich der CO_2-Gehalt der Atmosphäre verdoppelt. In Wirklichkeit deuten Beobachtungen darauf hin, daß die Eismassen in Grönland und in der Antarktis in den letzten Jahren angewachsen sind. Dadurch wirken sie der Zunahme des Meerwasservolumens als Folge seiner Erwärmung entgegen.

4. Zunehmende Dürren in den Landwirtschaftsgebieten der mittleren Breiten

Die Landwirtschaftsgebiete der mittleren Breiten haben eine wichtige Bedeutung für die Ernährung großer Teile der Weltbevölkerung. Brächte die Klimaänderung hier Nachteile mit sich, dann wären die Auswirkungen nicht nur auf die Landwirtschaft beschränkt, sondern würden sich ebenfalls in der Wirtschaft und im Wohlergehen ganzer Nationen bemerkbar machen. Deswegen ist eine sorgfältige Analyse möglicher Klimaänderungen in diesen Regionen voll und ganz gerechtfertigt.

Lassen Sie uns für den Augenblick eine Dürre als ausgedehnte Periode heißen Wetters definieren, die mit einem Mangel an Niederschlag einhergeht. Da heißes Wetter meist nur im Sommerhalbjahr auftritt, das gleichzeitig auch die Vegetationsperiode ist, in der eine ausreichende Wasserversorgung benötigt wird; und da das Pflanzenwachstum vor allem dann behindert wird, wenn im Sommerhalbjahr die Niederschläge zurückgehen, können wir unsere Überlegungen auf die Sommermonate beschränken.

In einem der vorangegangenen Abschnitte haben wir herauszufinden versucht, wie sich Temperatur und Niederschlag in ausgewählten europäischen Hauptstädten im Sommer als Folge des Treibhauseffektes verändern könnten. Wir haben die Schlußfolgerung gezogen, daß die Temperaturen in Europa nördlich der Alpen um etwa 3-4° C steigen und gleichzeitig die Niederschläge dort auch leicht zunehmen. Im Weizengürtel der Vereinigten Staaten stiegen die Temperaturen ebenfalls um etwa 3-4° C an, während sich die Niederschläge nicht signifikant veränderten. Ähnliches erwartet man auch für den Mittelmeerraum.

Ein Anstieg der Temperaturen läßt im allgemeinen die Verdunstung zunehmen und führt deswegen zu einer zusätzlichen Austrocknung des Erdbodens. Deswegen können wir im mittleren Westen der Vereinigten Staaten und im Mittelmeergebiet in der Tat häufigere und schwerere

Dürren erwarten. Dies wäre jedoch in Europa nördlich der Alpen nicht der Fall, da zum einen der trocknende Effekt der höheren Temperaturen durch die höheren Niederschläge ausgeglichen würde und zum anderen die Niederschläge ohnehin schon reichlich sind. Hier besteht also keine wachsende Gefahr, daß Dürren eintreten könnten.

Die zunehmende Austrocknung wäre demgegenüber in Regionen besonders schädlich, die bereits jetzt nur sehr geringe Niederschläge empfangen. Sie liegen im Südwesten der Vereinigten Staaten, in den südlichen Teilen des Mittelmeerraumes und in Nordafrika. Bei diesem düsteren Ausblick unseres „Was-wäre-wenn?-Szenarios" gibt es allerdings zwei Silberstreifen am Horizont:

Einmal steigen dort die Niederschläge im Winterhalbjahr deutlich an. Das teilen die Modelle in ihrem CO_2-Verdoppelungs-Szenario für den Mittelmeerraum und den mittleren Westen der Vereinigten Staaten mit. Das erlaubt Maßnahmen zur Wasserbevorratung, durch die man sich gegen die Wasserknappheit im Sommer rüsten kann. Weiterhin könnten einige der schädlichen Auswirkungen der hohen Temperaturen im Sommer dadurch abgefangen werden, daß die Felderbewirtschaftung in eine Zeit vorverlegt wird, die noch feucht und kühl genug ist. Die Erwärmung des Klimas macht den frühen Ackerbau möglich, so daß die Aussaat bereits im März statt jetzt im April beginnen könnte. Man verlegt also die Wachstumsphase des Getreides aus der sommerlichen Hitzeperiode in die Zeit des niederschlagreichen, milden Frühjahrs vor und kann so den Schaden durch übergroße Trockenheit und Hitze in Schranken halten.

Bevor wir uns aber weiter auf Weltuntergangsvorhersagen einlassen, sollten wir uns daran erinnern, daß wir uns immer noch in „Was-wäre-wenn?-Szenarien" bewegen, die von jeder Realität weit entfernt sein können. Unsere nächste Aufgabe ist es herauszufinden, inwieweit wir diesen Vorhersagen überhaupt trauen dürfen.

Ergänzende und weiterführende Literatur:

Idso, S.B., 1989: Carbon Dioxide and Global Change: Earth in Transition. IBR Press, Tempe, Arizona, USA.

Idso, S.B., B.A. Kimball, M.G. Anderson und J.R. Mauney, 1989: Greenhouse Warming Could Magnify Positive Effects of CO_2 Enrichment on Plant Growth. CDIAC Communications, Winter 1989, 8-9, Oak Ridge National Laboratory.

Idso, S.B., 1982: Carbon Dioxide: Friend or Foe? An Inquiry into the Climatic and Agricultural Consequences of the Rapidly Rising CO_2 Content of Earth's Atmosphere. IBR Press, Tempe, Arizona, USA.

IPCC, 1990, siehe unter Kapitel 1.

Maier-Reimer, E. und K. Hasselmann, 1987: Transport and Storage of CO_2 in the Ozean — an Inorganic Ocean-Circulations Carbon Cycle Model. Climate Dynamics, 2, Seite 63-90.

Manabe, S. und K. Bryan, 1985: CO_2 Induced Change in a Coupled Ocean-Atmosphere Model and its Paleoclimatic Implications. Journal of Geophysical Research, 90, C 6, Seite 11 689-11 707.

Munn, R.E., 1970: Biometeorological Methods. Academic Press, New York, USA, 336 Seiten.

Oerlemans, J., 1982: Response of the Antarctic Ice Sheet to a Climatic Warming: A Model Study. Journal of Climatology, 2, Seite 2-11.

Rind, D., 1986: The Dynamics of Warm and Cold Climates. Journal of Atmospheric Science, 43, 1, Seite 3-24.

U.S. Department of Energy, 1985: Projecting the Climatic Effects of Increasing Carbon Dioxide. Report DOE/ER-0237, 381 Seiten.

U.S, Department of Energy, 1985: Direct Effects of Increasing Carbon Dioxide on Vegetation. Report DOE/ER-238, 286 Seiten.

U.S. Department of Energy, 1985: Atmospheric Carbon Dioxide and the Global Carbon Cycle, Report DOE/ER-239, 315 Seiten.

Washington, W.M., and G. Meehl, 1984: Seasonal Cycle Experiment on the Climate Sensitivity due to a Doubling of CO_2 with an Atmospheric General Circulation Model Coupled to a Simple Mixed Layer Ocean Model. Journal of Geophysical Research, 89, D 6, Seite 9 475-9 503.

WMO, 1989, siehe unter Kapitel 2.

4. KAPITEL

Der Härtetest: Modelle und Wirklichkeit

Jetzt endlich wollen wir herausfinden, ob wir uns mit den Modellberechnungen im Märchenland oder in der Realität befunden haben, ob wir es mit Wissenschaft oder mit Science-fiction zu tun hatten, ob wir wirklich die Flucht in die Berge ergreifen und in Holland Gummistiefel verteilen sollten, in den Vereinigten Staaten nach Norden ziehen und das Land im Weizengürtel abschreiben sollten, oder ob alles auf Einbildung beruht.

Zurück also zu den Tatsachen. Wir haben gerade eine Reise durch das Märchenland der Computermodelle und der Klimamodellvorhersagen beendet. Wir haben einen Blick in die Zukunft geworfen und versucht, eine Vorstellung davon zu gewinnen, wie unsere klimatische Zukunft aussehen könnte, *wenn* der Spurengasanstieg tatsächlich so massiv und so rasch vonstatten geht, wie es einige Leute glauben, und *wenn* sich das Klima daraufhin wirklich so ändert, wie es unsere besten verfügbaren Computermodelle vorausberechnet haben.

Wir mußten schon einmal das erste „Wenn" abschwächen. Wir konnten nämlich ein paar vielversprechende Zeichen dafür erkennen, daß der Spurengasanstieg nicht so rasch erfolgt, wie man befürchtet.

Dann kommt hinzu, daß unser Blick auf die computererzeugten Voraussagen von Klimaänderungen uns schlimmstenfalls einen Kessel Leipziger Allerlei beschert hat und sicherlich keinen überzeugenden Weltuntergang auf der ganzen Linie. Wir mögen Verständnis für die vielen öffentlichen Erklärungen haben, es könne bei einem spurengaserzeugten Klimawechsel nur Verlierer geben. Aber es ist selbst anhand der von den Computermodellen bereitgestellten Daten auch ganz offensichtlich, daß die Gebiete in den mittleren und hohen Breiten von einer solchen Klimaänderung nur profitieren würden. Dies ist besonders dann der Fall, wenn die nutzbringenden Auswirkungen eines angestiegenen CO_2-Gehalts auf die Biosphäre mit berücksichtigt werden. Jedoch gibt es auch keinen Zweifel daran, daß die möglichen schädlichen Auswirkungen in anderen Teilen der Welt es nahelegen, ernsthaft Maßnahmen zu ergreifen, die solche Klimaveränderungen abwehren oder ihnen vorbeugend zuvorkommen — immer unter der Voraussetzung: *falls solche Klimaänderungen wirklich drohen*.

Aber nicht nur die Klimaänderungen, sondern auch die möglichen Gegenmaßnahmen rufen Auswirkungen unglaublichen Ausmaßes hervor. Es scheint uns daher unabdingbar zu sein, die Modellvorhersagen kritisch zu überprüfen, bevor Entscheidungen darüber getroffen werden, wie man einer solchen Bedrohung des Klimas entgegentreten könnte. Denn Fehlentscheidungen in der einen wie in der anderen Richtung könnten sich für die Menschheit tragisch auswirken. Deswegen fordert schon der gesunde Menschenverstand zu überprüfen, inwieweit die Modellvorhersagen, auf denen die Klimakatastrophentheorie fußt, mit der Wirklichkeit übereinstimmen.

Üblicherweise überprüft man eine Vorhersage dadurch, daß man abwartet, ob die Vorhersage mit den beobachtbaren Ereignissen übereinstimmt.

Offensichtlich können wir das in unserem Fall nicht tun, denn niemand will bis zum Jahre 2030 — oder noch länger — warten, um zu sehen, ob die Klimamodellvorhersagen gestimmt haben. Dann ist möglicherweise schon erheblicher Schaden unwiderruflich eingetreten. Eine andere Möglichkeit wäre es, vielleicht 10 oder 20 Jahre zu warten und dann zu sehen, ob die Temperaturen wirklich in dem Ausmaß gestiegen sind, wie es die Modellvorhersagen erwarten lassen. Dann könnte der Schaden klein genug sein, um noch repariert zu werden. Diese Strategie wäre vielleicht nicht die schlechteste, wenn man bedenkt

— wir werden darauf ausführlicher erst später eingehen —, daß diejenigen Zeitabschnitte der Klimageschichte, während der die Temperaturen um 1-2° C höher als heute lagen, Klimaoptima genannt wurden. Das hat — wie wir sehen werden — gute Gründe. Diese Strategie geht davon aus, daß wir uns das Abwarten leisten können. Denn das Schlimmste, was in den kommenden Jahrzehnten eintreten könnte, wäre eine nur geringfügige Erwärmung, die uns in ein Klimaoptimum versetzt und uns Zeit läßt, vernünftige Gegenmaßnahmen gegen weitere, nicht mehr wünschenswerte Erwärmungen zu entwickeln.

Wir haben aber noch eine weit bessere Möglichkeit. Wir wissen doch, daß die Spurengaskonzentration in der Atmosphäre seit über 100 Jahren angestiegen ist: CO_2 von etwa 280 ppm auf ca. 350, also um etwa 25%; die Konzentration anderer Spurengase, hauptsächlich Methan und nach dem Zweiten Weltkrieg FCKW, ist prozentual erheblich stärker angestiegen. Auf diese Weise können wir bereits jetzt mit allen Spurengasen zusammen mit ca. 50% des nach einer CO_2-Verdopplung erwarteten zusätzlichen Treibhauseffekts rechnen. *Diese Erkenntnis ist in der Klimadiskussion und für unsere Argumentation von außerordentlich großer Bedeutung*. Man sollte sich das gut einprägen.

Hinzu kommt freilich auch, daß der Treibhauseffekt nicht *gleichmäßig* mit der Konzentration der meisten Spurengase die Temperatur hochtreibt, sondern mit abnehmender Tendenz. Das bedeutet, daß die „frühen" Emissionen einer bestimmten Menge Spurengas stärkere Auswirkungen haben als die „späteren". Das sei kurz erklärt: Wie wir wissen, ist die CO_2-Konzentration seit Beginn der industriellen Revolution um 70 ppm gestiegen. Hierdurch hätten wir den Klimamodellen zufolge mit einem höheren Temperaturanstieg zu rechnen, als ihn dann hinzukommende weitere 70 ppm auslösen würden.

Die Frage bleibt trotzdem: Müßte man nicht, falls die Klimamodelle richtig sind, bereits spurengasbedingte Erwärmung in der Atmosphäre feststellen? Simple Frage, simple Antwort: Ja!

Lassen Sie uns also nun herausfinden, um wieviel die

globalen Temperaturen nach den auf die Zukunft angewendeten Modellrechnungen in der Vergangenheit hätten steigen sollen. Um das herauszufinden, kann man die Modelle nicht nur in einem zweimal CO_2-Modus laufen lassen, sondern ihnen auch jede beliebige Konzentration vorgeben. Schließlich kann man sie sogar in einem Modus laufen lassen, bei dem simuliert wird, daß Spurengase unterschiedlich rasch, aber kontinuierlich in die Atmosphäre eintreten, wie es in der Realität ja auch geschieht. Modelle der letztgenannten Art nennt man „transiente Modelle".

Wenn man den Klimamodellen die gegenwärtige Spurengaskonzentration vorgibt, ergibt sich, daß die Temperaturen in der „Gleichgewichtserwärmung" gegenüber 1850 um etwa 1,3° C hätten steigen sollen. Wir erinnern uns daran, daß die Gleichgewichtserwärmung eintritt, wenn der Treibhauseffekt sich durch alle Teile des Klimasystems hindurchgearbeitet hat und alle Rückkopplungsmechanismen sich eingependelt haben.

Zum zweiten Mal müssen wir nun auf die Ozeane zu sprechen kommen. Wie wir weiter oben gesehen haben, bilden die Ozeane eine sehr wichtige Senke für atmosphärisches Kohlendioxid. Der Abfluß von CO_2 in die Ozeane könnte so stark sein, daß sich die Verdoppelung des CO_2-Gehaltes bis in das 22. oder sogar 23. Jahrhundert hinauszögert. Aber die Ozeane stellen nicht nur eine Senke für Kohlendioxid dar, sie sind es auch für zusätzlich auftretende Wärme.

Ein Teil der Wärme, die der Treibhauseffekt in der Atmosphäre erzeugt, wird an die Ozeane abgegeben und von ihnen geschluckt. Die vollständige Erwärmung in der Atmosphäre wird sogar erst dann erreicht, wenn ein Gleichgewichtszustand im Wärmeaustausch zwischen Ozean und Atmosphäre eintritt. Und das könnte ganz schön lange dauern, wie wir schon in Zusammenhang mit dem CO_2 gesehen haben. Hinzu kommt noch, daß die Austauschprozesse nicht ganz klar durchschaut werden und daher schwierig zu modellieren sind.

Wenn wir nun berücksichtigen, daß die Ozeane die at-

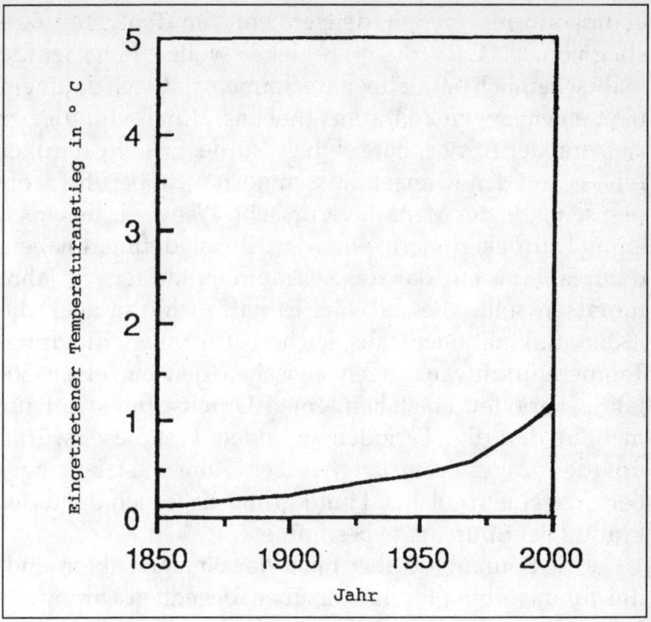

Abb. 14: Simulation des Anstieges der globalen Mitteltemperatur zwischen 1850 und 1990 als Folge des beobachteten Spurengasanstieges.

Quelle. Nach IPCC, 1990.

mosphärische Erwärmung verzögern, müßten wir durch den Treibhauseffekt aller Spurengase zusammen und unter der Annahme, das Klima erwärme sich im Fall einer CO_2-Verdopplung um 3,5° C, bereits eine Erwärmung von 0,8° C — also zwei Drittel von den 1,3° C als Folge des *bislang* beobachteten Spurengasanstiegs — schon bemerken können. So jedenfalls rechnen es die Klimamodelle vor. Abb. 14 zeigt, um wieviel und in welcher Weise die Temperaturen aufgrund des Treibhauseffekts seit dem 19. Jahrhundert gestiegen sein sollten und im Laufe des 21. Jahrhunderts noch ansteigen sollen. Die als bereits erfolgt errechnete Erwärmung von 0,8° C wird unser Maßstab sein, mit dem wir die Klimamodelle messen können. Wir vergleichen ihre errechneten Ergebnisse mit dem tatsächlich in der Atmosphäre feststellbaren Temperaturtrend.

Dazu müssen wir zunächst bestimmen, auf welches

Temperaturniveau wir den errechneten Temperaturanstieg von 0,8° C überhaupt beziehen wollen. Jeder würde wahrscheinlich damit übereinstimmen, daß sich dafür ein über einen langen Zeitraum erhobener durchschnittlicher Zustand der Atmosphäre eignen würde. Er sollte darüber hinaus von den Klimaeinflüssen noch nicht berührt worden sein, die der Mensch verursacht. Wenn wir uns noch einmal zurückerinnern, wie wir „Klima" definiert haben, dann fällt uns ein, daß der Zeitraum mindestens 30 Jahre umfassen sollte. Besser wäre es natürlich, um auch die „Klimafluktuationen" ausgleichen zu können, die durch Temperaturschwankungen zwischen den einzelnen 30-Jahres-Perioden entstehen, einen Durchschnittswert für mehrere derartige Perioden zu bilden. Erst dieser würde uns den ungestörten langfristigen Klimazustand angeben. Vor einem solchen Hintergrund ließe sich dann der Einfluß der Spurengase bestimmen.

Da die Spurengase aber nicht der einzige Faktor sind, die auf das Klima Einfluß ausüben, begegnen wir mitunter sehr langfristigen Klimaschwankungen. Sie durchmessen Zeiträume von ähnlich langer Dauer wie diejenigen, in denen die Spurengase sich durchzusetzen vermögen. Es könnte daher möglich sein, daß wir einen natürlichen Trend mit einem spurengasbedingten verwechseln. Wir lassen diese Möglichkeit für den Augenblick außer acht und wollen an dieser Stelle nur sicherstellen, daß wir spurengasbedingte Temperaturänderungen nicht mit kurzfristigen Temperaturfluktuationen ganz anderer Ursache verwechseln.

Eine halbwegs zuverlässige Temperaturreihe für die Erde als Ganze gibt es erst seit ungefähr 140 Jahren. Darüber hinaus kann man auch kaum von einem globalen Temperaturtrend sprechen, denn die meisten Temperaturmessungen wurden nur über Land vorgenommen. Deshalb sind auch die meisten der globalen, für die Nord- oder die Südhalbkugel angegebenen Temperaturtrends, die in der Öffentlichkeit erörtert werden und mit denen wir uns zunächst einmal befassen müssen, „landgestützte Temperaturen".

Wir müssen uns aber darüber im klaren sein, daß sie natürlich keinen wirklich globalen Trend anzeigen können. Denn nahezu drei Viertel der Erdoberfläche ist nicht Land, sondern mit Wasser bedeckt. Deswegen vergleichen wir wohl Äpfel mit Birnen, wenn wir den beobachteten Temperaturtrend über Land dem von den Modellen errechneten Temperaturtrend gegenüberstellen. Denn dieser erfaßt auch die Ozeane. Es könnte nämlich durchaus sein, daß über den Ozeanen ein völlig anderer Temperaturtrend besteht, der dem auf dem Lande zuwiderläuft. Werden beide zu einem Durchschnittswert zusammengerechnet, dann kann sich daraus ein völlig anderes Bild ergeben, als es die nur landgestützen Daten abgeben.

Drei Behauptungen

Die Diskussion um den Treibhauseffekt und die Klimakatastrophe hätte nicht so ein Ausmaß angenommen, wenn es in den letzten 100 Jahren nicht tatsächlich wärmer geworden wäre und wenn darüber hinaus in den 80er Jahren nicht sechs der wärmsten Jahre seit 1850 überhaupt aufgetreten wären. Es waren dies die Jahre 1980, 81, 83, 87, 88 und 90. Einige Wissenschaftler sind sogar soweit gegangen zu behaupten, daß dies schon der fehlende Beweis für die Wirksamkeit des Treibhauseffekts sei. Außerdem macht die Erwärmung, die wir in den letzten 100 Jahren mit den landgestützen Daten belegen können, etwa 0,6° C aus. Sie kommt damit dem nahe, was man aufgrund der Modellvorhersagen erwarten konnte. Legt das nicht den Schluß nahe, daß wir uns auf die Erwärmung um 3-4° C einstellen sollten, die bei einer Verdoppelung des CO_2-Gehaltes in der Atmosphäre vorhergesagt wird? Müssen wir nicht in der Tat sofort handeln, um diesen nun doch überzeugend bestätigten Temperaturtrend abzuwehren?

Genau das ist es, was die Debatte um die Klimakatastrophe fordert. Eben die Furcht hält den ganzen internationalen Treibhauskonferenz-Zirkus in Atem. Darum drehen sich die beflissenen Erklärungen der Politiker und die Untersuchungsberichte unterschiedlichster Kommissio-

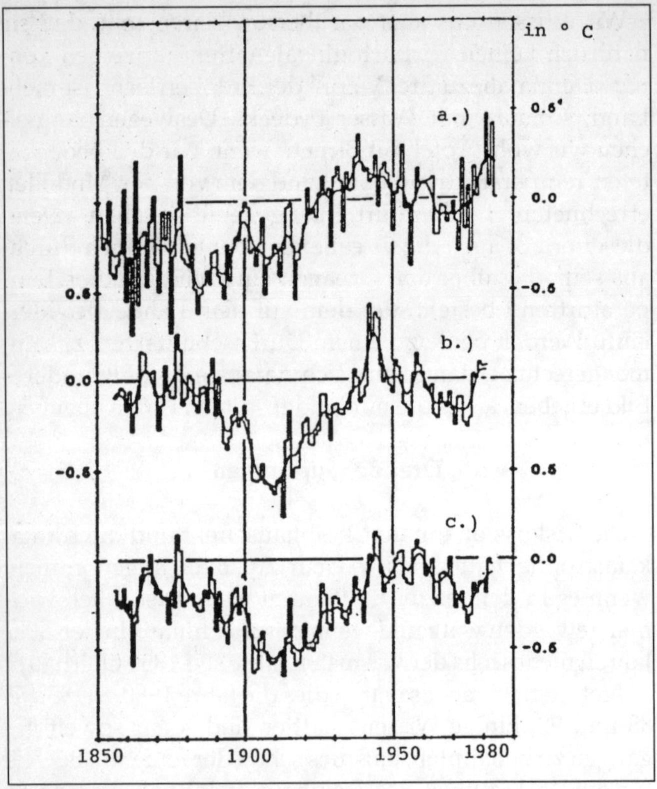

Abb. 15: Beobachteter Temperaturverlauf in der Nordhemisphäre seit 1850: a) über den Kontinenten, b) über den Ozeanen, c) der Meeresoberflächentemperaturen. Die durchgezogene Kurve stellt 10jährige Mittelwerte dar.

Quelle: Jones und Mitarbeiter, Journ. Clim. Appl. Met., 1986a.

nen, in denen wiederum Vertreter der verschiedensten Organisationen, Interessenverbände und Gesellschaften in den unterschiedlichsten Zusammensetzungen sitzen. Deshalb müssen wir diese Ergebnisse auch detailliert untersuchen.

Die Zacken in der Temperaturkurve

Beginnen wir also damit, daß wir uns die Temperaturbeobachtungen der letzten 140 Jahre auf den Kontinenten der Nord- und Südhemisphäre unserer Erde genauer vornehmen. Die ermittelten Temperaturtrends sind in Abb. 15 und Abb. 16 zusammengetragen und wurden von einer Klimaforschungsgruppe in England erarbeitet. Diese Übersicht gilt gemeinhin als die verläßlichste ihrer Art. Deswegen haben wir sie für unsere Zwecke ausgewählt.

Die dargestellte Temperaturkurve ist geglättet, d.h. in ihr sind die kurzfristigen Klimaschwankungen, an denen wir nicht interessiert sind, eingeebnet. Sie zeigt die Temperaturabweichungen von einer als verbindlich gewählten Basisperiode.

Im Jahre 1880 finden wir die Linie bei -0,5° C. Hundert Jahre später, also 1980, liegt sie bei +0,2° C. Sie läßt damit einen durchschnittlichen Temperaturunterschied von 0,7°

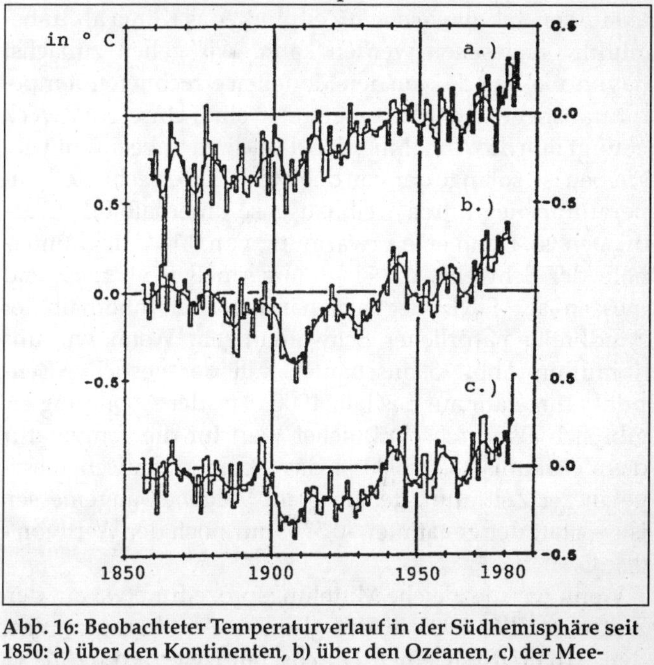

Abb. 16: Beobachteter Temperaturverlauf in der Südhemisphäre seit 1850: a) über den Kontinenten, b) über den Ozeanen, c) der Meeresoberflächentemperaturen. Die durchgezogene Kurve stellt 10jährige Mittelwerte dar.

Quelle: Jones und Mitarbeiter, Journ. Clim. Appl. Met., 1986b.

C erkennen. Das ist also fast genau das, was die Modelle vorhergesagt hatten. Ist das schon der gewünschte „Beweis"?

Wir wollen uns aber doch daran erinnern, wie wir im Einklang mit der Weltorganisation für Meteorologie Klima definiert hatten. Um eine spurengasbedingte Erwärmung nachzuweisen, müssen wir den gegenwärtigen Klimamittelwert mit einem früheren, ungestörten, langfristigen Durchschnittswert vergleichen. Andernfalls laufen wir Gefahr, kurzfristige Klimaschwankungen, die in Zeiträumen von 10-30 Jahren immer wieder auftreten, mit der vermuteten spurengasbedingten Erwärmung zu verwechseln.

Deswegen sollten wir den gegenwärtigen 30jährigen Mittelwert mit einem früheren, durch anthropogene Effekte unbeeinflußten vergleichen. Hierfür wollen wir herausfinden, bis zu welchem Zeitpunkt das Klima als unbeeinflußt angesehen werden kann. Wir gehen zunächst davon aus, daß die von den Modellen errechneten Temperaturanstiege in der Tat eingetreten sind. Unserem Zweck genügt nun die Annahme, daß das Klima unbeeinflußt geblieben ist, solange der von den Modellen errechnete Temperaturanstieg durch Treibhausgase unterhalb 0,1° C geblieben ist. Denn eine Erwärmung von 0,1° C liegt unterhalb der Schwelle, die sich einigermaßen überzeugend messen läßt. Sie bewegt sich nämlich noch innerhalb der Bandbreite natürlicher Schwankungen. Wenn wir uns daraufhin Abb. 15 anschauen, fällt der gesuchte Zeitpunkt ungefähr auf das Jahr 1900. Aus der Abbildung ergibt sich als durchschnittlicher Wert für die Temperatur des Zeitraums 1850-1900 — das ist ein klimatisch aussagefähiger Zeitraum, der unserem Vorgehen angemessen ist — statt der genannten -0,5° C nur noch der Wert von -0,3° C.

Wenn wir die gleiche Mittelungsprozedur etwa auf den Zeitraum 1960-1985 in der gleichen Abbildung anwenden, erhalten wir einen Durchschnittswert von +0,1° C. Für die Südhemisphäre ergeben die Werte der Abb. 16 im Rahmen der zu erwartenden Meßgenauigkeit und Feststellbarkeitsgrenzen etwa den gleichen Temperaturanstieg. Danach erhalten wir bei unserem Bemühen, den wahren und klimatisch relevanten Temperaturtrend über der Landmasse der Nord- und der Südhemisphäre im Zeitraum zwischen der zweiten Hälfte des 19. und der zweiten Hälfte dieses Jahrhunderts zu bestimmen, einen Unterschied von nur +0,4° C statt der oft genannten +0,7° C. Der höhere Wert, nämlich +0,7° C, kommt zustande, weil man auf unzulässige Weise zwei zeitlich begrenzte Zacken in der Temperaturkurve miteinander verglichen hat und nicht von der allgemeineren, von mehr oder weniger zufälligen Schwankungen bereinigten Kurve ausgegangen ist. Denn die Zacken in der Temperaturkurve haben natürlich nichts mit dem Klima zu tun und schon gar nichts mit den Klimaänderungen, an denen wir interessiert sind.

Abschließend können wir also feststellen, daß der tatsächliche, klimatisch relevante Temperaturanstieg über den Kontinenten nur etwa die Hälfte dessen beträgt, was er aufgrund der besten verfügbaren Modellvorhersagen hätte sein sollen.

Zählt der Ozean eigentlich gar nicht?

Wir sind natürlich nicht nur an dem Temperaturtrend über den Kontinenten interessiert, da ein globaler Trend ganz offensichtlich nicht 70% der Erdoberfläche ignorieren darf. Deswegen ist es notwendig, auch den Temperaturtrend über den Ozeanen mit in die Überlegungen einzubeziehen. Nur so können wir auch beobachtete globale Trends mit den global berechneten vergleichen. Denn alle von den Modellen errechneten Temperaturvorhersagen schließen die Ozeane mit ein.

Das Problem ist jedoch, daß nur sehr spärliche Messungen über den Ozeanen vorliegen. Diese Schwierigkeit nimmt noch zu, je weiter man in die Vergangenheit zurückgeht. Es ist besonders schwierig, frühe Daten über die Temperaturentwicklung auf den Ozeanen der Südhemisphäre zu bekommen. Trotzdem haben die Wissenschaftler versucht, die Temperaturen über den Ozeanen bis in die Mitte des letzten Jahrhunderts zurückzuverfolgen. Es ist überflüssig zu sagen, daß man äußerst vorsichtig mit der Interpretation dieser frühen Daten umgehen muß. Das gilt besonders für die der Südhemisphäre, wo ein Trend für die ozeanischen Gebiete zwischen 45 und 65° südlicher Breite wegen der dünnen Datendecke eigentlich nicht bestimmt werden kann. Deswegen müssen wir Angaben zu den Temperaturtrends über den Ozeanen der Südhalbkugel besonders zurückhaltend betrachten.

Temperaturtrends über den Ozeanen können in zweierlei Weise bestimmt werden:

1. durch direkte Messung der Temperatur des Wassers an der Meeresoberfläche (SST). Dagegen ist nichts einzuwenden, weil auch die Modelle unterstellen, daß die Oberflächenwasser ihre Temperatur der Lufttemperatur unmittelbar über dem Wasser angleichen.
2. durch die Messung der Temperatur direkt über dem Wasser.

Man nimmt für langfristig angelegte Temperaturanalysen über Ozeanen nur die Meßwerte der Nacht (NTMAT). Tagsüber kann die direkte Sonneneinstrahlung auf die Beobachtungsplattform — meistens handelt es sich um ein Schiff — stärkere unerwünschte Einflüsse hervorrufen, als sie nachts auftreten.

Beide Temperaturverläufe zeigen Abb. 15 und Abb. 16 für die Nord- und Südhemisphäre getrennt an. Sie werden bemerken, daß die Meßergebnisse aus dem Oberflächenwasser und aus der Atmosphäre nahe der Wasseroberfläche in beiden Hemisphären ziemlich parallel verlaufen. Das konnte man eigentlich erwarten. Denn in langfristigen Mittelwerten sollten Meerestemperaturtrends und Temperaturtrends unmittelbar über der Wasseroberfläche nicht zu sehr voneinander abweichen. Vergleicht man diese ozeanischen Temperaturen jedoch mit den Landtemperaturen, stellt man einen bemerkenswerten Unterschied für den Zeitraum vor dem Jahr 1900 fest: Während es über dem Land zu einer nahezu ununterbro-

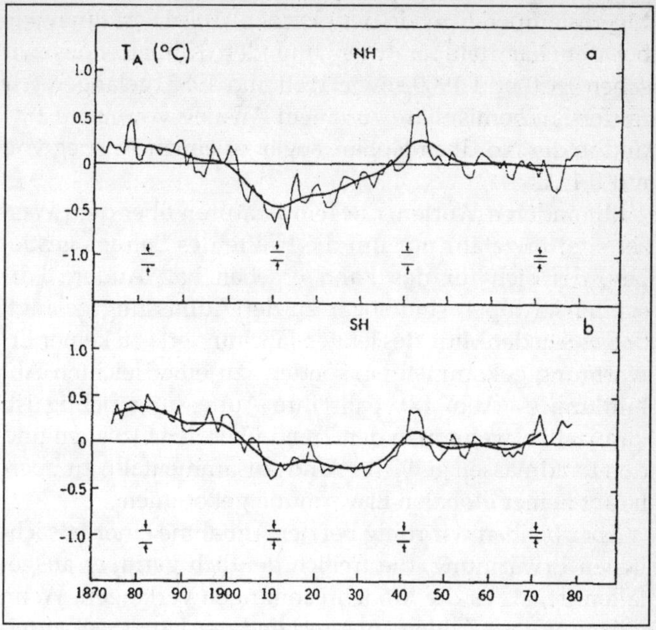

Abb. 17: Zeitlicher Verlauf der Temperatur über den Ozeanen der Nord- und Südhemisphäre seit 1870 nach einer Arbeit von Oort (1987).

Quelle: Oort und Mitarbeiter, Climate Dynamics, 1987.

chenen Erwärmung kam, zeigen die Trends über dem Meer eine erstaunlich rasche Abkühlung, die bis in das frühe 20. Jahrhundert fortdauert. Dem folgt eine Erwärmung bis ungefähr ins Jahr 1960, und an sie schließt sich auf der Nordhalbkugel wieder eine Abkühlung an, während sich auf der Südhemisphäre die Erwärmung fortsetzt. Mit anderen Worten, es gibt beträchtliche Unterschiede in den Trends zwischen den Hemisphären und zwischen Kontinenten und Ozeanen — allerdings besonders bei den frühen Messungen vor der Jahrhundertwende.

Es gibt keinen Grund, daran zu zweifeln, daß es diese Unterschiede an sich in der Wirklichkeit gibt. Die Größenordnung der Trends wird von einigen Wissenschaftlern allerdings kritisch bewertet. Wenn wir trotzdem bei den

Meerestemperaturen in der gleichen Weise verfahren wie bei den Landtemperaturen und den Klimatrends zwischen 1850 und 1900 sowie 1960 und 1985, gelangen wir in der Südhemisphäre zu einem Anstieg von nur 0,2° C und in der Nordhemisphäre sogar zu einem Anstieg von nur 0,1° C.

Mit anderen Worten, die Temperaturen über dem Wasser sind ungefähr nur um die Hälfte des Betrags gestiegen, der sich für das Land ergeben hat. Andere Forschungsgruppen sind sogar zu der Auffassung gelangt, daß es seit der Mitte des letzten Jahrhunderts zu keiner Erwärmung gekommen ist, sondern zu einer leichten Abkühlung (s. Abb. 17). Falls ihre Auffassung richtig ist, dann ist es, wenn man den Trend über den Ozeanen und den Landmassen gewichtet und zusammenfaßt, zu überhaupt keiner globalen Erwärmung gekommen.

Aber bleiben wir ruhig bei der Annahme einer tatsächlichen Erwärmung, die freilich deutlich geringer ausgefallen ist, als es die Modellrechnungen verlangen. Wenn wir nun diese Zahlen entsprechend der Land-See-Verteilung in beiden Hemisphären gewichten, gelangen wir zu einem globalen Temperaturtrend, der klimatisch sinnvoll erscheint, der sowohl den Trends über den Ozeanen wie denen über den Kontinenten Rechnung trägt und den wir demzufolge mit den Temperaturtrends der Klimamodelle vergleichen können: Er liegt etwa bei 0,3° C.

Diese Zahl liegt noch etwas unter dem vom IPCC ermittelten Wert. Diesen Temperaturtrend zeigt Abb. 18. Auch hieran zeigt sich wie an unseren Abschätzungen, daß die früheren Angaben zur globalen Erwärmung der letzten 100 Jahre ungefähr halbiert oder sogar noch weiter heruntergesetzt werden müssen.

Schwere Zeiten für Treibhausaktivisten

Auf der Grundlage dessen, was wir bislang herausgefunden haben, erscheint es gerechtfertigt, nicht nur die Richtigkeit der Modellvorhersagen in Frage zu stellen, son-

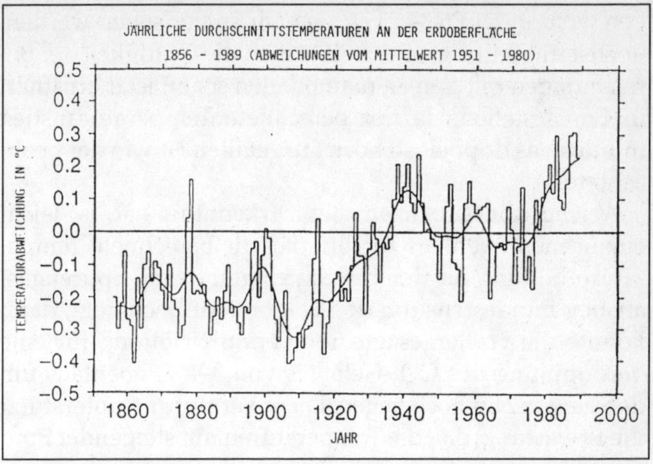

Abb. 18: Globaler Temperaturverlauf (gemittelt über den Ozeanen und den Kontinenten) nach IPCC.

Quelle: Nach IPCC, 1990.

dern auch die politischen Forderungen nach besonderen Maßnahmen. Denn sie beruhen auf der Annahme, daß die Ergebnisse der Klimamodelle richtig seien. Lassen Sie uns also noch einmal wiederholen, warum die Behauptung: „Wir sehen ja die Erwärmung, die von den Modellen vorausgesagt wird", unhaltbar ist:

1. Klimatische Durchschnittswerte, die von Klimamodellen vorhergesagt wurden, sind mit kurzfristigen Zacken in der Klimakurve verglichen worden.
2. Die von den Modellen vorhergesagte globale Temperaturerhöhung wurde nur mit dem Temperaturtrend über den Kontinenten verglichen, wohingegen ein wirklicher globaler Trend unter Einbeziehung der Ozeane *und* Kontinente hätte ermittelt werden müssen.
3. Die tatsächliche klimatisch relevante Erwärmung der Atmosphäre über den Ozeanen und Kontinenten betrug im äußersten Fall nur die Hälfte dessen, was die Klimamodelle berechnet haben.

Auch wenn die gesamte, in den letzten 100 Jahren beobachtete Erwärmung dem Treibhauseffekt zugeschrieben werden müßte — was, wie wir später sehen werden, höchst fragwürdig ist — müßte man die Gültigkeit der Berechnungen mit den Klimamodellen schon jetzt ernsthaft in Frage stellen, da der berechnete Temperaturanstieg mindestens doppelt so hoch ausgefallen ist wie der beobachtete.

Welche Konsequenzen diese Erkenntnis hat, ist leicht einzusehen. Wenn es zutrifft, daß die berechnete Temperaturerhöhung für den bislang eingetretenen Spurengasanstieg mindestens um den Faktor 2 zu hoch liegt, dann könnte die vorhergesagte Temperaturerhöhung für eine Verdopplung des CO_2-Gehaltes von 3-4° C ebenfalls um den Faktor 2 zu hoch liegen. Diese Vermutung unterstützt die Erwartung, daß die Temperaturen mit steigender Spurengaskonzentration auch ohne große Sprünge kontinuierlich nach oben gehen sollen. Das IPCC zieht aus den Abweichungen der Temperaturmessungen von den Modellvorhersagen einen anderen Schluß als wir. Es vertritt die Auffassung, die beobachteten Temperaturen befänden sich am unteren Ende der Modellvorhersagen, und die Differenzen seien auf natürliche Klimaschwankungen zurückzuführen. Wir werden nachfolgend einige der Faktoren, die an dem Temperaturanstieg der letzten 100 Jahre beteiligt gewesen sein könnten, genauer analysieren und herauszufinden versuchen, ob sie Indizien für oder gegen die Treibhaushypothese liefern.

Der Fahrplan stimmt nicht

Wir sind mit unserer Analyse des Temperaturtrends der letzten 140 Jahre noch nicht ganz zufrieden. Daher wollen wir die Temperaturgeschichte von einem etwas anderen Gesichtswinkel aus betrachten, der interessante Einblicke erwarten läßt. Nehmen wir einmal an, wir wären Zeitreisende und begäben uns auf eine Fahrt, die im Jahre 1850 ihren Anfang nimmt. Als gebildete Menschen kennen wir die Treibhaustheorie und erwarten, daß sich das Klima, so wie in Abb. 14 gezeigt, erwärmt.

Während wir nun durch die Zeit reisen, beobachten wir, daß es allgemein wärmer wird. Besonders zwischen 1910 und 1940 kommt es zu einem kräftigen Temperaturanstieg — nicht nur über den Kontinenten, sondern auch über den Ozeanen. Und wenn wir das Jahr 1940 erreicht haben, liegen die Temperaturen nahezu 0,7° C höher als zu Beginn unserer Reise (s. Abb. 15). Wenn wir nun auf die andere Seite auf die Treibhauskurve blicken (s. Abb. 14), stellen wir fest, daß die Temperatur nur um recht magere 0,2° C hätte ansteigen dürfen. Was nun?

Treibhaustheorie hin, Treibhaustheorie her! Wir können an diesem Punkt nur die Schlußfolgerung ziehen, daß der größte Teil des Temperaturanstiegs von 0,7° C durch natürliche Schwankungen im Klimasystem verursacht worden sein muß. Wir kennen zwar dann deren Gründe noch nicht, nehmen uns aber vor, sie später genauer zu untersuchen. Der Temperaturanstieg in der ersten Hälfte dieses Jahrhunderts, der demnach so groß war wie derjenige, den man aufgrund des Spurengasanstieges bis zum Jahre 1980 erwartet hat, konnte also nicht durch einen Spurengasanstieg verursacht worden sein. Denn zum Anstieg der Treibhausgaskonzentration kam es im wesentlichen erst nach dem Zweiten Weltkrieg. Und jedermann würde wahrscheinlich zustimmen, daß man einen Temperaturanstieg vor dem Jahre 1940 nicht durch einen Spurengasanstieg nach 1940 erklären kann. Das wäre ein zu durchsichtiger Unfug.

Wir setzen nun unsere Reise durch die Klimageschichte fort und stellen mit großer Überraschung fest, daß für den Zeitraum, als die Spurengaskonzentrationen recht zügig in die Höhe schnellten und mit ihnen die Kurve der treibhausbedingten Erwärmung auch ansteigen sollte, die beobachteten Temperaturen abfallen. Warum sollten sie das eigentlich auch nicht? Sie sind vor 1940 möglicherweise aufgrund natürlicher Ursachen angestiegen, sie werden jetzt aufgrund ähnlicher natürlicher Ursachen eben wieder absinken. Die Temperaturen sind tatsächlich bis Mitte der 70er Jahre etwa um 0,2° C gefallen. Erinnern Sie sich? Damals warnten die Katastrophentheoretiker vor einer neuen Eiszeit und dem Kältetod. Aufgrund der Treibhaustheorie hätte sich die Durchschnittstemperatur in diesem Zeitraum aber um etwa 0,5° C erwärmen sollen.

Jetzt zeigen sich weitere Schwächen der Treibhaustheorie. Wollten wir nämlich die Beobachtungen mit der Treibhaustheorie in Einklang bringen, dann hätte es in dem besagten Zeitraum — ohne die Auswirkungen des Treibhauseffektes — zu einer Abkühlung von etwa 0,7° C kommen müssen. Eine solch rasche Abkühlung in nur 30 Jahren ist in der bisherigen Klimageschichte bisher nicht beobachtet worden. Es zeigten sich hierfür auch keine natürlichen Ursachen, die den Temperatursturz erklären könnten. Aber darauf wollen wir später noch eingehen.

Sie werden an dieser Stelle bemerken, daß es schwierig ist herauszufinden, wie der Treibhauseffekt gewirkt haben könnte und weiterhin wirkt. Wir wissen nämlich nicht, wie sich das natürliche Klimasystem ohne den Einfluß der Spurengase verhalten haben würde. Deswegen können Vertreter der Treibhaustheorie auf Einwände, die in den letzten Jahrzehnten beobachtete Erwärmung sei deutlich geringer ausgefallen, als es die Klimamodelle vorhersagen, immer entgegnen, im Klimasystem habe es *natürliche* Abkühlungsprozesse gegeben, die den Treibhauseffekt verschleiert hätten. So etwas ist natürlich theoretisch möglich. Trotzdem ist eine solche Annahme sehr spekulativ und steht noch dazu im Widerspruch zu unserem Wissen über andere Faktoren, die in den letzten 100 Jahren das Klimasystem beeinflußt haben. Die meisten dieser Faktoren deuten eher auf eine Erwärmung und nicht auf eine Abkühlung hin. Schließlich und endlich ist die hypothetische Abkühlung, die hier herbeigezaubert wird, doch unrealistisch groß.

Es ist also gerechtfertigt, die Behauptung: „Wir sehen die Erwärmung, die die Modelle vorhersagen", aufgrund von zwei Gedanken abzuweisen:

1. Der Großteil der Erwärmung der letzten 100 Jahre trat ein, *bevor* er durch den Treibhauseffekt verursacht worden sein konnte.
2. Die Klimamodellvorhersagen können nur dann auf-

rechterhalten werden, wenn man hypothetisch eine große Abkühlung unterstellt, die seit 1940 den Treibhauseffekt überdeckt haben soll.

Lassen Sie uns nun unsere Reise durch die Zeit weiterführen. Wenn wir in die 80er Jahre eintreten, erhalten die Vertreter der Treibhaustheorie endlich wieder Aufwind. Die Erwärmung steigt sehr rasch an – vor allem über den Kontinenten. Die 80er Jahre, so stellt sich heraus, sind das wärmste Jahrzehnt, das wir seit Beginn unserer Reise erlebt haben, wobei 1981, 1983, 1987, 1988 und 1990 die wärmsten Jahre waren, und sich nur 1989 der Enthusiasmus, im wahrsten Sinne des Wortes, leicht abgekühlt hat. Jetzt ist er endlich da, der „unwiderrufliche Beweis" für den Treibhauseffekt. So jedenfalls die Behauptung. Erwähnenswert ist an dieser Stelle noch, daß Satellitenmessungen keinen Erwärmungestrend zwischen 1979 und 1990 gezeigt haben – im Gegensatz zu den Landbeobachtungen.

Nachdem wir schon die erste Behauptung, die Erwärmung zwischen 1880 und 1980 stehe in Einklang mit den Berechnungen der Klimamodellvorhersagen, auseinandergenommen haben, werden wir nun einen genaueren Blick auf die zweite Behauptung werfen, nämlich, die Wärmewelle der 80er Jahre sei, wenn schon kein endgültiger Beweis der Treibhaustheorie, so doch ein starkes Indiz für sie.

Wir kehren erst einmal zu unserer Definition von Klima und Klimaänderung zurück: Klima ist ein langjähriger Mittelwert. Zacken in der Temperaturkurve stellen keine Klimaänderung dar. Dieser Punkt wird später noch genauer ausgeführt, wenn wir einen Blick auf historische Temperaturreihen werfen, die bis in die Tage vor 1850 zurückreichen. Im allgemeinen weiß jeder Klimatologe, daß es nicht zulässig ist, den kurzfristigen Trend eines Teils der Temperaturkurve in die Zukunft zu extrapolieren. Man müßte eine große Zahl von Jahren wie 1987 oder 1988 erleben, um diese Wärme in einem langfristigen Trend wiederzufinden, der es einem gestattete, von einer Klimaänderung zu reden.

Erwärmung am falschen Ort?

Lassen Sie uns nun einen genaueren Blick auf diese letzten 10-15 Jahre werfen, die uns diese Wärme beschert haben. Sie sind klimatisch gesehen sehr merkwürdig. Wenn wir einen so genauen Blick auf die Temperaturkurve werfen, daß wir einzelne Jahre erkennen können, dann sehen wir, daß zwischen 1976 und 1977 spektakuläre Änderungen aufgetreten sein müssen. Damals sind die Temperaturen um durchschnittlich 0,3° C angestiegen. Damit kehrte sich insbesondere in der Nordhemisphäre der Abwärtstrend der vorangegangenen Jahrzehnte um. In der Folgezeit blieben die Temperaturen hoch und stiegen noch etwas weiter an.

Nun versuchen wir herauszufinden, wo genau die erneute „globale" Erwärmung ihren Ursprung hat. Nach einer alles überragenden „Quelle" für diese Erwärmung braucht man gar nicht lange zu suchen. Sie liegt im tropischen Pazifik. Hier stoßen wir auf das berühmte El-Niño-Ereignis. Beim El-Niño-Ereignis strömen große Massen warmen Wassers (28-29° C), die sich normalerweise im westlichen Pazifik befinden, nach Osten und können unter Umständen sogar die Westküste Südamerikas erreichen. Dort treffen sie dann etwa zur Weihnachtszeit ein. Das verschaffte ihnen den Namen El Niño (spanisch: das Kind), gemeint ist das Christkind. Die warmen Wassermassen ersetzen die normalerweise beträchtlich kühleren (etwa 24° C).

Diese warmen Wasserströme setzen auch enorme Ströme von Wärme und Feuchtigkeit der Atmosphäre in Bewegung. Sie bringen Regenfälle in Gegenden, wo es sonst nie regnet, und verändern die Windströmungen fast überall auf der Erde. Ein besonderes Phänomen ist die Ausbreitung dieser Wärme in der gesamten Tropenzone. Ein El-Niño-Jahr beschert nicht nur dem tropischen Pazifik ein warmes Jahr, sondern auch den übrigen Tropengebieten. Die Tropen selbst jedoch machen, wenn man sie bis zu einem Breitenkreis von 30° rechnet, die Hälfte der Erdoberfläche aus. Mit anderen Worten, wenn es in den Tropen richtig wärmer wird, dann steigen die „globalen" Mittelwerte selbst dann, wenn die Temperaturen in den übrigen Gebieten konstant bleiben oder sogar noch fallen.

Genau das ist in den letzten 10-15 Jahren eingetreten. Es überrascht nicht mehr zu hören, daß die ungewöhnlich warmen Jahre 1983, 1987 und teilweise sogar 1988 El-Niño-Jahre waren. Schauen wir uns nun die Temperaturverteilung nur der Nordhemisphäre zwischen 1976 und 1990 genauer an und betrachten die verschiedenen Zonen getrennt voneinander: die Tropenzone (0-30° nördlicher Breite) und den Rest (30-90° nördlicher Breite). Dabei erfassen wir aber auch hier den Gesamttrend über dem Land wie über dem Meer. Es läßt sich leicht erkennen, daß die Außertropen in nahezu jedem dieser Jahre tiefere Temperaturen als normal aufwiesen (s. Tab. 9). Dies tritt besonders deutlich für das Jahr 1987, einem der Rekordjahre, in Erscheinung. Eine solche Entwicklung bleibt notwendigerweise verborgen, wenn man nur den Temperaturtrend über der Landmasse betrachtet. Denn über dem Land konnte sich die Erwärmung, wie man sieht, bis in die mittleren Breiten erstrecken (s. Abb. 19). Sie wurde durch die Abkühlung über den Ozeanen ausgeglichen. Es zeigt sich wiederum, wie wichtig es ist, den gesamten Temperaturtrend heranzuziehen — nämlich den über dem Land und den über dem Meer —, wenn wir einen beobachteten Temperaturtrend mit dem vergleichen wollen, den uns die Klimamodelle vorhersagen.

In der Südhemisphäre kam es allerdings zu einer einheitlicheren Erwärmung. Daher muß man feststellen, das die Temperaturtrends auf der Nord- und der Südhemisphäre in den letzten Jahrzehnten auseinanderdriften.

Schauen wir uns die Verteilung von Land und Meer auf der Südhalbkugel näher an, dann bemerken wir doch deutliche Unterschiede gegenüber dem Norden. Der größte Teil der Landmasse reicht dort vom Äquator aus bis etwa 30-35° südlicher Breite. Das heißt, sie gehört, von der Antarktis abgesehen, nahezu ganz in die Tropenzone.

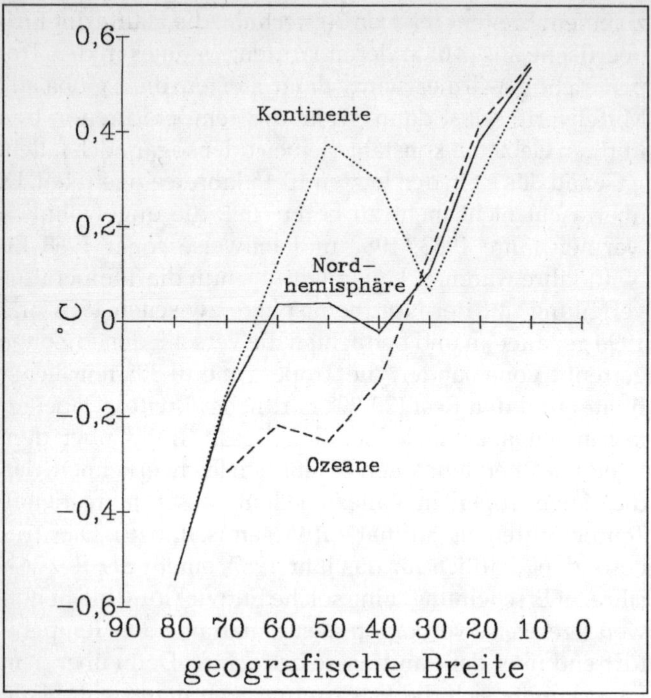

Abb. 19: Temperaturabweichungen in der Troposphäre (0 — 9 km Höhe) der Nordhemisphäre im 10-Jahreszeitraum 1977 — 1986 als Funktion der geographischen Breite und aufgeteilt nach Kontinenten und Ozeanen. Die Abweichungen beziehen sich auf den Zeitraum 1951 — 1960.

Quelle: Nach Weber, Int. Journ. Climat., 1990.

Einige Wissenschaftler haben nun herausgefunden, daß — ähnlich wie wir es bereits in der Nordhemisphäre gesehen haben — die Wärmeabweichungen über der südhemisphärischen Landmasse weitgehend die Temperaturanomalien in den Tropen widerspiegeln. Trotzdem bleibt festzuhalten, daß es in den letzten Jahrzehnten auch über den Ozeanen der Südhemisphäre wärmer geworden ist (s. Abb. 16). Aber die Temperaturen in den mittleren Breiten sind hier nicht allzu aussagekräftig. Es erscheint jedenfalls zweifelhaft, ob die südhemisphärische Erwärmung im Rahmen der Treibhaustheorie erklärt werden kann. Denn nach dieser Theorie soll die Erwärmung der Ozeane aufgrund ihrer thermischen Trägheit der übrigen hinterherhinken.

Einige Wissenschaftler vertreten nun die Auffassung, daß die bei der Nutzung fossiler Brennstoffe freigesetzten Schwefelverbindungen die relative Abkühlung auf der Nordhalbkugel der Erde verursacht haben könnten. In der Tat könnte der Schwefel und bestimmte, durch chemische Umwandlungen in der Atmosphäre erzeugte Folgeprodukte für einen Teil der Abkühlung über den Ozeanen verantwortlich sein. Dies könnte andererseits wegen der spezifischen chemischen Prozesse kaum die Abkühlung über den Kontinenten des Nordens erklären.

Wenn wir nun einen Augenblick innehalten und uns zurückerinnern, dann fällt uns auf, daß die räumliche Verteilung der jüngsten Erwärmung nicht so ausgesehen hat, wie man es nach den Modellvorhersagen erwarten sollte. Danach sollte es zu einer größeren Erwärmung in hohen und einer geringeren Erwärmung in unteren Breiten kommen. Die Erwärmung der jüngsten Zeit ist aber genau umgekehrt verlaufen. In hohen Breiten ist es jetzt mitunter sogar kälter, als es vor vier Jahrzehnten war. Das widerspricht den Modellvorhersagen völlig.

Um Ihnen allerdings zu zeigen, wie kompliziert die Dinge wirklich sind, wollen wir an dieser Stelle darauf hinweisen, daß wir bisher davon ausgegangen sind, das Verteilungsmuster der Klimaänderungen sähe, während die Spurengaskonzentration in der Atmosphäre langsam ansteigt, so aus, wie es die Modelle für den Gleichgewichtszustand erst für das Ende der Entwicklung angeben. Sie zeigten eben nur eine kleinere Amplitude.

Einige der neueren Modellrechnungen lassen jedoch vermuten, daß dies nicht der Fall zu sein braucht. Aufgrund von komplizierten Rückkopplungsmechanismen zwischen dem Ozean und der Atmosphäre kann die geographische Verteilung des Erwärmungsprozesses jahrzehntelang anders aussehen als im späteren Gleichgewichtszustand. Ein Modell zeigt sogar, daß es sich in den hohen Breiten der Nordhemisphäre abkühlen könnte, und erzeugt somit ein Erwärmungsmuster, das dem beobachteten ähnelt. Es ist aber heute zu früh, den neu entwickelten Modellen, die auch die ozeanische Zirkulation mit berücksichtigen wollen, zuviel Vertrauen zu schenken. Sie weisen untereinander noch zu große Differenzen auf. So verlangt z.B. ein anderes dieser Sorte von Modellen, daß es sich in den mittleren Breiten der Nordhemisphäre in den vergangenen drei Jahrzehnten um über 1° C hätte erwärmen sollen (s. Abb.20). Aus unseren Beobachtungen wissen wir aber, daß es praktisch zu keiner Temperaturänderung gekommen ist (s. Tab. 9).

Wie dem auch sei, die Ursache für die jüngste Erwärmung muß wohl in den Tropen gesucht werden und ist zumindest teilweise auf das wiederholte Auftreten des El-Niño-Phänomens zurückzuführen. Dieses seit langem bekannte Phänomen hat aller Wahrscheinlichkeit nach nichts mit dem Treibhauseffekt zu tun. Es gibt gegenwärtig keine Theorie, die das gehäufte Auftreten der El-Niño-Ereignisse mit dem Treibhauseffekt in Verbindung bringen könnte.

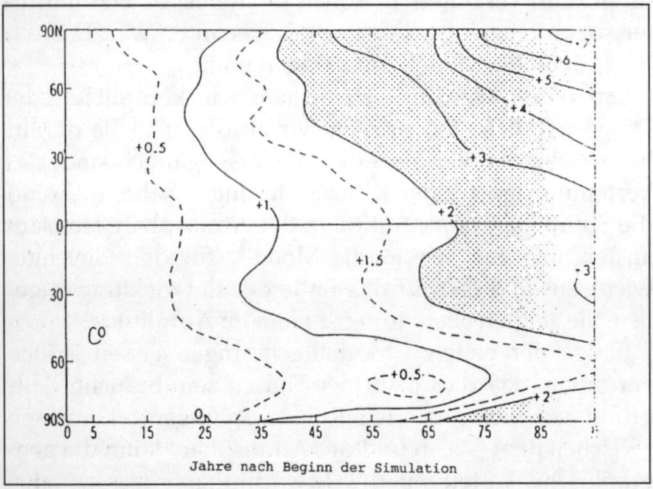

Abb. 20: Klimasimulation mit einem transienten, gekoppelten Ozean-Atmosphärenklimamodell unter Anwendung "realistischer" Spurengasanstiege seit 1958 in Abhängigkeit von der Zeit und der geographischen Breite.

Quelle. Stouffer und Mitarbeiter, Nature, 1989.

Tabelle 9: Temperaturabweichungen in der Nordhemisphäre, aufgeteilt nach tropischen (O - 30° N) und außertropischen (30 - 90° N) Regionen zwischen 1976 und 1989 im Vergleich zum Zeitraum 1951- 1960.

	1976	1977	1978	1979	1980	1981	1982
0 – 30° N	-0,1	0,2	0,2	0,2	0,3	0,3	0,2
30 – 90° N	-0,4	0,0	-0,2	-0,2	-0,1	0,5	-0,2

	1983	1984	1985	1986	1987	1988	1989
0 – 30° N	0,3	0,1	0,0	0,2	0,6	0,4	0,1
30 – 90° N	0,1	-0,1	-0,2	0,0	-0,2	0,2	0,2

Quelle: Institut für Meteorologie der Freien Universität Berlin.

Wir sollten uns auch daran erinnern, daß wir im ersten Kapitel gesagt haben, der zusätzliche, vom Menschen verursachte Treibhauseffekt habe die geringsten Auswirkungen in den bodennahen Luftschichten der Tropen. Der Grund für die Aussage war die starke Überlappung zwischen Wasserdampf und Kohlendioxid bei den in den unteren Schichten der Tropenatmosphäre vorherrschenden Temperaturen. Deswegen sollte dort auch die geringste Klimaerwärmung zu erwarten sein.

Die Behauptung, die deutliche Erwärmung der 80er Jahre sei ein Beweis für die Richtigkeit der Klimamodellvorhersagen — oder zumindest ein starkes Indiz für sie -, ist nicht richtig. Oder wir müssen annehmen, der Treibhauseffekt wirke sich im wesentlichen auf die Tropen aus. Das widerspricht aber den Modellvorhersagen aus folgenden Gründen eindeutig:

1. Rein formal: Zacken in der Temperaturkurve können keine Klimaänderungen beweisen.
2. Die geographische Verteilung der Erwärmung unterscheidet sich völlig von der in den Modellen vorhergesagten — es sei denn, der zeitliche Verlauf der Erwärmung sieht völlig anders aus als die Gleichgewichtserwärmung.
3. Der Treibhauseffekt kann als Ursache für die zusätzliche Erwärmung in den Tropen nur sehr eingeschränkt in Frage kommen.

Der Treibhauseffekt nimmt Urlaub

Bislang haben wir uns bei unseren Überlegungen immer nur den Verlauf der jährlichen Mitteltemperaturen angeschaut. Dabei haben wir dem jahreszeitlichen Verlauf der Erwärmung in den letzten 100 Jahren keine Aufmerksamkeit geschenkt. Mit anderen Worten, wir sind bislang noch nicht der Frage nachgegangen, ob die Erwärmung mehr oder weniger gleichförmig in allen Jahreszeiten erfolgt, oder ob sich dabei — so wie es die Treibhaustheorie vorhersagt — größere jahreszeitliche Unterschiede ergeben.

Wir erinnern uns an die Angaben, daß die über Europa erwartete Erwärmung im Winter etwa eineinhalbmal größer sein soll als die für den Sommer erwartete. Im globalen Mittel sollte dieser Unterschied bei den Jahreszeiten sogar noch deutlicher hervortreten. Über den USA allerdings soll es den Modellen zufolge wiederum zu keinen nennenswerten Unterschieden zwischen der sommerlichen und der winterlichen Erwärmung kommen.

Die jahreszeitliche Verteilung der Erwärmung ist von besonderer Bedeutung, da nahezu alle erwarteten negativen Auswirkungen, die man durch den Treibhauseffekt erwartet, an die sommerliche Erwärmung geknüpft sind. Offenkundig könnte man schon bestimmte negative Auswirkungen auf die Landwirtschaft oder das menschliche Wohlbefinden erwarten, wenn sich die mittleren Höchsttemperaturen im Sommer von, sagen wir, 25 auf 30° C erhöhten. Andererseits würden vielleicht nicht allzu viele Leute in Finnland darüber klagen, wenn die mittlere Tiefsttemperatur im Winter von -20 auf -15° C anstiege. Lassen Sie uns deswegen einen Blick auf die jahreszeitliche Verteilung der Erwärmung in den letzten 140 Jahren werfen (s. Abb. 21).

Wir müssen wieder zu unserer Überraschung feststellen, daß nahezu die gesamte Erwärmung über den Kontinenten in die Wintermonate fällt. In den Sommermonaten ist es zu überhaupt keiner Erwärmung gekommen. Das gilt nicht nur im Durchschnitt für die gesamte Nordhemisphäre, sondern auch speziell für die Landmasse Europas und

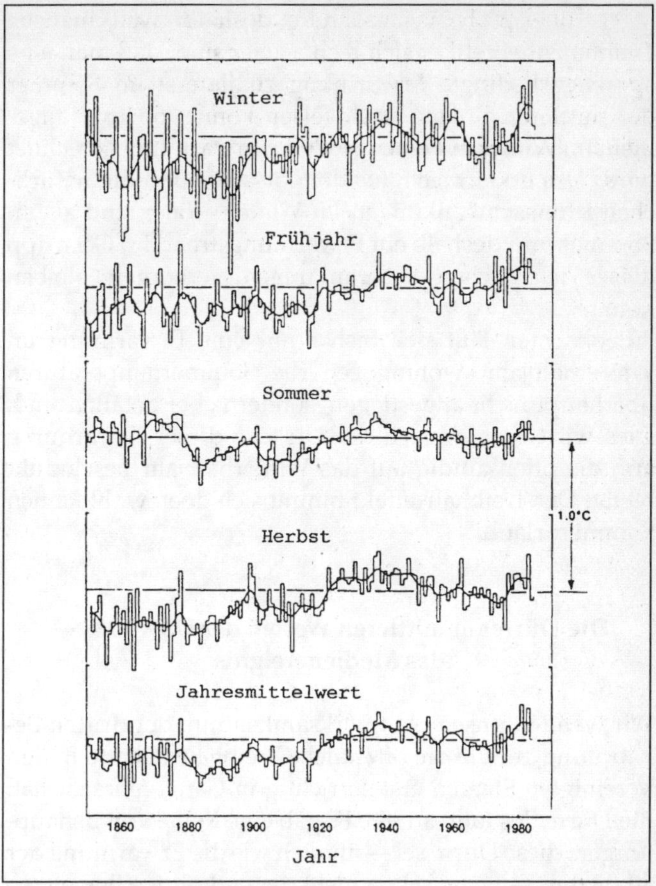

Abb. 21: Temperaturtrends über den Kontinenten der Nordhemisphäre seit 1850, aufgeteilt nach Jahreszeiten. Die durchgezogene Linie stellt 10jährig gemittelte Werte dar.
Quelle: U.S. Department of Energy, Report DOE/ER-0235, 1985.

Amerikas. In den USA hatten sich die Sommer in den letzten 60 Jahren sogar durchgehend abgekühlt. In Mitteleuropa läßt sich auch dann kein Anstieg in den Sommertemperaturen nachweisen, wenn man auf sehr alte Temperaturreihen zurückgreift, die bis in die Mitte des 18. Jahrhunderts zurückreichen. Es scheint im Gegenteil früher tatsächlich eher wärmere Sommer gegeben zu haben.

Das überrascht insbesondere deshalb, weil manche Treibhaustheoretiker sich recht sicher sind, daß man eine spurengasbedingte Erwärmung zuallererst im Sommer der mittleren Breiten nachweisen könne, obwohl allgemein im Winter mit einer größeren Erwärmung gerechnet wird. Das erklärt sich aus der Tatsache, daß die natürlichen Klimaschwankungen im Winter größer sind als im Sommer und deshalb ein Erwärmungstrend im Gestrüpp dieser natürlichen Schwankungen verborgen bleiben könnte.

Beobachten läßt sich bisher nur eine Erwärmung im Winterhalbjahr, wohingegen die Sommertemperaturen überhaupt nicht angestiegen, sondern eher gefallen sind. Dies wirft Fragen nach der Ursache dieser Erwärmung auf, die offenkundig auf das Winterhalbjahr beschränkt bleibt. Der Treibhauseffekt nimmt sich doch wohl keinen Sommerurlaub.

Die Dürre im mittleren Westen der USA 1988 — das Medienereignis

Wir wenden unsere Aufmerksamkeit nun der dritten Behauptung zu, die die öffentliche Treibhausdebatte in den Vereinigten Staaten erst so richtig in Gang gebracht hat: die Dürre des Jahres 1988. Es gab eine Reihe von Behauptungen, diese Dürre sei — ähnlich wie die Erwärmung der 80er Jahre — wenn schon nicht der endgültige Beweis, so doch ein starkes Indiz für die Treibhaustheorie. Um eines von vornherein richtigzustellen: Für jedermann, der eine Klimatafel lesen kann, von den Klimatologen ganz zu schweigen, war das eine haarsträubende Erklärung. Die Klimatologen wußten nicht, ob sie darüber lachen oder weinen sollten. Die Öffentlichkeit und die Medien konnten jedoch den Hals davon nicht voll bekommen.

Lassen Sie uns nun herausfinden, warum dies wahrscheinlich einer der übelsten Witze des Jahres 1988 ist. Wieder besinnen wir uns auf unsere Definition von Klima. Klima ist — wir wiederholen es — der langfristige Durchschnittswert eines Klimaparameters, und eine Klimaänderung ist die langfristige, bleibende Änderung eines Klimaparameters. Eine Reihe von kalten, heißen oder trockenen Jahren sind eine kurzfristige Klimaschwankung und keine langfristige Klimaänderung. Diese Feststellung allein reichte schon aus, um die Behauptung zurückzuweisen, die Dürre von 1988 sei auf den Treibhauseffekt zurückzuführen.

Wie wir jedoch gesehen haben, werden im Zuge der treibhausbedingten Erwärmung zunehmend Dürren erwartet. Das mag vielleicht der Ausgangspunkt dieser Einlassungen über die Dürre des Jahres 1988 gewesen sein. Lassen Sie uns nun die Dürre aus zwei verschiedenen Blickwinkeln betrachten:

1. der historisch-klimatologischen Perspektive und
2. der Verursachungsperspektive.

1. Die historisch-klimatologische Perspektive

Ob man es wahrhaben will oder nicht, schwere Dürren gehören zum normalen Klima der Vereinigten Staaten im allgemeinen und des Mittleren Westens im besonderen. Dies wird in Abb. 22 sehr deutlich gezeigt. Sie stellt den Temperatur- und Niederschlagsverlauf über den USA seit 1895 dar. In dieser Abbildung erscheinen Dürren als Buckel in der Temperatur- und als Absenkungen in der Niederschlagskurve. Denn Dürren im Sommer sind bekanntlich durch heißes Wetter und geringe Niederschläge gekennzeichnet.

Große Dürren traten demnach in den 30er Jahren während der berüchtigten „Dust Bowl" auf. Vielleicht erinnern Sie sich an den Film „Jenseits von Eden". Es gab sie auch noch in den 50er Jahren. Die genauen Zeitabschnitte sind zwischen 1934 und 1936 sowie zwischen 1952 und 1954. Die Periode nach 1954 wurde in schon auffälliger Weise kaum von größeren Dürren heimgesucht. Insbesondere die 70er und 80er Jahre zeichnen sich durch eine lange Reihe überwiegend kühler und feuchter Sommer

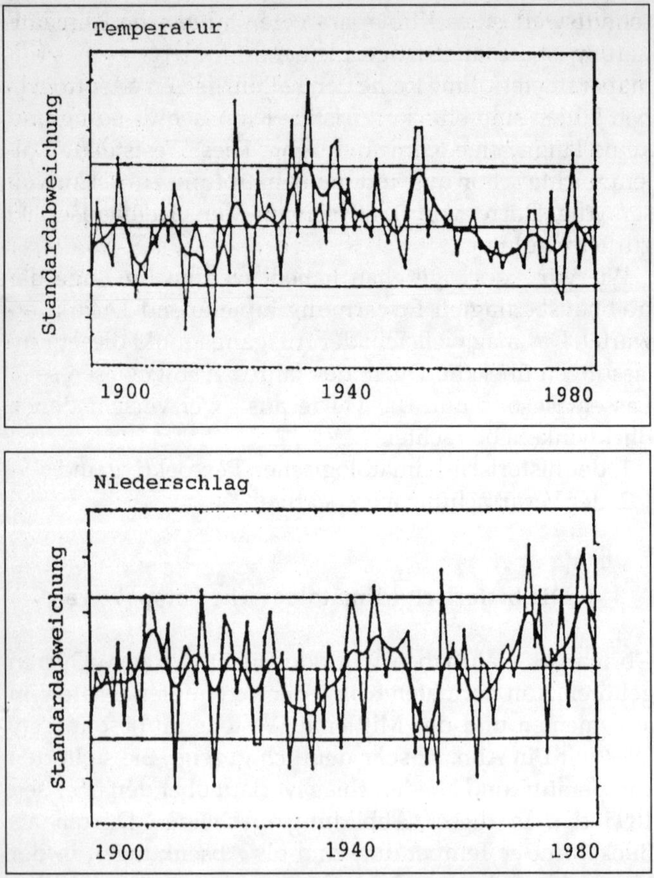

Abb. 22: Klimatrends über den USA seit 1895. Die Abbildung zeigt über dem Gebiet der USA gemittelte Jahreswerte für Temperatur und Niederschlag.
Quelle: Karl, Climate Change, 1988.

aus. Sie wird nur von einer mäßigen Dürre über den südlichen Plains im Jahre 1980 und im Jahre 1983 unterbrochen. Aber der Mittlere Westen der USA und der Getreidegürtel waren jahrzehntelang überwiegend kühl und feucht. Niemand hat damals „Treibhauseffekt!" gerufen.

Als das Jahr 1988 anbrach und der Mittlere Westen wieder von der ersten schwereren Dürre seit 34 Jahren heimgesucht wurde, konnte nur der Treibhauseffekt dafür verantwortlich sein. Es fällt schwer zu glauben, daß irgend jemand — auch nicht die in der Wolle gefärbten Treibhausaktivisten — daran ernsthaft geglaubt haben. Offensichtlich gibt die Klimageschichte der Vereinigten Staaten nicht den geringsten Hinweis dafür her, daß es in den vergangenen Jahrzehnten zu Klimaänderungen der Art gekommen sein könnte, wie sie von den Modellen vorhergesagt werden, oder daß die Dürre des Jahres 1988, so extrem sie auch war, etwas anderes als ein Ausrutscher im mystischen Ablauf des Klimasystems war.

Die Bewohner des Mittleren Westens könnten inzwischen in der Tat zu einer anderen Ansicht gelangt sein, da sie sich in den Jahren 1989 und 1990 an die überwiegend kühlen und wolkenreichen Sommer gewöhnt haben mögen. Sie könnten ihnen recht angenehm gewesen sein, da es in der Region üblicherweise im Sommer brütend heiß ist. Es zeigt sich wieder einmal, daß man niemals einen kurzfristigen Trend in die Zukunft extrapolieren sollte. Das wird besonders dann gefährlich, wenn der vorherrschende, langfristige Trend in die andere Richtung weist.

2. Die Ursachen-Perspektive

Die Modellvorhersagen erwarten bei steigenden Sommertemperaturen, die bislang ausgeblieben sind, und bei etwa gleichbleibenden Niederschlägen, daß es im Mittleren Westen der Vereinigten Staaten zu größeren Dürren kommen wird.

Die erwarteten Dürren sollen das Ergebnis der steigenden Temperaturen sein. Denn sie führen zu höherer Verdunstung und damit zu wachsender Bodentrockenheit. Die Dürren sollen aber nicht als Folge einer hinzutretenden Veränderung im atmosphärischen Zirkulationssystem auftreten. Klimatologen konnten indes zeigen, daß die Dürre des Jahres 1988 nicht durch global steigende Temperaturen hervorgerufen wurde, sondern vielmehr das Ergebnis einer ungewöhnlichen Anomalie in den atmosphärischen Zirkulationsverhältnissen über und um den nordamerikanischen Kontinent war. Diese Anomalie war von vorübergehender Natur und ist inzwischen längst wieder abgebaut worden. Das bemerkenswerte an dieser Anomalie war, daß sich Hochdruckgebiete über den mittleren Teilen der USA so hartnäckig halten konnten. Sie haben das heiße, trockene und sonnige Wetter bewirkt, das auch sonst mit sommerlichen Hochdruckgebieten einherzugehen pflegt.

Der Treibhauseffekt, hätte er — einmal angenommen — doch mitgewirkt, hätte höchstens eine zusätzliche Erwärmung von angenommenen 32° C auf vielleicht 32,5° C ermöglicht. Aber schon das ist sehr hochgegriffen. Er kann weder ganz noch teilweise für die Dürre verantwortlich gemacht werden.

Wir müssen deshalb die Behauptung, das Auftreten der Dürre von 1988 habe in irgendeiner Weise etwas mit dem von den Modellen vorhergesagten Treibhauseffekt zu tun gehabt, aus den folgenden Gründen bestreiten:

1. Die Dürre ist auf eine zeitlich begrenzte Zirkulationsanomalie über dem nordamerikanischen Kontinent zurückzuführen.
2. Die Klimageschichte zeigt, daß Dürren Teil der normalen Klimaschwankungen in den Vereinigten Staaten sind. Die erste größere Dürre seit 34 Jahren kann nicht als ein Indiz für den Treibhauseffekt gewertet werden, nur weil die vorangegangenen 34 Jahre in auffälliger Weise von größeren Dürren verschont geblieben waren.
3. Zudem zeigen langfristige Trends der Sommertemperatur über den Vereinigten Staaten keinen Hinweis auf die von den Modellen vorhergesagte Erwärmung. Vielmehr sieht es so aus, als ob es in den letzten sechs Jahrzehnten zu einer Abkühlung gekommen ist, was im klarem Widerspruch zu den Modellvorhersagen steht.

Wir könnten an dieser Stelle noch eine weitere Beobachtung hinzufügen: Während die USA von einer der schlimmsten Dürren überhaupt heimgesucht wurden, erlebten andere Teile der Welt, wie z.B. Großbritannien, einen der nässesten Sommer aller Zeiten. In Nordjapan sind wegen des ungewöhnlich kühlen und verregneten Sommers in weiten Teilen die Reisernten verdorben. Solche Tatsachen übersehen die Treibhausaktivisten gerne.

Gibt es andere Hinweise?

Wir haben die globalen Temperaturtrends einmal nach den jährlichen und dann nach den jahreszeitlichen Durchschnittswerten hin untersucht. Das führte uns zu dem Schluß, daß wir seit Mitte des letzten Jahrhunderts global nur einen Bruchteil des von den Modellen vorhergesagten Temperaturanstiegs erkennen können. Darüber hinaus ließ sich im Widerspruch zu den Rechnungen der Klimamodelle in den Sommermonaten überhaupt kein Temperaturanstieg beobachten. Aber gerade in dieser Jahreszeit hätte der Treibhauseffekt zuallererst nachweisbar sein und sich am schädlichsten auswirken sollen. Bevor wir einen Blick auf andere Klimaparameter weltweit werfen, werden wir der Vollständigkeit halber nachschauen, ob es wenigstens in den USA in den verbliebenen Jahreszeiten zu einem Temperaturanstieg gekommen ist, der mit den Modellvorhersagen vereinbar wäre.

Die Temperaturtrends für die USA werden in Abb. 23 gezeigt. In diesem Datensatz, der im Jahre 1895 beginnt, können wir keinen nennenswerten Temperaturanstieg, der mit den Modellvorhersagen verträglich wäre, erkennen. Schauen wir genauer auf die letzten 60 Jahre, dann stellen wir fest: Die Temperaturen sind beträchtlich zurückgegangen. Das betrifft besonders den Mittleren Westen der Vereinigten Staaten und dann besonders das Winterhalbjahr. Die in den letzten Jahren im Vergleich zu früheren Zeiten in den USA vorherrschende, relative Kühle spiegelt den allgemeinen Abkühlungstrend der mittleren und hohen Breiten der Nordhemisphäre wider, den wir bereits anhand der Tabelle 9 nachgewiesen haben. Beide Beobachtungen lassen die Modellvorhersagen nicht

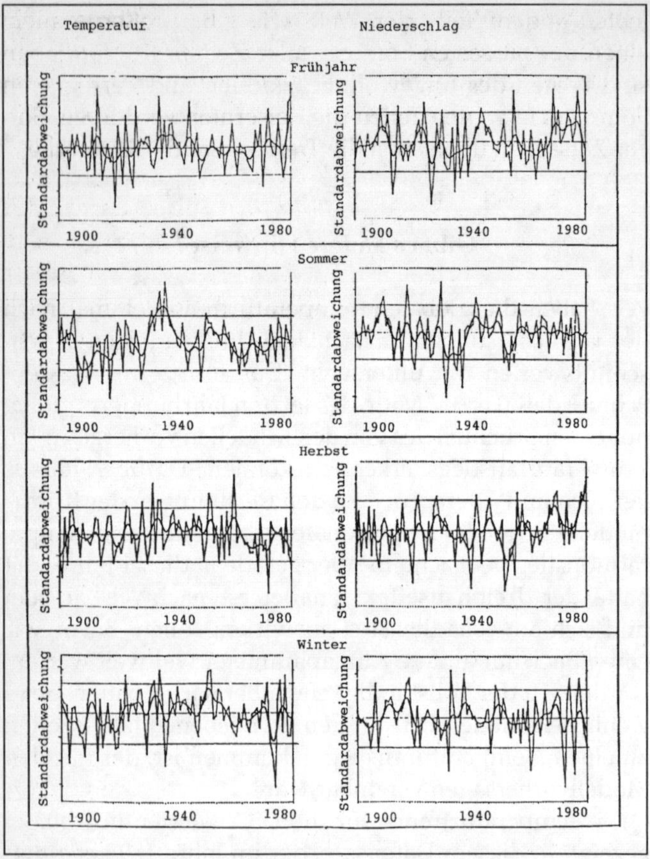

Abb. 23: Klimatrends über den USA seit 1895. Die Abbildung zeigt über dem Gebiet der USA gemittelte Jahreszeitenwerte für Temperatur und Niederschlag.
Quelle: Karl, Climate Change, 1988.

in einem vertrauenswürdigeren Licht erscheinen.

Wenden wir uns nun wieder der globalen Klimageschichte zu, um nach weiteren Hinweisen auf oder gegen den Treibhauseffekt zu suchen. Wir werden dabei Veränderungen betrachten, von denen man annimmt, sie seien durch den Treibhauseffekt verursacht worden. Auch hier werden wir wieder die Vorhersagen mit den Beobachtungen vergleichen.

Wir hatten, wie es in den meisten einschlägigen Studien geschieht, angenommen, das Muster der transienten Klimaänderungen entspräche — nur eben in geringerer Größenordnung — dem der Gleichgewichtsänderungen. Das braucht, wie wir oben schon gesehen haben, unter Umständen nicht ganz korrekt zu sein. Die transienten Klimaänderungen könnten, wenn auch nur bedingt, von dem zu erwartenden Gleichgewichtszustand abweichen. Das hätte zur Folge, daß einige Hinweise, die man bisher als Indiz für den Treibhauseffekt gewertet hat, in Wirklichkeit Indizien gegen ihn sind und natürlich auch umgekehrt. Es hat also den Anschein, als ob wir uns auf höchst spekulativem Boden bewegen.

Wir wollen nun unsere Aufmerksamkeit auf einige erwartete Änderungen richten, von denen wir oben schon gesprochen hatten. Wir wollen also nun 1. den Niederschlagstrend, 2. den Meeresspiegeltrend 3. extreme Wetter- und Klimaereignisse betrachten.

1. Der Niederschlagstrend

Die Klimamodellvorhersagen verlangen einen weltweiten Anstieg der Niederschläge. Er wäre die logische Folge der Erwärmung und der damit verbundenen erhöhten Verdunstung des Wassers an der Erd- und Meeresoberfläche. Diese Verdunstung erhöht den Wasserdampfgehalt in der Atmosphäre und speist die zunehmenden Niederschläge. Die Niederschläge sollen besonders polwärts von etwa 35° Breite an am stärksten ansteigen. Für den Subtropengürtel lassen die Modelle nur geringfügige Änderungen erwarten, in den Tropen würden sich die Niederschläge dagegen verringern. Beobachtet man nun tatsächlich vermehrte Niederschläge, so ist das noch kein Beweis für die Wirkung des Treibhauseffekts, wie sie die Klimamodelle verhersagen. Denn die Modelle knüpfen den Anstieg der Niederschläge ausdrücklich an die Erwärmung der Ozeane, die entweder vor oder doch wenigstens gleichzeitig mit diesem Anstieg eintreten soll.

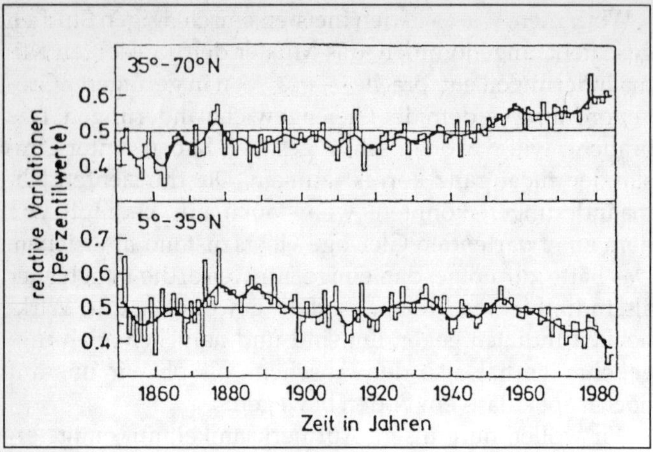

Abb. 24: Trends in der Niederschlagsverteilung in den unteren und mittleren Breiten der Nordhemisphäre seit 1850. Gezeigt ist die relative Schwankungsbreite, wobei Werte, die größer als 0,5 sind, auf höhere Niederschläge als im langjährigen Mittel und Werte unter 0,5 auf geringere Niederschläge als im langjährigen Mittel hindeuten.
Quelle: Nach Bradley und Mitarbeitern, 1987, und Schönwiese, 1990.

Die Niederschlagsmenge ist aber nicht nur von der Menge des Wasserdampfes abhängig, den die Atmosphäre aufgenommen hat. Auch andere Faktoren spielen mit, wenn es in den mittleren Breiten vermehrt regnet, z.B. wie stark und häufig dort regenbringende Tiefdruckgebiete auftauchen. Wenn wir uns die Aufzeichnungen über die Niederschläge ansehen (s. Abb. 24) stellen wir fest, daß der Niederschlag in den letzten Jahrzehnten in den mittleren Breiten in der Tat, wie es die Modelle vorhersagen, zugenommen hat. Ist das wenigstens ein Beweis für den Treibhauseffekt?

Nicht unbedingt! Denn dieser Anstieg sollte wie ein „Echoeffekt" den Temperaturanstieg begleiten. Die Temperaturzunahme selbst ließe sich, wie wir bereits gezeigt haben, aber nur sehr bedingt durch den Treibhauseffekt erklären. Es gibt ein weiteres Argument. Seit den 50er Jahren kühlen sich die Ozeane der mittleren Breiten ab. Die Abkühlung erfaßte den pazifischen Ozean ab etwa 25° nördlicher Breite und den atlantischen Ozean etwa ab 40°

nördlicher Breite. Wenn also die Niederschläge in den mittleren Breiten zugenommen haben, so kann das nicht auf die Erwärmung der Ozeane und ihre dadurch hervorgerufene höhere Verdunstung zurückzuführen sein. Es muß dafür andere Ursachen geben. Ein Grund für den vermehrten Niederschlag könnte in der Tat sein, daß häufiger intensivere Tiefdruckgebiete beobachtet worden sind. Sie kommen zustande, darauf haben wir schon hingewiesen, wenn der Temperaturunterschied zwischen dem Äquator und den Polen wächst. Je größer dieser Unterschied ist, desto kräftigere Tiefdruckgebiete bilden sich aus.

Dieser Temperaturkontrast hat sich über den Ozeanen, wo sich die Tiefdruckgebiete am meisten aufhalten, in den letzten Jahrzehnten verstärkt. Sie rührt aus der einseitigen Erwärmung der tropischen Gebiete, für die, wie gezeigt, auch der El Niño verantwortlich war. Jedenfalls zeigen die Messungen der letzten Jahrzehnte, daß sich die tropischen Gebiete erwärmt, die hohen Breiten aber abgekühlt haben. Das hat die Tiefdruckgebiete im Durchschnitt verstärkt und könnte den vermehrten Niederschlag hervorgerufen haben.

Wir möchten zusätzlich noch daran erinnern, daß, wie schon gezeigt, die Klimamodelle nicht mit wachsenden Unterschieden zwischen den Temperaturen am Äquator und den Polen rechnen. Die beobachtete Verstärkung der Temperaturgradienten widerspricht also selbst den Modellvorhersagen.

Wir kommen zu dem Schluß: Die Niederschlagszunahme in den mittleren Breiten der Nordhemisphäre läßt sich nicht im Rahmen der Treibhaustheorie erklären. Die tatsächlichen Gründe für die Zunahme der Niederschläge widersprechen dem Treibhauseffekt sogar.

Die Klimamodelle schreiben auch nicht vor, daß in den Subtropen die Niederschläge zurückgehen sollen. Trotzdem wird häufig argumentiert, daß die besonders augenfällige Trockenheit in der afrikanischen Sahelzone, die aber auch in anderen subtropischen Gebieten beobachtet wird, auf den Treibhauseffekt zurückzuführen sei.

Diese Austrockung setzte nun wieder ein, und zwar zum Ärger so mancher Treibhausaktivisten zusammen mit der beobachteten allgemeinen Abkühlung. Sie begann in den 50er Jahren und war in der Nordhemisphäre stärker ausgeprägt. Im Zuge dieser Abkühlung verlagerte sich der atmosphärische Zirkulationsgürtel ganz allgemein nach Süden. Dadurch gelangte die Sahelregion um 20° nördlicher Breite häufiger unter den Einfluß des subtropischen Hochdruckgürtels mit seinen trockenen Luftströmen aus dem Norden. Sie verdrängten die sonst üblichen feuchten Strömungen aus dem äquatorialen Afrika. Die nördliche Grenze der Einflußzone dieser feuchten Südströmungen hat sich beständig nach Süden zurückgezogen (s. Abb. 25).

Die Verlagerung der Südströmung könnte möglicherweise damit zusammenhängen, daß sich das „thermische Schwerezentrum der Erde" insgesamt zur Südhemisphäre hin verschoben hat. Wir haben im vorigen Kapitel bereits die entsprechenden Temperaturverschiebungen erwähnt. Sie haben nun schwerlich etwas mit dem Treibhauseffekt zu tun. Die Südhemisphäre ist nämlich zum größeren Teil von Ozeanen bedeckt, die aufgrund ihrer besonderen Eigenschaften dem Treibhauseffekt nur mit Verzögerungen nachfolgen können. Keinesfalls können die Ozeane aber eine Vorreiterrolle einnehmen.

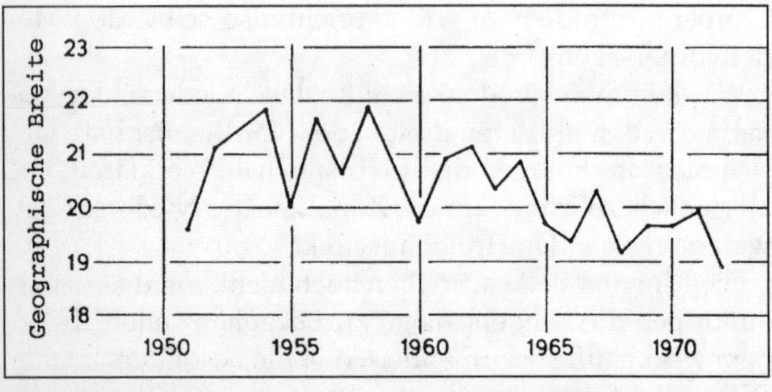

Abb. 25: Nördliche Grenze des westafrikanischen Monsuns zwischen Anfang der 50er und Anfang der 70er Jahre.

Quelle: nach Bryson, 1974, und Lamb, 1988.

2. Der steigende Meeresspiegel

Der steigende Meeresspiegel ist, wie schon erwähnt, einer der Hauptgründe dafür, daß der mögliche Treibhauseffekt eine so große Besorgnis auslösen konnte. In der Tat hat man in diesem Jahrhundert einen gewissen Meeresspiegelanstieg beobachtet und ihn als Indiz für den Treibhauseffekt gewertet. Wir erinnern uns daran, daß der Anstieg des Meeresspiegels hauptsächlich als Folge der Erwärmung und damit der thermischen Ausdehnung des Ozeanwassers erwartet wird. Selbst wenn sich nun der Meerespiegel anhöbe, beweist das noch nicht die Auswirkung des Treibhauseffekts, sondern zunächst nur, daß sich das Ozeanwasser tatsächlich erwärmt haben könnte. Es handelt sich wie bei der Frage der Niederschläge um den Echoeffekt steigender Temperaturen.

Die größte Anzahl der Wasserstandsanzeiger befinden sich in der Nordhemisphäre. Wir erinnern uns, daß die oben erörterten Meßergebnisse erkennen ließen, daß sich hier die Ozeantemperatur in den letzten Jahrzehnten abgekühlt hat. Man kann sich rein formal schwer vorstellen, wie die Treibhaustheorie das Ansteigen der Meeresspiegel bei einem sich abkühlendem Ozean erklärt. Schließlich müssen wir festhalten, daß man ein Ansteigen des Meeresspiegels im wesentlichen nur zwischen den Jahren 1910 und 1970 gemessen hat. In dieser Zeit waren die Temperaturen des Ozeans in der Tat gestiegen. Abb. 15 und Abb. 16 hatten gezeigt, daß die Meerestemperaturen zwischen 1890 und 1905 stark gefallen waren. Es schien uns deshalb auch verdächtig, unsere Klimauntersuchung nur auf diesen Zeitraum zu beschränken. Das gilt auch hier. Es ist unredlich, die Untersuchungen auf Zeiträume einzuschränken, die das gewünschte Resultat bereitstellen: in diesem Fall den parallelen Verlauf zwischen steigenden Meerestemperaturen und Meeresspiegeln. Es bleibt eine offene Frage, welche Meeresspiegeltrends man bekäme, wenn man eine solche Untersuchung auf die Zeit vor 1890 ausdehnen könnte, als die Meerestemperaturen etwa so hoch lagen wie heute.

Der größte Teil des Temperaturanstiegs über den Ozeanen (und mithin auch des Meeresspiegelanstiegs) fällt in die erste Hälfte dieses Jahrhunderts. Sie läßt sich damit ohnehin nicht dem Treibhauseffekt zuschreiben. Zudem erlauben die wenig gestreuten und recht ungenauen Wasserstandsanzeiger und die geringfügigen damit gemessenen Veränderungen kaum, von globalen Trends zu sprechen. Das gilt besonders für die Zeit vor 1900. Die wenigen einigermaßen verläßlichen Daten stammen nur vom Nordostatlantik und der Ostsee.

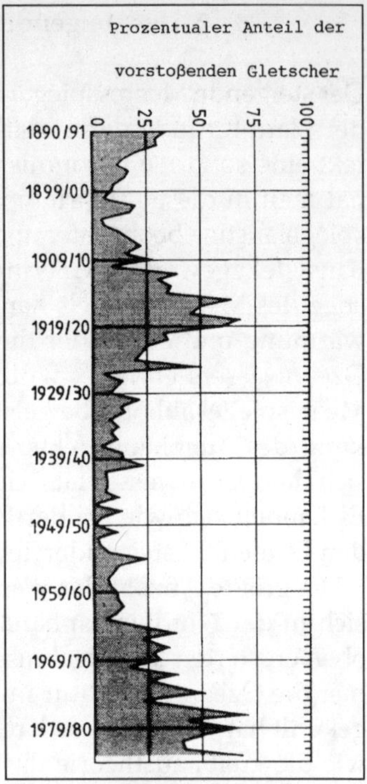

Abb. 26: Gletschervorstöße und -rückzüge in den Schweizer Alpen zwischen 1890 und 1984. Zwischen 1950 und 1980 nahm die Zahl der Gletschervorstöße zu.

Quelle: Nach Schüepp und Gensler, 1986, und Lamb, 1988.

Schließlich fällt es relativ schwer, bei der Veränderung der Wasserstände die ständigen Absenkungen und Hebungen von Landmassen zu berücksichtigen. Sie können nicht nur die Pegel gehoben oder gesenkt, sondern auch das Ozeanvolumen verändert haben. Einige Forscher sahen sich darüber hinaus zu dem Schluß gedrängt, daß der beobachtete Anstieg des Meeresspiegels nur zu einem geringen Teil auf die Erwärmung des Ozeans zurückzuführen sei und zum weit größeren Teil auf den Zulauf abschmelzender Gletscher.

Wir wissen aber, daß es in den letzten Jahrzehnten (zumindest bis Mitte der 80er Jahre) in den hohen und mittleren Breiten der Nordhemisphäre zu einer Abkühlung gekommen ist, die man schlechterdings nicht mit schmelzendem Gletscherwasser in Zusammenhang bringen kann. Die hohen Breiten der Südhemisphäre haben sich in dieser Zeit etwas erwärmt. Sie könnte zu einem geringfügigen Abschmelzen der Gletscher beigetragen haben. Wir wissen aber auch, daß es bei einer geringfügigen Erwärmung der Antarktis nicht zu einem Verlust von Eismasse, sondern eher zu einem Zugewinn kommt. Deswegen ist es schwer vorstellbar, daß sogar die beobachtete Erwärmung in den hohen Breiten der Südhemisphäre einen Beitrag zum Meeresspiegelanstieg geleistet haben könnte.

Ferner gab es zumindest über den Alpen seit Mitte der 60er Jahre bis etwa Anfang der 80er Jahre neue Gletschervorstöße und keine Gletscherrückzüge. Daher kann also in dieser Zeit kein Gletscherwasser dem Ozean zugeflossen sein (s. Abb. 26). Um es noch einmal zu wiederholen, der Großteil der beobachteten Gletscherschmelze fällt in die erste Hälfte dieses Jahrhunderts. Und, wie wir bereits mehrfach gesagt haben, alle Prozesse, seien es nun steigende Meerestemperaturen, abschmelzende Gletscher, steigende Meeresspiegel oder die Erwärmung überhaupt, die noch in die erste Hälfte dieses Jahrhunderts fallen, *können nicht dem Treibhauseffekt zugeschrieben werden*. Sie traten auf, *bevor* die Spurengaskonzentrationen drastisch angestiegen sind. Wir gelangen deswegen zu der Schlußfolgerung, daß der Meeresspiegeltrend die Treibhaustheorie genauso wenig unterstützt wie der beobachtbare Temperaturtrend selbst.

3. Extreme Wetter- und Klimaereignisse

Medien und Treibhausaktivisten lieben es, einen Zusammenhang zwischen aufgetretenen Wetter- und Klimaextremen und dem Treibhauseffekt herzustellen. Das hat dazu geführt, daß, wenn immer ein ungewöhnliches Ereignis auftritt, man dem Treibhauseffekt die Schuld gibt.

Dabei geht man recht einseitig vor und hebt nur solche extremen Ereignisse hervor, die zur Treibhaustheorie passen. Andere, die sich dort nicht einfügen lassen, übergeht man geflissentlich. Dasselbe läßt sich, am Rande bemerkt, neuerdings auch bei einer Reihe wissenschaftlicher Arbeiten beobachten. Sie haben sich zum Ziel gesetzt, den Treibhauseffekt zu „beweisen", und fallen einer Vorgehensweise zum Opfer, die man „Szenario-Erfüllung" genannt hat. Man versteht darunter „die unbeabsichtigte Lenkung eines Datenflusses bei dem unbewußten Versuch, ihn in ein vorgefaßtes Szenario einzupassen".

Daß so etwas im hohen Grade unwissenschaftlich ist, liegt auf der Hand. Einigen Forschern scheint es aber nicht klar zu sein, daß es nicht um die Frage geht, ob irgendwelche Daten durch den Treibhauseffekt erklärt werden können, sondern nur darum, ob der Treibhauseffekt die einzige oder die bestmögliche Erklärung liefert. Denn nur, wenn andere Erklärungen entweder ausgeschlossen oder als wenig wahrscheinlich verworfen werden können, ist es gerechtfertigt, irgendeine beobachtete Erscheinung mit dem Treibhauseffekt in Zusammenhang zu bringen. Auf unserem Gebiet tut es bitter not, daß sich die wissenschaftliche Einstellung der Beteiligten verbessert und zu den bisher gültigen Standards zurückkehrt. Von der Einstellung der Medienberichterstatter wollen wir gar nicht erst reden. Wir haben im Zusammenhang mit der Dürre im Jahre 1988 im Mittleren Westen der USA ein Beispiel angesprochen, wie extreme Ereignisse propagandistisch einseitig ausgenutzt werden. Der Zusammenhang dieser Dürre mit dem Treibhauseffekt zerplatzte dabei wie eine Seifenblase.

Das gleiche gilt für eine Reihe anderer Behauptungen, die inzwischen gerne aufgestellt werden. Was 1988 in den USA die Dürre war, war bei uns eine Serie von Stürmen, die 1990 schwere Schäden angerichtet haben. Für besonders laute Medienberichterstatter und selbst einige Wissenschaftler gibt es natürlich dafür nur einen Schuldigen: den Treibhauseffekt. Es stellte sich jedoch relativ schnell heraus, daß auch die Serie von starken Stürmen durch die besonders kräftigen Tiefdruckgebiete über dem atlantischen Ozean verursacht wurden, die als Folge eines übermäßig starken Temperaturgradienten zwischen der Karibik und der kanadischen Arktis entstanden waren. Wir wissen aus dem zuvor gesagten, daß die Klimamodelle so etwas nicht voraussagen. Deswegen fällt es auch schwer, die Stürme durch die Treibhaustheorie zu erklären. Zudem hat sich interessanterweise herausgestellt, daß die Sturmhäufigkeit über Deutschland in den letzten 40 Jahren recht deutlich zurückgegangen ist. Es tritt also etwas in Erscheinung, was uns schon im Zusammenhang mit der Dürre in den USA 1988 aufgefallen war: Der langfristige Trend läuft dem kurzfristigen Auftreten von Extremen zuwider.

Wir wiederholen nocheinmal — wahrscheinlich nur, um Sie jetzt endlich zu Tode zu langweilen —, was Klima bedeutet. Es ist ein langfristiger Durchschnittswert eines Klimaparameters, und eine Klimaänderung ist eine langfristige, andauernde Änderung eines solchen Parameters. Wenn wir uns z.B. auf derartige extreme Ereignisse beziehen wollen, also die Anzahl von Tagen mit einer Höchsttemperatur über 30° C, die Anzahl von Tagen mit mehr als 50 mm Niederschlag, die Anzahl von Wirbelstürmen usw., dann müssen wir auch hierbei die gleichen Kriterien anwenden wie bei der Temperatur oder dem Niederschlag. Mit anderen Worten, wir müssen fragen: Hat sich die Häufigkeit oder Intensität dieser Ereignisse über bestimmte Zeiträume so geändert, daß man sie als klimatisch relevant bezeichnen kann?

Wir können also nicht die Schlußfolgerung ziehen, ein besonders heftiger Wolkenbruch, eine Dürre, ein Sturm oder ein besonders kalter Winter zeigte eine Klimaänderung an. Ein Einzelereignis beweist nichts, auch wenn solche Ereignisse in einer Reihe von Jahren hintereinander auftreten, solange die Anzahl der betroffenen Jahre verglichen mit der klimatischen Basisperiode gering ist und ihnen Klimaereignisse ganz anderer oder sogar gegensätzlicher Natur folgen. Nichts ist in der Klimatologie unsinniger, als kurzfristige Erscheinungen zu einem langfristigen Trend zu erheben. Im Sommer 1987 wurde Chicago (und andere Regionen des Mittleren Westens) von schweren Regenfällen heimgesucht, die innerhalb von 24 Stunden bis zu 250 mm Niederschlag brachten. Sie haben damals schwere Überflutungen hervorgerufen. Hätte damals einer daraus den Schluß gezogen, es gäbe nur noch regenreiche Sommer, dann hätte ihn die Dürre des darauffolgenden Jahres 1988 eines Besseren belehrt. Hätte wiederum im Sommer 1988 jemand gefolgert, es gäbe in Zukunft nur noch heiße Sommer, hätte ihm der kühle Sommer des Jahres 1989 die gehörige Lektion erteilt: Extrapoliere niemals einen kurzfristen Trend in die Zukunft!

Soweit es extreme Ereignisse betrifft, können wir nur dann von einer Klimaänderung sprechen, wenn sie sich in klimatisch relevanten Zeiträumen mehr oder weniger regelmäßig wiederholen. Falls sie es nicht tun, sind sie klimatisch und in bezug auf die Treibhaustheorie bedeutungslos. Das gilt besonders dann, wenn sie in anderen Teilen der Welt von Klimaereignissen begleitet werden, die einen gegensätzlichen Charakter zeigen und deswegen ohnehin zu der Treibhaustheorie in Widerspruch geraten. Es gibt keine Hinweise darauf, daß die Erwärmung der letzten 100 Jahre von einer Zunahme der klimatischen Extreme begleitet gewesen wäre; das Gegenteil erscheint viel wahrscheinlicher. Nach allem, was wir wissen, hat es den Anschein, als wiese das Klima in den kälteren Episoden vorangegangener Jahrhunderte extremere Schwankungen auf. Dagegen war das relativ warme Klima des 20. Jahrhunderts in dieser Beziehung allgemein günstiger.

Einen Augenblick bitte...!

Im Zuge unserer Untersuchung der Treibhaustheorie haben wir eine Anzahl von Behauptungen überprüft, die in der öffentlichen Debatte gerne im Zusammenhang mit dem Treibhauseffekt und einer möglichen globalen Erwärmung aufgestellt werden.

Wir haben unsinnige Behauptungen von denen abgehoben, die die Klimamodellvorhersagen stützen. Wir haben dann Modellvorhersagen mit realen Beobachtungen verglichen und kamen zu dem Schluß, daß es in den letzten hundert Jahren zu einer gewissen Erwärmung gekommen ist. Diese Erwärmung ist allerdings erheblich geringer ausgefallen, als sie von den Modellen errechnet wurde. Insbesondere mußten wir zwei besonders verbreitete Behauptungen widerlegen, nämlich daß die jüngste globale Erwärmung und das Auftreten der Dürre in den USA im Jahre 1988 in irgendeiner Weise durch den Treibhauseffekt verursacht wurden. Beide gehen mit größerer Wahrscheinlichkeit auf andere Ursachen als den Treibhauseffekt zurück.

Wir wollen festhalten, daß ein Großteil der Besorgnisse über die künftige Entwicklung des Klimas durch die inzwischen gewonnene Erkenntnis in eine ganz andere Perspektive gerückt wird, die Erkenntnis nämlich, daß wir es unter Umständen nur mit der Hälfte bis zu einem Drittel der Erwärmung zu tun haben werden, die man als Ergebnis der CO_2-Verdoppelung erwartet und die überdies kaum vor dem 22. Jahrhundert auftreten wird. Man wird sich fragen müssen: Lohnt sich eigentlich die ganze Aufregung?

Die Vertreter der Treibhaustheorie wollen aber dennoch an die von den Modellen angekündigte Entwicklung *glauben*, obwohl die Beobachtungsdaten die Modellvorhersagen nicht voll unterstützen, ja sie sogar teilweise in Frage stellen, und obwohl uns die Messungen nur in Bereiche der natürlichen Klimaschwankungen geführt haben. Die beobachteten Schwankungen sind nämlich so gering, daß weder eine Erwärmung noch eine Abkühlung bislang als Beweis oder Gegenbeweis der Treibhaustheorie herausgelesen werden kann. Wie wir bereits weiter oben gezeigt haben, kann selbst die unbestrittene Tatsache, daß die Erwärmung in diesem Jahrhundert deutlich hinter den Erwartungen der Treibhaustheorie zurückgeblieben ist, immer noch „wegerklärt" werden. Man braucht nur anzunehmen, eine starke natürliche Abkühlung habe der treibhausbedingten Erwärmung entgegengewirkt. Das könnte möglich sein, aber ist es auch wahrscheinlich?

Man argumentiert weiter, wir dürften nicht so lange

warten, bis wir einen Beweis für die Treibhaustheorie gesehen haben, denn dann sei es für Gegenmaßnahmen zu spät. Wir müßten schon jetzt auf den bloßen Verdacht hin handeln.

Bevor wir auch diesen Gedanken genauer untersuchen, wollen wir uns die Rolle vornehmen, die natürliche Faktoren bei der Erwärmung oder der ihr hypothetisch unterlegten Abkühlung der letzten hundert Jahre gespielt haben könnten. Wir werden darüber hinaus prüfen, ob es in früheren Jahrhunderten und Jahrtausenden schon einmal warme Klimaabschnitte gegeben hat, die damals offensichtlich nur auf natürliche Weise verursacht worden sein konnten. Zusätzlich wollen wir noch herausfinden, wie sich ein wärmeres — oder auch kälteres — Klima als das uns bekannte auf Natur und menschliche Aktivitäten auswirkt. Die Klimageschichte kann uns wertvolle Hinweise dafür liefern, was wir von einem wärmeren Klima zu erwarten haben. Danach können wir dann beurteilen, ob es „besser" oder „schlechter" wird.

Ergänzende und weiterführende Literatur:

Angell, J.K., 1990: Variation in Global Tropospheric Temperature after Adjustment for the El Niño Influence, 1958-1989. Geophysical Research Letters, 17, No. 8, Seite 1 093-1 096.

Charlson, R.J., J.E. Lovelock, M.O. Andreae und S.G. Warren, 1987: Oceanic Phytoplankton, Atmospheric Sulphur, Cloud Albedo and Climate. Nature, 326, Seite 655-661.

Institut für Meteorologie der Freien Universität Berlin, verschiedene Jahre: Nordhemisphärischer Klimabericht zum Jahr. Bearbeitet von M. Geb und Mitarbeitern.

Jones, P.D., S.C.B. Raper, R.S. Bradely, H.F. Diaz, P.M. Kelly und T.M.L. Wigley, 1986a: Northern Hemispheric Sulfur Air Temperature Variations: 1851-1984. Journal of Climate and Applied Metereology, 25, Seite 161-179.

Jones, P.D., S.C.B. Raper and T.M.L. Wigley, 1986b: Southern Hemispheric Sulfur Air Temperature Variations: 1851-1984. Journal of Climate Applied Metereology, 25, Seite 1 213-1 229.

Oort, A.H., Y.H. Pan, R.W. Reynolds and C.F: Ropelewski, 1987: Historical Trends in the Surface Temperature over the Oceans Based on the COADS. Climate Dynamics, 2, Seite 29-38.

Schlesinger, M.E., 1986: Equilibrium and Transient Climatic Warming induced by increased Atmospheric CO_2. Climate Dynamics, 1, Seite 35-51.

Schwartz, S.E., 1988: Are Global Cloud Albedo and Climate Controlled by Marine Phytoplankton? Nature, 336, Seite 441-445.

U.S. Department of Energy, 1985: Detecting the Climate Effects of Increasing Carbon Dioxide. Report DOE/ER-235.

Washington W.M. and G.A. Meehl, 1989: Climate Sensitivity due to increased CO_2: Experiments with a Coupled Atmosphere and Ocean General Circulation Model. Climate Dynamics, 4, Seite 1-38.

Weber, G.R., 1990: Tropospheric Temperature Anomalies in the Northern Hemisphere 1977-1986. International Journal of Climatoloy, 10, Seite 3-19.

5. KAPITEL

Der große Zeithorizont: Was beeinflußt das Klima außer den Spurengasen?

In den vorangegangenen Kapiteln haben wir Trends und Verteilungsmuster von Klimaparametern analysiert und sie mit dem möglichen Treibhauseffekt, den die vom Menschen in die Atmosphäre gebrachten Spurengase bewirken, in Verbindung zu bringen versucht. Dabei haben wir so getan, als ob die Spurengase der einzige Faktor wären, der das Klima beeinflußt haben könnte. Wir haben absichtlich andere Faktoren, die auch in Frage kommen könnten, zunächst außer acht gelassen. Wir werden nun versuchen, einige dieser Faktoren herauszustellen und ergründen, ob sie nicht wenigstens einen Teil der beobachteten Erwärmung des letzten Jahrhunderts, wenn vielleicht auch nicht den größten, erklären können.

Indirekt hatte sich uns schon der Schluß aufgedrängt, natürliche Faktoren könnten eine maßgebliche Rolle spielen. Das war, als wir erkennen mußten, daß der größte Teil der Erwärmung dieses Jahrhunderts zu einer Zeit erfolgte, als der Anstieg der Spurengase vergleichsweise harmlos und unbedeutend war, nämlich vor dem Zweiten Weltkrieg. Damals waren die Spurengasemissionen noch relativ gering, die beobachteten Temperaturanstiege jedoch viel zu groß, um durch den damaligen Spurengasanstieg erklärt werden zu können. Deswegen *müssen* es andere, natürliche Faktoren gewesen sein, die den Temperaturanstieg verursacht haben.

Die städtische Wärmeinsel

Zunächst schauen wir uns noch einmal die Daten an, die über die Entwicklung der Landtemperaturen der letzten 100 Jahre existieren, und die wir bislang fraglos übernommen haben. Wir werden also die Möglichkeit erörtern, daß ein Teil des Temperaturanstiegs im 20. Jahrhundert durch ein Phänomen verursacht worden sein könnte, das man die „städtische Wärmeinsel" nennt.

„Städtische Wärmeinsel" bedeutet, daß bebautes Gebiet, wie z.B. Städte, immer etwas wärmer sind als die sie umgebenden, ländlichen Gebiete. Denn der Beton-Asphalt-Gestein-Dschungel kann die Sonnenwärme nicht wie das die Stadt umgebende Grünland zur Verdunstung von Wasser nutzen, sondern speichert sie stattdessen viel besser. Hinzu kommt die Wärme, die Menschen durch ihre Aktivitäten erzeugen, natürlich auch die Heizung. Meteorologische Stationen, die im Jahre 1900 noch am Stadtrand im Grünen gelegen waren, befinden sich in den nachfolgenden Jahrzehnten immer tiefer im Stadtgebiet. Die Städte waren über sie hinausgewachsen, und die Wetterstationen fingen jetzt natürlich auch die Wärme des Stadtgebietes ein, das ihre unmittelbare Nachbarschaft aufheizte.

Die von diesen Stationen gemessenen steigenden Temperaturen spiegeln deswegen eher das Wachstum der Städte wider und geben kaum einen Hinweis auf allgemein steigende Temperaturen. Denn die Erwärmung der städtischen Wärmeinsel bleibt strikt auf die Städte selbst beschränkt. Man nimmt allgemein an, daß dieser Effekt in den Temperaturdaten bereinigt worden ist. Doch streiten sich die Wissenschaftler noch darüber, ob dem Effekt bei der Korrektur der Daten hinreichend Rechnung getragen worden ist. Zum Beispiel haben einige Wissenschaftler herausgefunden, daß der Wärmeinseleffekt nicht nur in den größeren Städten auftritt, sondern auch in kleineren, in die man solche Stationen gerne verlegte. Diese Tatsache haben eine Anzahl von Studien nicht bedacht.

Und dann die Vulkane!

Während die Wissenschaftler sicherlich nicht jeden Faktor kennen, der eine Auswirkung auf das Klima hat, so kennen sie doch einige. Diese wiederum haben einen recht beträchtlichen Einfluß auf Klimaschwankungen in dem uns interessierenden Zeitraum. Wir beginnen mit einem solchen Faktor, der unter den Wissenschaftlern wahrscheinlich die relativ geringste Bedeutung hat: Die Vulkanaktivität.

Größere Vulkanausbrüche schleudern nicht nur enorme Mengen an Spurengasen in die Stratosphäre, sondern ebenso Staub und Asche. Sie können dadurch in Zeiträumen von 1-10 Jahren bedeutsame Temperaturveränderungen hervorrufen. Es sind auch längere Zeiträume denkbar, über die sich eine ausgeprägte Vulkanaktivität erstrecken kann.

Der unmittelbare Einfluß eines Vulkanausbruchs auf das Klima ist sehr schwierig zu ermitteln. Es kommt dabei vor allem auf die Stärke des Ausbruchs an und darauf, wieviel vulkanisches Material bis in welche Höhe der Atmosphäre hineingeblasen wurde. Schließlich sind auch die chemischen und physikalischen Eigenschaften des ausgestoßenen Materials von Bedeutung. Im allgemeinen wird es in den ersten drei Jahren nach einem Vulkanausbruch am Erdboden und in den unteren zehn Kilometern der Atmosphäre zu einer Abkühlung kommen. Die Größenordnung der mittleren globalen Abkühlung nach einem bedeutenderen Vulkanausbruch bewegt sich meist zwischen 0,1 und 0,3° C. Eine längere Periode mit gesteigerter vulkanischer Aktivität wird deswegen allgemein kühler sein, wohingegen längere Perioden ohne nennenswerte vulkanische Aktivität im allgemeinen wärmer sind.

Beispielsweise wird die relative Kälte der 1880er Jahre teilweise auf den Ausbruch des Krakataos im Jahre 1883 zurückgeführt. Die Kälte in den 1810er Jahren, besonders des „Jahres ohne Sommer" 1816 — damals kam es noch im Juli in Neuengland zu Frösten — geht auf den Ausbruch des Tamboras im Jahre 1815 zurück. Das 20. Jahr-

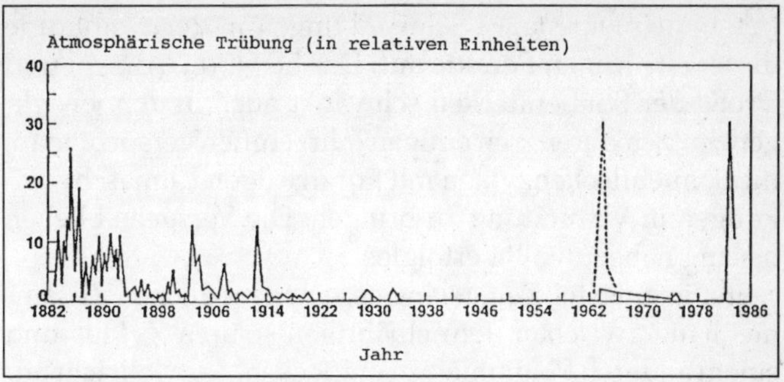

Abb. 27: Beobachtete Änderungen in der atmosphärischen Trübung seit 1882. Zwei größere Vulkanausbrüche der jüngsten Zeit — Mount Agung im Jahre 1963 und El Chichon im Jahre 1982 — sind deutlich durch Spitzen in dieser Kurve zu erkennen. Zuvor war die vulkanische Aktivität seit etwa 1920 unterdrückt.

Quelle: George C. Marshall Institute, Washington D.C., USA, 1990.

hundert erlebte andererseits in den Jahren nach dem Ersten Weltkrieg bemerkenswert wenig vulkanische Aktivität. Nennenswert waren hier nur der Ausbruch des Mt. Agung 1963 und des El Chichon 1982 (s. Abb. 27). Der Ausbruch des Mt. St. Helens 1980 hatte keine besonderen globalen Auswirkungen, da er zur Seite hin statt nach oben geborsten ist.

Ein großer Teil der Erwärmung in der ersten Hälfte des 20. Jahrhunderts könnte sich also schon durch das Fehlen der üblichen, durchschnittlichen Vulkanaktivität erklären lassen.

Wer heizt die Erde auf? Die Sonne natürlich!

Einer der wichtigsten Faktoren, die das Klima nachhaltig beeinflussen können, wird leider noch immer recht unzureichend verstanden. Es handelt sich um Änderungen in der Strahlungsintensität der Sonne. Man weiß seit geraumer Zeit, daß die Anzahl der Sonnenflecken auf der Sonnenoberfläche in regelmäßigen Zeitintervallen schwankt. Als Zeitintervall hat man eine Periode von ungefähr 11 Jahren herausgefunden. Der Zyklus der Sonnenflecken kehrt aber nicht in jeder Periode gleichförmig wieder. Es treten vielmehr starke Schwankungen in der Amplitude dieser elfjährigen Periode auf. Das heißt, die Anzahl und Größe der Sonnenflecken schwankt auch in den jeweiligen Spitzenjahren. Seit einigen Jahrzehnten versucht man, die Sonnenfleckenzyklen mit kurzfristigen Klimaschwankungen in Verbindung zu bringen. Die Versuche blieben bislang nahezu völlig erfolglos.

Erst in jüngster Zeit gelang es, einen möglichen Zusammenhang zwischen dem elfjährigen solaren Zyklus und einem anderen Phänomen zu entdecken, das vielleicht auf das Klima zurückwirken könnte. Die Sonnenzyklen scheinen die Zirkulation der Stratosphäre *zusammen* mit der sog. quasi-zweijährigen Schwingung zu beeinflussen. An dieser Schwingung und den solaren Zyklen gibt es eine Reihe sehr interessanter Aspekte, die in der Tat mit einigen der beobachteten kurzfristigen Klimaschwankungen in Zusammenhang gebracht werden könnten. Trotzdem wollen wir sie hier nur erwähnen, aber nicht weiter verfolgen.

Wir wenden unsere Aufmerksamkeit dafür den längerfristigen Schwankungen im Energieausstoß der Sonne zu. Es gibt solche im Vergleich zum Alter der Sonne zwar kurze, aber für unsere Klimaperioden interessante Veränderungen: Schwankungen also von wenigen Jahrzehnten bis zu ein paar hundert Jahren. Diese Schwankungen betreffen die Unterschiede in den Spitzenamplituden der jeweiligen Maxima des elfjährigen solaren Zyklus.

Forscher haben herausgefunden, daß ein sehr ausgeprägtes Minimum in diesen Spitzenamplituden — das sogenannte „Maunder-Minimum"— mit den kältesten, in den vorangegangenen Jahrhunderten beobachteten Temperaturen, denen der sogenannten kleinen Eiszeit in der zweiten Hälfte des 17. Jahrhunderts zusammenfällt. Darüber hinaus gab es ein weiteres Minimum zu Anfang des 19. Jahrhunderts, das sogenannte „Spörer-Minimum". Es zeichnete sich ebenfalls durch deutlich niedrigere Temperaturen als in den vorangegangenen Jahrzehnten aus (vergleiche den Temperaturverlauf mit dem Sonnenfleckenverlauf in Abb. 28). Andere Forscher, die verschiedene

Arten indirekter Temperaturdaten untersucht haben, fanden heraus, daß sowohl im Temperaturverlauf als auch in der solaren Aktivität so etwas wie ein 200jähriger Zyklus sich zu wiederholen scheint.

Dieser 200-Jahres-Rhythmus wurde von einer Anzahl anderer Quellen bestätigt. Einige Wissenschaftler bringen ihn mit Schwankungen im Schwerefeld zwischen der Sonne und den größeren Planeten des Sonnensystems, Jupiter und Saturn, in Verbindung. Was immer die Gründe auch sein mögen, wenn man den langfristigen Temperaturtrend der Erde in den letzten 100 Jahren mit dem langfristigen Mittel der Sonnenflecken vergleicht, trifft man auf einige sehr auffällige Ähnlichkeiten (s. Abb. 29). Noch verblüffendere Übereinstimmungen findet man, wenn man die Veränderungen der Temperatur an der Meeresoberfläche mit der Zahl der sich jeweils bildenden Sonnenflecken vergleicht.

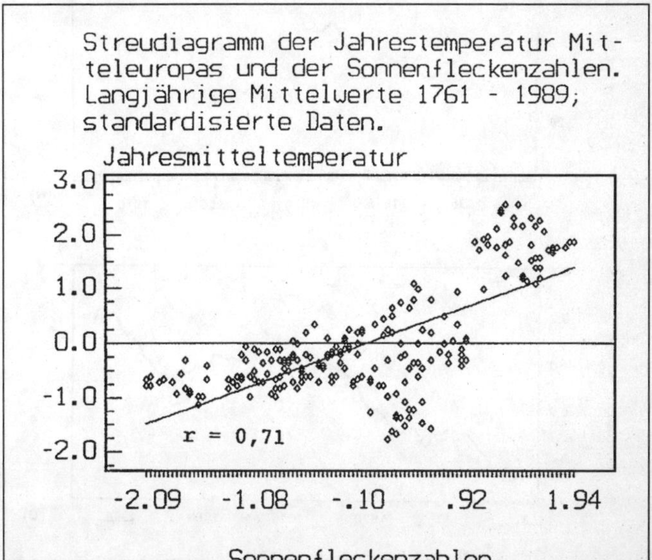

Abb. 28: Langjährige Mittelwerte der Temperatur in Mitteleuropa und der Sonnenfleckenrelativzahlen seit 1761.

Quelle: Nach Daten aus Linke und Baur, 1962 (und Nachträge).

Auch die langfristigen Temperaturdaten von Mitteleuropa, die man bis in das 18. Jahrhundert zurückverfolgen kann, zeigen statistisch gesehen ähnliche Auf- und Abbewegungen wie die Zahl der Sonnenflecken. Wir kennen die physikalischen Mechanismen, durch die Schwankungen in der Sonne unser Klima beeinflussen können, noch nicht. Die Meßwerte der Schwankungen im solaren Energieausstoß sind extrem gering. Daher betrachten viele Wissenschaftler Zusammenhänge zwischen solaren Schwankungen und dem Klima mit viel Skepsis. Trotzdem überrascht es nicht mehr zu hören, daß einige Wissenschaftler den Schluß ziehen, die Zunahme der Durch-

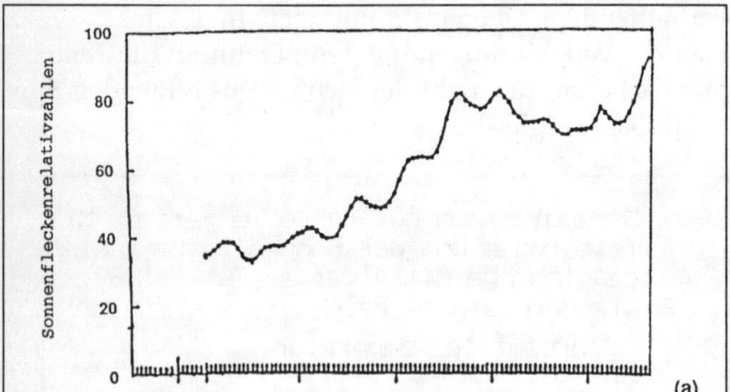

Abb. 29: Vergleich zwischen dem langjährigen Mittel der Sonnenfleckenrelativzahl und der globalen Mitteltemperatur zwischen 1885 und 1985.

Quelle: George C. Marshall Institute, Washington D.C., USA, 1990.

schnittstemperatur, die wir in diesem Jahrhundert gesehen haben, sei größtenteils durch solare Schwankungen hervorgerufen worden. Für sie spielt der Treibhauseffekt nur noch eine kleine oder zumindest nicht mehr die ausschlaggebende Rolle. Diese suchen sie nun bei den solaren Schwankungen.

Diese Überlegung kommt zu der früheren Erkenntnis hinzu, wonach der Temperaturanstieg dieses Jahrhunderts auch durch eine Abschwächung der vulkanischen Aktivität mitbedingt sein könnte. Nun vermindert sich die mögliche Rolle des Treibhauseffektes als Verursacher des Temperaturanstieges noch einmal.

Es ist also nicht mehr recht überzeugend, wenn behauptet oder sogar geglaubt wird, die Erwärmung der letzten 100 Jahre werde zum größten Teil oder sogar gänzlich durch den Treibhauseffekt verursacht. Die Treibhausaktivisten mögen sich vielleicht zusätzlich daran erinnern, daß in den Jahren 1989 und 1990 mit die bisher größte Zahl an Sonnenflecken beobachtet worden ist. Der Zeitraum von 1950-1989 war zudem die 40-Jahres-Periode, in der — seitdem Beobachtungen vorliegen — die größte Anzahl von Sonnenflecken überhaupt gezählt werden konnte. Die Behauptung, die 80er Jahre seien diejenige Dekade, in der man sich von den Auswirkungen des Treibhauseffektes überzeugen könne, bekommt damit einen weiteren Dämpfer aufgesetzt.

Gab es auch vor 1850 schon Klima?

Als nächstes werden wir die klimatischen Ereignisse des abgelaufenen Jahrhunderts in einen etwas größeren Rahmen setzen. Denn schließlich beginnt die Klimageschichte nicht erst im Jahre 1880 oder 1850, auch wenn das die öffentliche Diskussion über den Treibhauseffekt zu unterstellen scheint. Klima hat es natürlich schon vorher gegeben. Es wäre unter Umständen interessant und möglicherweise recht lehrreich herauszufinden, wie sich das Klima in früheren Jahrhunderten verhalten hat. Das versetzte uns möglicherweise in die Lage, nicht nur Schlußfolgerungen über die Klimaschwankungen im gegenwärtigen Jahrhundert, sondern auch über das Klima zu ziehen, welches uns den Modellvorhersagen zufolge im kommenden Jahrhundert bevorsteht.

Werfen wir nun also einen Blick auf historische Temperaturreihen, die in die Tage vor 1850 zurückreichen, also vor die Zeit, für die uns relativ verläßliche — globale zumindest, aber landgestützte — Temperaturdaten zur Verfügung standen.

Das schwierigste Problem dabei ist, daß Temperaturdaten aus den frühen Tagen relativ dünn gesät sind. Aber es gibt einige recht zuverlässige Thermometermessungen, die bis in die Mitte des 18. Jahrhunderts und in einigen wenigen Fällen sogar bis etwa zum Jahre 1700 und etwas davor zurückreichen. Diese Daten stammen meist aus verschiedenen Teilen Europas und dem Ostteil der Vereinigten Staaten. Unglücklicherweise ist es jedoch kaum möglich, ihnen mit der erforderlichen Sicherheit eine globale Gültigkeit zuzuschreiben. Denn ein tropischer oder sogar ein globaler Trend kann, wie wir im letzten Kapitel gesehen haben, einem Trend in den mittleren Breiten oder irgendeinem anderen regionalen Trend völlig zuwiderlaufen.

Die älteste aufgrund von Thermometerbeobachtungen aufgestellte Temperaturreihe ist die sogenannte mittelenglische Reihe. Sie beginnt im Jahre 1659. Abb. 30 (S. 169) stellt ihre Meßergebnisse dar. Einer der interessanteren Aspekte der mittelenglischen Reihe ist die Tatsache, daß sie zwischen 1880 und 1970 recht gut mit dem globalen Trend übereinstimmte. Daher ist die Versuchung groß, sie als Indikator für den globalen Trend vor 1850 zu verwenden. Das werden wir jedoch wegen der schon erwähnten geringen Aussagefähigkeit regionaler Trends nicht tun.

Trotzdem ist es interessant und überraschend zu erkennen, welch ausgeprägte Schwankungen diese Temperaturreihe für die Zeit vor 1850 angibt. Sie zeigt sogar Zeiträume, in denen es wärmer war als selbst heute, im Zeitalter des Treibhauseffekts. Solche wärmeren

Zeiträume belegen auch Temperaturreihen aus anderen Teilen der Welt.

Offensichtlich kann es auch ohne den von Menschen hervorgerufenen, zusätzlichen Treibhauseffekt auf der Erde warm werden. Das unterstreicht wieder einmal unsere Annahme, daß auch andere Faktoren einen Anstieg der Durchschnittstemperatur bewirken und sogar zur Klimaerwärmung beitragen können. Sie sind allerdings bisher noch nicht in Klimamodellvorhersagen berücksichtigt worden.

Die Temperaturreihe hilft zu verdeutlichen, wovor wir hier schon öfters gewarnt haben, nämlich wie unsinnig es sein kann, aus kurzfristigen Trends Schlüsse auf langfristige Klimaentwicklungen zu ziehen. Man kann beispielsweise in der mittelenglischen Temperaturreihe mehrere Zeitabschnitte bemerken, in denen die Temperatur über Jahrzehnte hinweg anstieg. Jeder Beobachter, der damals einen solchen Trend einfach in die Zukunft extrapoliert hätte, hätte eines Tages unweigerlich seine böse Überraschung erlebt. Die Durchschnittstemperatur stieg eben nicht mehr weiter an, sondern der Trend kehrte sich um, und es wurde wieder kälter. Daraus lernen wir: Im Laufe der Jahrhunderte ist das Klima in einem kontinuierlichen Wandel begriffen. Es können Jahrzehnte auftreten, die überwiegend warm sind, während andere wiederum überwiegend kühl sind. Langfristig aber — und hier sprechen wir über Hunderte von Jahren — scheint sich das Klima um ein Schwerezentrum herum zu bewegen, welches man als den sehr langfristigen, mittleren Klimazustand bezeichnen könnte. Die beobachteten Klimaschwankungen sind auf die vereinten Wechselwirkungen verschiedener natürlicher Wirkfaktoren zurückzuführen.

Wir gewinnen jetzt vielleicht ein Gefühl dafür, daß es nicht ganz so einfach ist, natürliche Klimaschwankungen von denen zu trennen, die der Mensch durch seine Aktivitäten mitverursacht. Das wird um so schwieriger, als wir gar nicht alle, vielleicht nicht einmal die meisten der natürlichen Faktoren kennen, geschweige denn ihre Auswirkung auf das Klima bemessen können. Um unser Verständnis der natürlichen Klimaschwankungen weiter zu vertiefen, werden wir nun noch weiter in die Vergangenheit zurückblicken, nämlich auch in jene Tage, für die direkte Thermometermessungen noch nicht zur Verfügung stehen.

Sie werden sich fragen, wie es möglich sein soll, Temperaturen und Klimaschwankungen ohne direkte Messungen zu bestimmen. Nun, es ist schwierig und wird in zunehmendem Maße unsicherer, je weiter man in die Vergangenheit zurückgeht. Es gibt aber eine Anzahl von Quellen, aus denen man indirekte Schlußfolgerungen über das Klima ziehen kann. Eine solche Quelle sind historische Aufzeichnungen einer Vielzahl von Parametern, wie z.B. extreme Klimaereignisse, Wasserstände der Flüsse, Ernteergebnisse usw., die in Teilen Europas bis ins Mittelalter zurückreichen. So bizarre Daten wie der Weinqualitätsindex aus den Weinanbaugebieten Südwestdeutschlands geben mit recht gutem Erfolg Hinweise auf die mittlere Sommertemperatur und den allgemeinen Charakter der Sommerwitterung. Aus diesen und ähnlichen Daten haben Wissenschaftler die klimatischen Verhältnisse bis weit ins Mittelalter nachgezeichnet.

Aufzeichnungen aus dem alten Ägypten lassen Rückschlüsse auf den Wasserstand des Nils bis zum Jahre 2000 v. Chr. zu. Die Priester haben die Wasserstände sehr sorgsam verfolgt, weil der Fluß für sie von größter wirtschaftlicher Bedeutung war. Einige sehr interessante Aspekte der Klimatologie ranken sich um diese indirekten Methoden zur Erforschung des Klimas in der Vergangenheit. Sogar direkte geschichtliche Aufzeichnungen, die für das mittelalterliche Europa recht zahlreich sind, erlauben Schlußfolgerungen über das damalige Klima. Auf der Grundlage derartiger Aufzeichnungen war es z.B. möglich, die Klimageschichte der Schweiz bis in das frühe Mittelalter zurückzuverfolgen. Es ist fast schon überflüssig zu erwähnen, daß beträchtliche Zeiträume auftraten, in denen es bedeutend wärmer als heute war. Einige der drastischsten Beispiele lieferte das Jahr 1540. Es wird berichtet, daß man damals selbst zu Weihnachten im Rhein baden konnte. In einem weiteren Jahr begann die Weintraubenernte statt im September bereits im Juli.

All das und vieles mehr würde man heute ganz sicher als eindeutige Indizien für die Klimakatastrophe werten, und als Grund, den Menschen drastische Opfer abzuverlangen, um diese zu vermeiden.

Für die Klimawissenschaft sind von noch größerer Bedeutung die sogenannten Proxydaten. Es handelt sich dabei um Daten über Vorgänge, in denen Klimaschwankungen ihren Niederschlag finden und die deswegen stellvertretend für Klimavariationen behandelt werden können. Am meisten verwendet man in diesem Zusammenhang die Analyse von Baumringen oder von Blütenstaubablagerungen in bestimmten Sedimenten und Schichten des Erdreichs. Auch die tiefen Eisschichten in Grönland oder aus der Antarktis, die zum Teil Jahrtausende alt sein können, liefern solche Proxydaten.

Große Datenmengen wurden überall auf der Welt gesammelt und ausgewertet. Sicherlich liefern sie nur Näherungswerte, weil die Fehlerbreite recht beachtlich ist, wenn man sie zu einem globalen Temperaturtrend zusammensetzen will. Aber es lassen sich doch mit einiger Sicherheit folgende Annahmen über das Klima der Zeit vor der Verwendung des Thermometers aufstellen:

1. Zwischen dem späten Mittelalter, etwa um 1600, und der Mitte des letzten Jahrhunderts gab es eine Periode, in der das Klima der mittleren und hohen Breiten der Nordhemisphäre ungefähr 0,5 bis zu 1° C kälter als heute war. Diese Periode wird oftmals als die „kleine Eiszeit" bezeichnet.
2. Zwischen etwa 1000 und 1200 nach Christi Geburt gab es einen Zeitabschnitt, in dem das Klima bis zu 1° C wärmer war als heute. Man bezeichnet diesen Abschnitt das „mittelalterliche Klimaoptimum".
3. Um das Jahr 4000 v. Chr. gab es einen Zeitraum, in dem das Klima 1-2° C wärmer war als heute. Auch dieser Zeitraum wird häufig „Klimaoptimum" genannt.

Das Klima dieser Zeitabschnitte war grundlegend anders als das heutige. Es war selbst auch keineswegs in sich einheitlich. So ist bekannt, daß die sogenannte kleine Eiszeit keineswegs durchweg kalt war. Sie wurde gelegentlich von recht warmen Jahrzehnten unterbrochen, so zum Beispiel in der zweiten Hälfte des 18. Jahrhunderts. Wir wissen aus den Quellen auch, daß die kalten Abschnitte der kleinen Eiszeit für die Menschheit erhebliche Probleme mit sich gebracht haben. Vor allem die Landwirtschaft, von der das Wohlergehen der Mehrzahl der Völker abhing, wurde schwer beeinträchtigt. In jenen Tagen gab es kaum einen Lebensmittelnachschub aus ferneren Ländern, wenn es in einer bestimmten Region aufgrund kalter und rauher klimatischer Bedingungen zu einem Ernteausfall kam. Kriege wurden um die Getreideversorgung geführt.

Hierzu ein Beispiel. 1771 besetzte Friedrich der Große kurzerhand Gebiete im angrenzenden Polen und konfiszierte die polnische Getreideernte, um die Getreideversorgung Preußens sicherzustellen. Alle friedlichen Möglichkeiten, den preußischen Ernteausfall auszugleichen, waren ohne Erfolg geblieben.

Während des mittelalterlichen Klimaoptimums begaben sich die Wikinger auf Wanderschaft, entdeckten und besiedelten Grönland, das zu der damaligen Zeit, wie der Name nahelegt, zumindest in den küstennahen Regionen „grün" und wahrscheinlich auch angenehm war. Der Großteil der Siedlungen mußte jedoch ein bis zwei Jahrhunderte später wieder aufgegeben werden, als die sich verschlechternden klimatischen Bedingungen den Beginn der kleinen Eiszeit ankündigten.

Die Klimageschichte kann recht gut belegen, daß die europäischen Sommertemperaturen zur Zeit des Klimaoptimums um 4000 v. Chr. um ungefähr 2-4° C höher lagen als heute. Zur gleichen Zeit waren aber die heutigen extremen Wüstengebiete des nahen Ostens und Nordafrikas erheblich feuchter als heute. Es gab dort Pflanzenwuchs und zum Teil Wälder. Dieser Zustand hielt jedenfalls solange vor, um die Cyrenaika zum Brotkorb des Römischen Reiches werden zu lassen. Um die Zeitenwende war das wärmere Mittelmeerklima jedenfalls noch so feucht, daß Palästina von großen Wäldern bedeckt war, die erst die Römer zum Bau ihrer Flotte abholzten. Das gleiche geschah im gesamten Mittelmeerraum bis nach Spanien, nur dort eben eineinhalb Jahrtausende später. Die Schäden, die aus dieser Abholzung rührten, sind bis auf den heutigen Tag nicht bereinigt worden. Sie sind in der Tat anschauliche Beispiele dafür, wie der Mensch seine natürliche Umgebung und das Klima zerstören kann — und es auf regionaler Ebene auch häufig getan hat.

Offenkundig gibt es natürliche Faktoren, die eine langanhaltende Auswirkung auf das Klima haben und zu Veränderungen in den Klimabedingungen führen können. Sie sind wirksamer als das, was wir in den letzten einhundert Jahren beobachtet haben. Hierzu brauchen wir nicht einmal diejenigen Faktoren zu betrachten, die die Eiszeiten verursacht haben. Damals lag die Temperatur der Erde um 4-5° C niedriger als heute. Sie wurden sehr wahrscheinlich durch Veränderungen in der Umlaufbahn der Erde um die Sonne verursacht. Diese Veränderungen erstreckten sich über Zeiträume, die von mehreren tausend bis zu mehreren hunderttausend Jahren dauerten. Aber noch weiter in die Vergangenheit zurück wollen wir nicht gehen. Die Ursachen dieser sehr langanhaltenden Klimaveränderungen haben nämlich keine Bedeutung für die gegenwärtige Diskussion. Wir betrachten ja nur Klimaschwankungen in Zeiträumen von einigen Jahrzehnten bis zu einigen hundert Jahren. Das sind die Zeiträume, in denen die Treibhausgase angeblich wirken.

Zusammenfassend ergibt sich aus unserem Blick in die Klimageschichte, daß kalte Klimaperioden den Menschen erheblich zu schaffen machten. Das gilt für Kulturen, die in den mittleren Breiten der Nordhemisphäre angesiedelt waren. Dagegen wurden warme Perioden meistens als harmlos, angenehm und nützlich angesehen. Das gilt sowohl für die Natur als auch für nahezu alle menschlichen Aktivitäten. Aus diesem Grund hat man solche warmen Perioden bedenkenlos und offensichtlich ohne Rücksicht auf die Einwände von seiten heutiger Katastrophentheoretiker allgemein als „klimatische Optima" bezeichnet.

Die Klimageschichte zeigt aber noch etwas Wichtiges. Aufgrund der von ihr gesammelten Erfahrungen wird es schwierig, Behauptungen Glauben zu schenken, die uns einreden wollen, ein wärmeres Klima hätte katastrophale Auswirkungen für die Erde. Nach allem, was wir aus der Klimageschichte wissen, können wir nur sagen, daß ein um etwa 1-2° C wärmeres Klima sich stets auf Natur und Menschen nützlich ausgewirkt hat. Das läßt die von den Treibhaustheoretikern angedrohte klimatische Zukunft in einem völlig anderen Licht erscheinen. Es mag vielleicht gar nicht so unerträglich sein, wenn die von den Modellen vorhergesagte starke Erwärmung eintritt. Aber wird sie das?

Noch eine Minute Bedenkzeit...

Wir erinnern noch einmal an unsere früheren Ergebnisse. Danach hat die klimatisch relevante Erwärmung der letzten 100 Jahre nur ungefähr 0,3° C betragen. Das ist wohlgemerkt der Durchschnittswert für die Erwärmung über Kontinenten und Ozeanen. Hinzu kommt noch, daß die Rolle, die der Treibhauseffekt bei dieser Erwärmung gespielt haben kann, auf einen Bruchteil dieses Betrages schrumpft. Damit scheint die Wirkung des von Menschen verursachten Treibhauseffekts nur ein kleiner Bruchteil dessen zu sein, was sie nach den von den Klimamodellen gewählten Grundannahmen und Rechenmethoden sein sollte.

Wenden wir die Ergebnisse unserer Untersuchungen und Überlegungen auf die Klimamodelle an, dann läßt sich mit einiger Wahrscheinlichkeit sagen, daß wir nicht mit der von den Modellen in den nächsten Jahrzehnten angekündigten Erwärmung von 3-4° C zu rechnen haben. Der Temperaturanstieg bei einer Verdoppelung des CO_2-Gehaltes der Atmosphäre würde uns nur einen Bruchteil des vorhergesagten Temperaturanstiegs bescheren. Vielleicht pendelt er sich bei 1° C ein. Damit aber verlieren die Weltuntergangsszenarien der Klimakatastrophenpropheten ihre Grundlage. Auf das größte Problem für die Katastrophenwarner wollen wir aber erst jetzt zu sprechen kommen. Einige Wissenschaftler haben nämlich herausgefunden, daß im Laufe des nächsten Jahrhunderts ein Minimum des etwa 200jährigen solaren Zyklus auftreten könnte. Das würde, wenn man den noch recht unsicheren Hypothesen über diese Zyklen trauen will, zu einer globalen Abkühlung führen. Man rechnet mit einer Abkühlung von vielleicht 0,5° C. Diese „drohende" Abkühlung könnte eine Erwärmung durch den Treibhauseffekt zusätzlicher Spurengase wettmachen. Die Wissenschaftler kommen zu dem Schluß, daß die Temperatur der Erde im Verlauf des nächsten Jahrhunderts etwa so hoch sein sollte, wie sie jetzt ohne die Wirkung des Treibhauseffekts wäre. Das heißt aber, es würde etwas kühler, falls die natürliche, sonnenbedingte Abkühlung unsere gegenwärtige klimatische Wärme stärker bestimmte, oder etwas wärmer, wenn der anthropogene Treibhauseffekt die größere

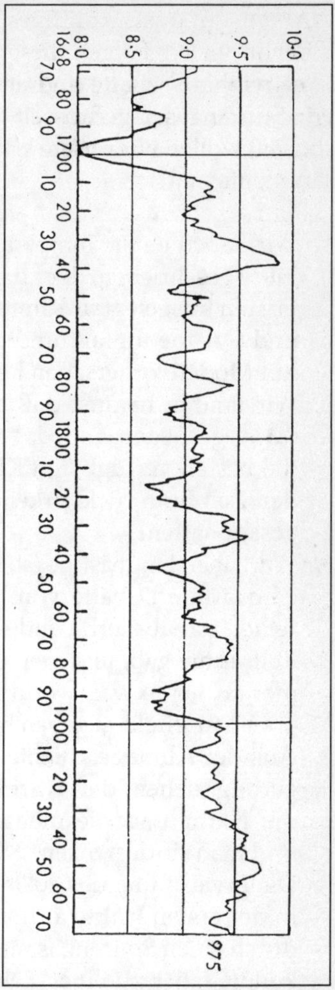

Abb. 30: Temperaturverlauf in Mittelengland seit 1659, 10jährig gemittelt, bis 1975 ergänzt.

Quelle: Nach Manley, Quart. Journ. Roy. Met. Soc., 1974.

Wirkung auf unser künftiges Temperaturniveau ausübte.

Bevor wir die Folgen dieser Überlegungen für die weitere Treibhausdebatte und den Streit, wie die Emissionen von Spurengasen gedrosselt werden sollen, weiter untersuchen, wollen wir unsere bisherigen Ergebnisse kurz zusammenfassen.

1. Wir haben einen Temperaturtrend für die letzten 140 Jahre beschrieben, der zu einer sinnvollen, auf längere Fristen ausgelegten Klimadefinition paßt, Kontinente und Ozeane umfaßt und deswegen für den Vergleich mit Modellvorhersagen herangezogen werden kann.
2. Wir fanden heraus, daß die Temperaturen etwa um 0,3° C gestiegen sind, das ist ca. ein Drittel dessen, was die besten verfügbaren Klimamodelle, wenn man sie den Zeitraum rückwirkend nachrechnen läßt, vorhergesagt hätten.
3. Wir haben langfristige (so langfristig, wie es für die gegenwärtige Debatte von Bedeutung ist) Temperaturreihen analysiert und herausgefunden, daß es Zeiträume gab, in denen es so warm oder sogar wärmer als heute war, wofür es andere Ursachen als den Treibhauseffekt gegeben haben muß.
4. Aus der Klimageschichte konnten wir die Schlußfolgerung ziehen, daß wärmere Abschnitte harmlos für die Natur und die menschlichen Aktivitäten waren und man sie deswegen „Klimaoptima" bezeichnet hat.
5. Die Erwärmung des 20. Jahrhunderts trat größtenteils in der ersten Hälfte auf, zu einer Zeit, in der sie nicht durch einen Spurengasanstieg verursacht worden sein konnte, aber zu einer Zeit zunehmender solarer und abnehmender vulkanischer Aktivität. Beide Faktoren könnten eine Erwärmung des Klimas teilweise erklären.
6. Der Gesamtbeitrag des postulierten Treibhauseffektes zu der beobachteten Erwärmung, die ohnehin nur zu einem Drittel der von den Modellen vorhergesagten Erwärmung geführt hat, müßte dann aller Wahrscheinlichkeit nach sogar noch geringer als dieses Drit-

tel angesetzt werden, da die natürlichen Faktoren ebenfalls zur Erwärmung beitrugen.

7. Der für die Zukunft erwartete Temperaturanstieg als Folge steigender Spurengaskonzentrationen sollte demnach entsprechend geringer ausfallen als erwartet.
8. Wenn wir 100 Jahre in die Zukunft blicken, könnte eine leichte Erwärmung durch den Treibhauseffekt zumindest teilweise durch eine Abkühlung ausgeglichen werden, die im Zusammenhang mit der heraufziehenden Phase des solaren 200-Jahr-Zyklus erwartet werden kann.

Bessere Modelle

Wir können uns jetzt wohl kaum noch der Erkenntnis verschließen, daß die tatsächliche Erwärmung des Klimas erheblich geringer ausgefallen ist, als es die Klimamodelle vorhergesagt haben. Es gibt keine irgendwie glaubhaften Anzeichen dafür, daß die errechnete treibhausbedingte Erwärmung in diesem Jahrhundert durch eine ganz anders geartete natürliche Abkühlung ausgeglichen worden ist. Jedenfalls konnten wir bisher keinen überzeugenden Hinweis dafür finden.

Man könnte den Widerspruch zwischen Klimamodellvorhersagen und Klimabeobachtungen dadurch überbrücken, daß man sagt, die Modelle seien „richtig", aber die Beobachtungen „falsch". Weniger provokativ ließe sich argumentieren, die Modellvorhersagen lägen aufgrund der einen oder anderen fehlerhaften Modellannahme zu hoch. Daß es einen Treibhauseffekt der Spurengase gibt, ist ja unbestritten, das lehren die einfachen Gesetze der Physik. Das Problem liegt in seiner *Größenordnung*. Eigenartigerweise wollen die meisten Befürworter der Treibhaustheorie an den Klimamodellen aber überhaupt nicht rütteln lassen. Jede Kritik an ihnen weisen sie mit viel Emotion zurück. Schon die Möglichkeit anzunehmen, die Modelle könnten falsch rechnen, wird wie ein Sakrileg geahndet. Dann weichen sie schon lieber aus und argumentieren, daß die Diskrepanzen zwischen den Ergebnissen der Klimabeobachtung und Klimasimulation im Grunde gar nicht so wichtig seien. In bezug auf die Maßnahmen, die zur Abwehr der globalen Erwärmung ergriffen werden müssen, seien das nur unbedeutende Spitzfindigkeiten, heißt es dann rasch.

Doch halt! Maßnahmen zur Abwehr einer Erwärmung von 1° C bis zum Jahre 2100 sehen ganz anders aus als solche, die erforderlich werden, um eine Erwärmung von 3° C bis zum Jahre 2020 zu verhindern.

Man wird den Eindruck nicht los, daß es für die Vertreter der Klimakatastrophe eigentlich gleichgültig ist zu wissen, ob eine treibhausbedingte Erwärmung schon eingetreten ist, wie groß sie tatsächlich war oder wie groß die künftige treibhausbedingte Erwärmung sein wird. Sollten sie vielleicht ganz andere Motive für die so vehement eingeforderten Maßnahmen haben? Auch die vorgeschlagenen Maßnahmen selbst haben oft wenig mit dem Treibhauseffekt zu tun. Wir werden diesen Gedanken hier nicht weiter verfolgen und erst später ausführlich darauf zurückkommen.

An dieser Stelle wollen wir uns die Modelle etwas anschauen, um herauszufinden, warum die von ihnen vorhergesagte Erwärmung so viel größer ist als die beobachtete. Letzten Endes sind diese Modelle ja von den auf ihrem Gebiet führenden Wissenschaftlern der Welt entwickelt worden. Sie bedienen sich der ausgefeiltesten mathematischen Methoden und der teuersten und schnellsten Computer der Welt. Warum sollten sie eigentlich nicht recht haben?

Vielleicht könnten sie unter Umständen sogar recht bekommen, wenn sie sämtliche Prozesse, die für das Klima von Bedeutung sind, in ihren Modellen auch berücksichtigen könnten und würden.

Erinnern wir uns an das, was wir eingangs gesagt hatten: Ein Modell ist nur eine Annäherung an eine Realität, die wesentlich komplexer ist. Wenn es im wirklichen Klima wichtige Prozesse gibt, die in den Klimamodellen nicht oder nur unkorrekt enthalten sind, dann können auch die Modellergebnisse nicht richtig sein. Die meisten Wissenschaftler stimmen zu, daß es zwei größere Wirkungsbereiche auf das Klima gibt, die den Klimamodellen Schwierigkeiten machen und ihre Vorhersagen beeinträchtigen könnten. Wir wollen uns ihnen etwas ausführlicher zuwenden.

1. Die Ozeane
2. Die Wolken

1. Die Ozeane

Die Ozeane spielen sowohl im Kohlenstoffkreislauf als auch im Wärmehaushalt der Erde eine maßgebliche Rolle. Sie sind — wie wir gezeigt haben — eine Senke und ein Transportmedium für Kohlendioxid und für Wärme. Sie besorgen einen beträchtlichen Teil des Wärmetransportes vom Äquator zum Pol. Auf der Nordhalbkugel transportieren Strömungen wie der Golfstrom bis zu 40% der am Äquator angestauten Wärme nach Norden. Diese Transportvorgänge und Leistungen etwa fehlerhaft zu behandeln, muß sich in den Modellvoraussagen dramatisch auswirken. Das Schlimme dabei ist, daß diese Vorgänge eine sehr komplexe, dreidimensionale Struktur aufweisen, die sich nur schwer modellieren läßt. Bis in die späten 80er Jahre verwendete man nur stark vereinfachte Ozeanmodelle. Sie konnten nur die oberste Deckschicht berücksichtigten. Man schloß auf diese Weise die große Tiefe und Masse des Ozeans aus den Berechnungen aus.

In den letzten Jahren häufen sich die Anzeichen dafür, daß die Modelle wenigstens den vertikalen Wärmetransport in den Ozeanen beherrschen können. In der Tat berücksichtigte eine unserer früheren Schlußfolgerungen die Fähigkeit der Ozeane, ein bestimmtes Maß an Wärme aufnehmen zu können. Wir griffen auf diese Annahme zurück, als wir zu bestimmen versuchten, daß die Temperaturen durch den Treibhauseffekt bislang ungefähr um 1° C hätten ansteigen sollen. Aber war das genug?

Eine ganze Reihe von Fragen, die den vertikalen Wärmetransport der Ozeane betreffen, bleiben noch unbeantwortet. Es ist doch offensichtlich wichtig zu wissen, wie tief die Wärme in den Ozean hinuntergedrückt wird und wie schnell das vor sich geht. Hier findet man schon den ersten Hinweis dafür, weshalb die Klimamodellvorhersagen bislang zu hoch gelegen haben. Wissenschaftler, die physikalisch realistischere Wärmetransportmodelle für den Ozean entwickelt haben, fanden heraus, daß die Erwärmung des Ozeans zwischen 1880 und 1980 nur ungefähr ein Drittel dessen betragen sollte, was im allgemeinen von den Klimamodellen vorhergesagt wird. Sie liegen damit erheblich dichter an der tatsächlich beobachteten Erwärmung seit 1850.

Trotzdem bleibt die Einbeziehung wirklichkeitsgerechter Ozeanmodelle in die Klimamodelle wegen einer Reihe physikalischer, mathematischer und rechentechnischer Gründe ein erhebliches Problem. Man gibt zu, daß dafür die Rechenkapazität der Supercomputer erheblich erweitert werden müßte, um die Rolle der Ozeane für das Klima und die Klimaänderungen angemessener berücksichtigen zu können.

In jüngster Zeit gab es einige Anzeichen dafür, daß man mit Hilfe sogenannter gekoppelter Modelle die komplexe Funktionsweise der Ozeane erfolgreicher zu handhaben lernt. Einige auf diese Weise durchgeführte Rechnungen zeigen in der Tat eine erheblich geringere Temperaturerhöhung an. Einige Modelle, die die sogenannte „transient response" des Klimas simulieren — sie fragen, wie sich die Durchschnittstemperaturen entwickeln, wenn Spurengaskonzentrationen langsam und in realistischer Weise in der Atmosphäre anwachsen —, nähern sich, wenn sie vergangene Entwicklungen nachrechnen, in ihrem Ergebnis dem in den letzten Jahrzehnten beobachteten Erwärmungsmuster an.

Ein solches Ergebnis zeigt Abb. 31. Ihm kann man auch entnehmen, daß der erwartete Temperaturanstieg in den kommenden Jahrzehnten erheblich unter den bisher in der Öffentlichkeit diskutierten, katastrophalen Werten liegt, mit denen wir uns weiter oben auseinandergesetzt haben. Das Interessante an dem Ergebnis ist, daß es na-

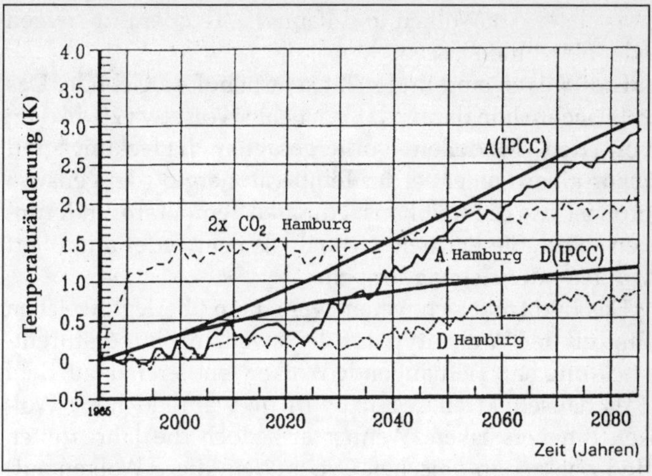

Abb. 31: Szenarienrechnungen am Deutschen Klimarechenzentrum in Hamburg mit einem gekoppelten Ozean-Atmosphären-Klimamodell. Grundlage sind die IPCC-Szenarien A und D sowie eine sofortige CO-Verdoppelung. Nach diesem Modell steigen die Temperaturen in den kommenden Jahrzehnten erheblich geringer, als es die IPCC-Rechnungen erwarten lassen.

K = Grad Celsius

Quelle: Bundesministerium für Forschung und Technologie, 1991.

hezu unabhängig davon bestehen bleibt, welchen Kurs die Emissionen der Spurengase in den nächsten drei Jahrzehnten nehmen. Das ist aber nur ein Modell, andere Modelle der gleichen Kategorie kommen wiederum zu ganz anderen Zahlen. Auf jeden Fall ist es allen Modellierern klar, daß noch eine Menge Arbeit zu tun bleibt.

2. Die Wolken

Die gleichen Probleme tauchen auf, wenn man die Wolkenbildung und ihre Wirkungen auf die Temperaturentwicklung in den Modellen mit berücksichtigen will. Es gilt hierbei eine große Zahl von Faktoren zu beachten, die die Wolkenbildung fördern oder unterdrücken können. Sie wirken auch darauf ein, welche Art von Wolken sich bilden können. Das aber ändert wieder die physikalischen

Parameter der Wolken und kann die Temperatur steigen oder abnehmen lassen.

Die Wolken sind in der Tat sehr nebulöse Gebilde. Das zeigt sich schon daran, daß ein Fehler von etwa 2% in dem von den Modellen vorhergesagten Bedeckungsgrad schon einen Fehler bei der Temperatur ergibt, der genauso groß ist wie die treibhausbedingten Temperaturänderungen selbst. Sie würden dadurch also entweder annulliert werden oder sich verdoppeln.

Das Bild trübt sich weiter, wenn man überlegt, welchen Einfluß der Wolkentyp auf die jeweilige Temperaturentwicklung hat. Tiefhängende Wolken tendieren dazu, dem Treibhauseffekt entgegenzuwirken, während hohe Wolken ihn verstärken. Wenn man jedoch die Jahreszeiten und den geographischen Ort, an dem diese Wolken auftreten, mit berücksichtigt, dann kann sich die Wirkung des gleichen Wolkentyps umkehren. Das einfachste Beispiel, um dies zu unterstreichen, ist die Beobachtung, daß es während einer wolkigen Winternacht nicht so kalt wird wie in einer klaren. Hier verhalten sich die Wolken wie eine Decke. Im Sommer wird es an einem wolkigen Tag lange nicht so warm wie an einem sonnigen. Nun haben die Wolken eine abschattende Wirkung. Welcher dieser Effekte bei zunehmenden Spurengaskonzentrationen im globalen Mittel überwiegen wird, ist schwer zu sagen und noch schwerer zu simulieren. Die bisherigen Modelle gehen recht einhellig davon aus, die Wolken würden den Treibhauseffekt in gewisser Weise verstärken.

Das wird damit begründet, daß im globalen Mittel die abschattende Wirkung der Wolken höher einzuschätzen sei als die „abdeckende". Den Modellen zufolge verringert sich aber die Wolkenbedeckung durch den Treibhauseffekt. Dadurch gelangen mehr Sonnenstrahlen auf die Erdoberfläche. Es wird also wärmer, und das verstärkt die treibhausbedingte Erwärmung. Man hat versucht, Bildung, Bewegung und Funktionsweise der Wolken im Treibhaus Erde vom Satelliten aus beobachten zu lassen, um bessere Anhaltspunkte für ihre Berechnung zu bekommen. Satelliten können im Unterschied zu den herkömmlichen Wetterstationen das Wolkenverhalten weltweit beobachten und Daten über den ausgedehnten ozeanischen Gebieten sammeln, die man besonders dringend benötigt.

Die bereits vorliegenden vorläufigen Resultate deuten an, daß es bei der Auswirkung von Wolken auf das Klima ausgeprägte regionale Unterschiede gibt. Während in den Tropen sich die abschattende und die abdeckende Wirkung der Wolken gegenseitig nahezu aufhebt, überwiegt in mittleren Breiten — und hier besonders über den Ozeanen — ihre abschattende Wirkung. Demgegenüber würde in den hohen Breiten eine Zunahme der Bedeckung zu einer Erwärmung führen. In den Subtropen gibt es aber auch einige Gebiete, wo eine Zunahme der hohen Bewölkung zur Erwärmung führen würde.

Hierbei wird jedoch nur die Frage angesprochen, wie die Wolken das Klima beeinflussen, wenn sie einmal da sind, aber nicht die Frage, die uns mehr interessiert, nämlich: Wie steht es mit der Wolkenbildung, wenn die Spurengaskonzentrationen und damit einhergehend die Temperaturen ansteigen?

Ein weiterer Faktor, der bislang noch kaum in den Klimamodellen berücksichtigt wurde — aber bedeutsam sein kann —, ist die Art und Weise, wie wolkenphysikalische Parameter sich im Rahmen der allgemeinen Erwärmung verhalten werden. Einige experimentelle und theoretische Forschungsergebnisse deuten darauf hin, daß die tiefen und mittelhohen Wolken im Zuge einer Erwärmung optisch dicker werden. Das würde bedeuten, ihre abschattende Wirkung verstärkt sich. Das würde dem spurengasbedingten Treibhauseffekt entgegenwirken. Andererseits vertreten andere Forscher die Auffassung, daß die hohen Wolken sich bei Erwärmung stärker ausbilden können. Das würde wiederum den Treibhauseffekt verstärken.

Neueste Forschungsergebnisse deuten aber an, daß die wolkenphysikalischen Prozesse in der Tat die bislang erwartete Erwärmung halbieren könnten. Das würde auch dann zutreffen, wenn man die hohen Wolken berücksichtigt. In den Tropen könnten Wolken sogar eine sehr bedeutende Rolle als „Thermostat" einnehmen. Wenn sich die Oberflächenwasser auf den tropischen Ozeanen zu sehr erwärmen, bilden sich vermehrt Wolken, die zusätzliche Sonneneinstrahlung „abschneiden" und eine weitere Erwärmung verhindern. Vielleicht stellt sich sogar heraus, daß die wolkenphysikalischen Prozesse eine recht hohe Bedeutung haben und allein schon zu einem guten Teil erklären, weshalb die Modellvorhersagen bislang unrealistisch hoch lagen. Andere Forscher weisen auf die Bedeutung hin, die der Kumuluskonvektion — besonders in den Tropen — bei der treibhausbedingten Erwärmung zukommt. Sie zeigen, daß sich die globale Erwärmung durchaus halbieren würde, je nachdem welches Modellschema man auf die Kumuluskonvektion anwendet.

Ein weiterer interessanter Punkt ergibt sich aus der Beobachtung, daß sich die Ozeane in den gemäßigten Breiten der Nordhemisphäre in den vergangenen Jahrzehnten eher abgekühlt als erwärmt haben. Zunehmende Bewölkung könnte dazu beigetragen haben. Wie das alles mit dem Treibhauseffekt in Verbindung gebracht werden kann, ist eine andere Frage. Jedoch ging, wie oben schon gezeigt, die Abkühlung der Ozeane der mittleren Breiten mit einer Erwärmung der Ozeane in den niedrigen Breiten einher. Das hat den Temperaturkontrast zwischen dem Äquator und dem Nordpol verstärkt. Die Folge davon waren nicht nur, wie gezeigt, die kräftigen Stürme der letzten Jahre. Die so verstärkten Tiefdruckgebiete in den mittleren Breiten haben auch mehr Wolken produziert. Das wiederum brachte dort mehr Abkühlung und hat den Temperaturkontrast zwischen den mittleren und unteren Breiten weiter verstärkt. Hier haben wir ein Beispiel für eine klassische positive Rückkopplungsschleife. Bei der Erklärung stehen wir aber vor dem bekannten Henne-Ei-Problem. Niemand kann uns sagen, was zuerst kam. War es die Abkühlung in den mittleren Breiten oder die Erwärmung in den unteren Breiten, welche die Tiefdruckgebiete verstärkt, die Wolken vermehrt und die Temperaturen abgesenkt hat?

Sogar Schwefeldioxid könnte bei der Zunahme der Wolken über den Ozeanen eine Rolle gespielt haben. Einige Wissenschaftler haben herausgefunden, daß ein SO_2-Anstieg in der Atmosphäre die Anzahl der Kondensationskeime wachsen läßt, an denen sich Wolkentropfen bilden. Dies könnte besonders im Lee der kontinentalen Ursprungsregionen von anthropogenen SO_2-Emissionen in Nordamerika und Asien der Fall gewesen sein. Das gleiche gilt aber auch für Staub, ob er nun aus Fabrikschloten stammt oder von Stürmen aufgewirbelt wird. Auch schwefelhaltige Aerosole könnten das Klima beeinflußt haben.

Um eine lange Geschichte kurz zu machen: Die Wolken stellen nur ein weiteres Teil in dem Puzzle dar, mit dem sich die Klimamodellierer auseinandersetzen müssen. Hier, genau wie beim Simulieren der von den Ozeanen ausgehenden Wirkungen, kann man nur darauf hoffen, daß es in den kommenden Jahren durch die Entwicklung entsprechender Programme und von Computern mit einer höheren Rechenleistung zu einer entscheidenden Verbesserung der Klimamodelle kommt.

Neuere Forschungsergebnisse, die wir hier bis ins Jahr 1991 hinein berücksichtigen konnten, zeigen, daß die Wirkung der Ozeane und der Wolkenbildung zu Ergebnissen führt, die mit der beobachteten Realität besser übereinstimmen. Das heißt, diese verbesserten Modelle rechnen bereits mit einem viel geringeren Temeraturanstieg, als man ihn bislang erwartet hatte. So finden wir bei ihnen zum Teil eine Erklärung dafür, warum modellierte und beobachtete Temperaturen im abgelaufenen Jahrhundert so stark voneinander abweichen. Wir erkennen daran, daß es zur Zeit wichtig ist, unser Augenmerk auf die Arbeitsweise der Klimamodelle zu richten, um zu einer verläßlicheren Vorstellung davon zu gelangen, wie das Klima sich im 21. Jahrhundert entwickeln könnte. Dabei müssen alle bekannten Faktoren, die auf das Klima einwirken, berücksichtigt werden und nicht nur die Spurengase. Diese Ansicht teilen viele in der wissenschaftlichen Gemeinde.

Ergänzende und weiterführende Literatur:

Balling, R.C. und S.B. Idso, 1989: Historical Temperature Trends in the United States and the Effect of Urban Population Growth. Journal of Geophysical Research, 94, D 3, Seite 3 359-3 363.

Bundesminister für Forschung und Technologie BMFT, 1991: Klimaszenarien Rechnung. Mitteilungen 15/1991.

Bradley, R.S., H.F. Diaz, J.K. Eisheid, P.D. Jones, P.M. Kelley und C.M. Goodess, 1987: Precipitation Fluctuations over the Northern Hemisphere Land Areas since the Mid-19th Century. Science, 237, Seite 171-175.

Bryson, R.A. und B.M. Goodman, 1980: Volcanic Activity and Climatic Change. Science, 207, Seite 1 041-1 044.

Charlson, R.J., J. Langer und H. Rodhe, 1990: Sulphate Aerosol and Climate. Nature, 348, Seite 22.

COHMAP Members, 1988: Climatic Changes of the Last 18 000 Years: Observations and Model Simulations. Science, 241, Seite 1 043-1 052.

Henderson-Sellers, B., 1987: Modelling Sea Surface Temperature Rise Resulting from Increasing Atmospheric Carbon Dioxide Concentrations. Climatic Change, 11, 349-359.

Huntley, B. und I.C. Prentice, 1988: July Temperatures in Europe from Pollen Data, 6 000 Years before Present. Science, 241, Seite 687-690.

IPCC, 1990, siehe unter Kapitel 1.

Jastrow. R., W. Nierenberg und F. Seitz, 1990: Global Warming: What does the Science tell us? George C. Marshall Institute, Washington, D.C. USA.

Karl, T.R., 1988: Multi-Year Fluctuations of Temperature and Precipitation: The Grey Area of Climatic Change. Climatic Change, 12, Seite 179-197.

Kelly, P.M. und T.M.L. Wigley, 1990: The Influence of Solar Forcing Trends on Global Mean Temperature since 1861. Nature, 347, Seite 460-462.

Kerr, R.A., 1987: Sunspot-Weather Correlation Found. Science, 238, Seite 479-480.

Lamb, H.H., 1988: Weather, Climate and Human Affairs. Routledge, London and New York, 364 Seiten.

Linke, F. und F. Baur, 1962: Meteorologisches Taschenbuch, 1. Band, 2. Auflage. Mit Nachträgen des Meteorologischen Instituts der Freien Universität Berlin. Akademische Verlagsanstalt Geest & Portig KG, Leipzig.

Manley, G., 1974: Central England Temperatures: Monthly Means 1659-1973. Quart. J. Roy Meteorol. Soc., 100, Seite 389-405.

Mason, J.J., 1977: Zum Verständnis und zur Vorhersage der Klimaschwankungen. Promet, 4/77, Seite 1-22.

Namias, J., Xiaojun Yuan und D.R. Cayan, 1988: Persistence of North Pacific Sea Surface Temperature and Atmospheric Flow Patterns. Journal of Climate, 1, Seite 682-703.

Peltier, W.R. und A.M. Tushingham, 1989: Global Sea Level Rise and the Greenhouse Effect: Might they be Connected? Science, 244, Seite 806-810.

Pfister, C., 1988: Klimageschichte der Schweiz 1525-1860. Verlag Paul Haupt, Bern/Stuttgart.

Platt, C.M.R., 1989: The Role of Cloud Microphysics in High-Cloud Feedback Effects on Climate Change. Nature, 341, Seite 428-429.

Ramathan, V. und Collins, 1991: Thermodynamic Regulations of Ocean Warming by Cirrus Clouds Deduced from Observations of the 1987 El Niño. Nature, 351, Seite 27-32.

Raval, A. und V. Ramathan, 1989: Observational Determination of the Greenhouse Effect. Nature, 342, Seite 758-761.

Rudolff, v. H., 1967: Die Schwankungen und Pendelungen des Klimas in Europa seit dem Beginn der regelmäßigen Instrumentenbeobachtungen (1670). Friedrich Vieweg und Sohn, Braunschweig, 370 Seiten.

Schlesinger, M.E. und X. Jiang, 1991: Revised Projections of Future Greenhouse Warming. Nature, 350, Seite 219-221.

Schönwiese, C.D., P. Bissolli, W. Birrong und R. Ulrich, 1990: Anthropogene, Klimawirksame Spurengase. Mengen, Wirkung, Folgen, Gegenmaßnahmen. Klimatologische Aspekte. Bericht Nr. 87 des Instituts für Meteorologie und Geophysik der Universität Frankfurt/Main.

Sommerville, R.C.J. und L.A. Remer, 1984: Cloud Optical Thickness Feedbacks in the CO_2 Climate Problem. Journal of Geophysical Research, 89, D 6, Seite 9 668-9 672.

Trenberth, K.E., G.W. Branstator und P.A. Arkin, 1988: Origins of the 1988 North American Drought. Science, 242, Seite 1 640-1 645

6. KAPITEL

Die Perspektiven ändern sich

Wir behalten diese Ergebnisse im Gedächtnis und wenden uns nun der Frage nach den sogenannten „Impacts", also den Auswirkungen der erwarteten Klimaänderungen zu. Was ist von all den Auswirkungen der „Klimakatastrophe" zu halten, die uns von so vielen Seiten her angedroht werden?

Durchforstet man die wissenschaftliche Literatur, dann fällt es einem schwer zu glauben, wie viele Studien, Berichte, Bücher, Artikel und Abhandlungen sich nur allein mit solchen „Impacts" befassen. Die einen wissen etwas von Auswirkungen der Klimaänderung auf die Gesundheit, andere, wie sie auf die Landwirtschaft einwirken, wieder andere denken an das Fischereiwesen, den Meeresspiegel und so weiter. Kurz, es gibt nichts, was nicht unter den erwarteten Klimaänderungen zu leiden hätte. Dabei sind sich die Autoren absolut sicher, daß diese Klimaänderung für die nächste Zukunft zu erwarten ist. Daß sie aber auch ausbleiben könnte, ist für diese Schriftsteller gar keine Frage mehr wert.

Sind all die Gelder, die für diese Studien ausgegeben wurden, gut investiert worden? Wir wollen den sonst vielleicht arbeitslosen Akademikern nicht zu nahe treten, aber unsere Untersuchungen zeigen, daß mit einem von den Computermodellen angekündigten, bedrohlich hohen Temperaturanstieg in der näheren Zukunft kaum zu rechnen sein wird. Vielleicht hätte man besser getan, diese Gelder in die Klimaforschung zu stecken. Denn die Unzuverlässigkeit der Klimamodelle scheint uns der Hauptgrund der allgemeinen Verunsicherung zu sein.

Jedem denkenden Menschen sollte aber auch klar sein,

daß für den Fall, daß die vorhergesagten Temperaturanstiege *nicht* eintreten werden, es auch *nicht* zu den erwarteten negativen Auswirkungen dieser Klimaänderung kommen wird. Dann wird es *nicht* zu einer Zunahme von Dürren kommen, *nicht* zur Anhebung des Meeresspiegels, *nicht* zum Abschmelzen des Polareises und der Gletscher, *nicht* zur Überflutung ganzer Landstriche, ja es besteht überhaupt kein einsehbarer Grund für all die Ängste wegen des Klimas und die „ernsthafte Bedrohung der Menschheit". Der wirklich ernst zu nehmende „Impact" der neueren Erkenntnisse im Hinblick auf die angeblich heraufziehende „Klimakatastrophe" ist unserer Meinung nach, daß diese Erkenntnisse unbegründete Ängste beseitigen.

Auch wenn wir mit einer *gewissen* treibhausbedingten Erwärmung rechnen, die allerdings erheblich geringer ausfallen wird, als es die Klimamodelle vorhersagen, so lehrt uns die Klimageschichte recht eindeutig: Eine geringfügige Erwärmung von bis zu 1 oder 1,5° C stellt keineswegs eine ernsthafte Bedrohung für das Leben dar, sondern ist im Gegenteil in den Lehrbüchern der Klimatologie als Klimaoptimum bezeichnet worden. So jedenfalls haben das bisher die Menschen gesehen, die in den Genuß eines vergleichbar wärmeren Klimas gekommen waren, und auch diejenigen, die nicht ganz ohne Neid die Lebensbedingungen in solchen Zeiten untersucht und beschrieben haben.

Eine ähnliche Meinung wagte 1988 der sowjetische Klimatologe M. Budyko den verblüfften Teilnehmern einer Klimakonferenz in Hamburg vorzutragen. Dabei unterstellte Budyko sogar, daß es zu der dramatischen Erwärmung, die die Klimamodelle ankündigen, käme. Budyko erläuterte in seinem Beitrag, daß das wärmere Klima der Zukunft viel wachstumsfreundlicher wäre, weil es wesentlich feuchter wäre, und das nicht nur in Sibirien (worauf ihn die „kritischen" Journalisten sogleich festlegen wollten). Auch die natürlichen Wachstumsbedingungen für die Pflanzenwelt verbesserte der höhere CO_2-Gehalt in der Atmosphäre deutlich. Es gäbe, schloß er unprogrammgemäß, sicherlich keinen Grund, schädliche Klimaänderungen oder sogar eine Klimakatastrophe zu erwarten. Der Zuhörerschaft, die sich eigentlich dazu versammelt hatte, um neue Bedrohungen zu genießen, reagierten auf die Botschaft so, wie man sprichwörtlich auf das „Fluchen in der Kirche" reagiert.

Es geht uns nicht um Budykos Auffassung, wir wollen nur darauf hinweisen, daß es in der wissenschaftlichen Gemeinde ein breites Meinungsspektrum über den Treibhauseffekt gibt. Das sieht nun wieder ganz anders aus als der Eindruck, den der Konsument aus der Berichterstattung in den Medien erhält.

Denn Budykos zentraler Gedanke erscheint auch anderen nicht so abwegig wie den Teilnehmern besagter Konferenz. Sogar die FAO, die Landwirtschaftsorganisation der Vereinten Nationen, gelangte auf der 2. Weltklimakonferenz in Genf im November 1990 zu ähnlichen Folgerungen. Natürlich fand auch sie mit ihren Erkenntnissen keine Gegenliebe bei den Meinungsbildnern.

Bei diesen und vielen anderen „Verharmlosungen" des Treibhauseffekts auf das Klima geht es nicht darum zu behaupten, ein Temperaturanstieg um 3-5° C sei unbedenklich. Daß eine solche Behauptung leichtfertig wäre, ließe sich leicht beweisen. Eine Erwärmung dieses Ausmaßes über eine relativ kurze Zeitspanne hat es bisher nie gegeben. Schon deshalb könnte man sie nicht „gut" oder „schlecht" finden. Sie wäre auf jeden Fall höchst bedrohlich. Uns geht es immer um den Temperaturanstieg, den der Treibhauseffekt aufgrund vernünftiger Überlegungen allenfalls hervorrufen kann, und der liegt in der Größenordnung von 1-1,5° C, wenn es tatsächlich zur CO_2-Verdopplung in der Atmosphäre käme.

Wir sehen uns in der eigenartigen Situation, folgendes behaupten zu müssen: Der industriebedingte Ausstoß an Spurengasen gereicht, soweit man die klimatischen Folgen betrachtet, der Natur und Umwelt nicht zum Nachteil, sondern weit wahrscheinlicher zum Vorteil. Das trifft auf jeden Fall für die Pflanzenwelt zu, die bei höherem CO_2-Gehalt, wärmerer Umgebung und hoher Luftfeuchtigkeit paradiesische Wachstumsbedingungen vorfände.

Damit unterscheidet sich die Treibhausdebatte von den meisten anderen Umweltthemen wie Luftverschmutzung, saurer Regen und Wasserverseuchung. In jenen Bereichen treffen wir auf erwiesene, wenn auch mitunter übertriebene, schädliche Auswirkungen. Die Luftverschmutzung stellt ein Gesundheitsrisiko für Menschen dar, die im Falle von Inversionswetterlagen (Smog) sogar tödliche Folgen haben kann. Der saure Regen kann bei entsprechender Intensität Pflanzenkrankheiten hervorrufen und sogar schädliche Auswirkungen an Gebäuden zeitigen. Bei diesen oder anderen Schäden könnte man vernünftigerweise bedenken, daß die Kosten für umweltschützende Maßnahmen durch die Abwehr wirklicher Schäden wettgemacht werden.

Die Öffentlichkeit ist nicht zuletzt auf Druck der entsprechenden Meinungsmacher bereit, solche Kosten zu tragen. Sie ließen sich sogar wirtschaftlich rechtfertigen, da die Reparaturkosten durch die Kosten der zu erwartenden Schäden gedeckt sind. In der Treibhausdiskussion geht es aber darum, weltweit Hunderte von Milliarden Dollar auszugeben, nicht etwa um mögliche Schäden zu vermeiden, sondern um eine zu erwartende Verbesserung der Umwelt zu verhindern. Erscheint das sinnvoll? Hier erst entstehen die eigentlichen Fragen nach den „Impacts", nämlich: Wie groß sind die Aussichten, daß diese Maßnahmen durchgeführt werden? Welche Auswirkungen wird das auf den Durchschnittsbürger haben?

Es geht in diesem Zusammenhang nicht mehr um wissenschaftliche Fragen, sondern im Grunde um weltanschaulich-philosophische. Wie gesagt, alles deutet darauf hin, daß ein höherer CO_2-Gehalt der Luft und ein Treibhauseffekt, der uns eine zusätzliche Erwärmung von etwa 1° C durchschnittlich beschert, die Erde eher in einen Garten Eden verwandelt und nicht, wie viele behaupten, in ein Katastrophengebiet. Die Frage, die sich für viele in diesem Zusammenhang stellt, lautet eigentlich: Sollen wir uns Veränderungen in den Weg stellen, nur weil es Veränderungen sind, auch wenn sie zum Besseren wären?

Dabei ist ja nach den von uns dargelegten Untersuchungen noch nicht einmal ausgemacht, ob es überhaupt zu einem Temperaturanstieg kommt. Vielleicht macht der Treibhauseffekt nur eine Abkühlung wett, die uns die heraufziehende Phase des etwa 200jährigen Sonnenzyklus mit einiger Wahrscheinlichkeit bringen würde.

Wie dem auch sei, der realistische Ausblick unterscheidet sich grundlegend von der Katastrophenangst, die die Klimamodelle zum Teil schüren. Er macht aller Wahrscheinlichkeit nach ein paar LKW-Ladungen voll „Impact"-Studien wertlos, und er unterstreicht letztlich nur noch einmal den eingangs geäußerten Gedanken, daß es gegenwärtig klüger wäre, das Geld in die Entwicklung zutreffenderer Klimamodelle zu stecken, als es für Phantasieprodukte wie „Impact"-Studien zu verschleudern. Wie fast immer im Leben ist es besser, vor dem zweiten Schritt den ersten richtig auszuführen. "Impact"-Studien, besonders jene, die auf regionales Detail abzielen und an denen überall schon fieberhaft gearbeitet wurde, sollten wir vertagen, bis wir verläßlichere und hochauflösende Modellvorhersagen erstellen können. Diesen Gedanken unterstrich auch eine Konferenz Ende 1989. Dort war man nach langen Erörterungen zu dem Ergebnis gelangt, der Meeresspiegel würde sich nur um etwa 30 cm heben statt, wie bisher angenommen, um etwa 1 m. Inzwischen gibt es Modellrechnungen, nach denen sich auch dieser Wert schon mehr als halbiert.

Studien wie „Die Auswirkungen eines Meeresspiegel-Anstiegs auf Ocean City, Md." werden dadurch ebenso wertlos wie „Der Einfluß des Treibhauseffektes auf die Wasserwirtschaft in Südkalifornien". Diese und zahllose andere Studien sind noch fragwürdiger, weil sie sich in der Regel nur auf eine Modellvorhersage stützen. Schon wenn man eines der vielen verfügbaren anderen Modelle heranzöge, würde so eine „Studie" zu entgegengesetzten Ergebnissen gelangen.

Zwischenbilanz

Nach der wissenschaftlichen Bewertung möglicher Auswirkungen des Treibhauseffekts haben wir es hier vor allem mit Auswirkungen der öffentlichen Diskussion zu tun. Wenn Sie, lieber Leser, unserer Diskussion bisher gefolgt sind, wird Ihnen die öffentliche Diskussion vielleicht in einem völlig anderen Licht erscheinen, und Sie fragen sich: Was geht hier eigentlich vor? Entweder stimmt das alles nicht, was Sie bisher gelesen haben, oder die veröffentlichte Meinung und die dafür verantwortlichen Medien haben sich vertan, wenn sie uns steigende Fluten, sengende Hitze, abschmelzende Polkappen und anderes ankündigen.

Es gibt fortgeschrittenere Treibhausvordenker, die sich nicht mehr auf für sie unangenehme Details des Treibhausproblems einlassen möchten, die sich nicht fragen lassen möchten: Können wir vom Treibhauseffekt bereits etwas wahrnehmen, ist die beobachtete Erwärmung auf den Treibhauseffekt zurückzuführen oder nicht, wie groß wird die künftige Erwärmung ausfallen usw.? Sie haben sich eine neue Argumentationsweise angewöhnt. Sie erklären solche Fragen für schlichtweg irrelevant.

Ihre Argumentation lautet dann in etwa so:

1. Die Klimamodelle sagen für die kommenden Jahrzehnte eine kräftige Erwärmung voraus.
2. Wir können es uns nicht leisten, diese Vorhersagen in Frage zu stellen. Denn *wenn* sie stimmen sollten, stellt das für die Welt eine ungeheure Katastrophe dar. Deswegen müssen wir jetzt sofort handeln.

Dadurch wird das Problem von einem rein wissenschaftlichen Thema zum Gegenstand der politischen Auseinandersetzung. Folgt man diesen Treibhausaktivisten, dann befindet sich die Welt in der gleichen Lage wie eine Fluggesellschaft, die eine Bombendrohung erhält. Es könnte sich um eine ernsthafte Bedrohung handeln, aber es könnte auch sein, daß sich ein verantwortungsloser Spaßvogel einen üblen Scherz erlaubt hat. Wie wird sie sich entscheiden? Soll sie veranlassen, daß der Flughafen evakuiert wird und sich damit möglicherweise lächerlich machen? Oder soll sie die Warnung in den Wind schlagen

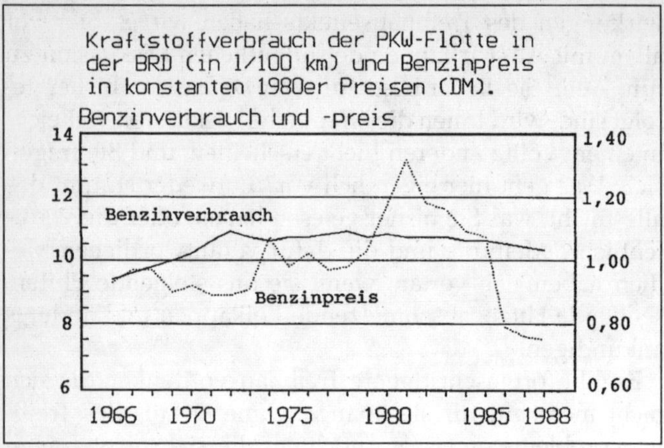

Abb. 32: Zeitliche Entwicklung von Benzinpreisen und Benzinverbrauch in Deutschland seit 1966 (inflationsbereinigt).
Quelle: Bundesministerium und BP, verschiedene Jahre.

und in Kauf nehmen, daß die Bombe explodiert und Menschenleben fordert?

Im Fall des Beispiels neigt man dazu, den Flughafen räumen zu lassen und die Gefahr ausschließen zu wollen. Die Folgen und Kosten einer solchen Vorgehensweise halten sich in Grenzen. Wie aber würde man sich entscheiden, wenn die Schutzmaßnahmen selbst gefährlich sind und vielleicht sogar größere Opfer einfordern könnten, als es die Bedrohung würde? Die Treibhausaktivisten sind unaufrichtig, wenn sie die Folgen und Kosten der von ihnen eingeforderten Maßnahmen gegen den Treibhauseffekt übergehen oder verharmlosen. Die Reduzierung des CO_2-Ausstoßes um 20% und mehr, wie es hierzulande sogar eine große Partei in ihr Programm geschrieben hat, bedeutet nicht nur, daß der Lebensstandard derer, denen es angeblich „viel zu gut" geht, etwas sinkt. Sie muß für viele dramatisch unterversorgte Menschen in den Entwicklungsländern und am Rande der Wohlstandsgesellschaft sowohl bei den vorgefundenen politischen Verhältnissen sehr nachteilige Auswirkungen haben.

Nun stehen wir, wie sich an unserer Analyse gezeigt hat,

gar nicht vor einer so „dramatischen" Entscheidung. Denn was uns „droht", ist mit großer Wahrscheinlichkeit sogar ein Vorteil und daher mit einer „Bombe" kaum zu vergleichen. Die eingeforderten Maßnahmen aber hätten in der Tat sehr einschneidende negative Folgen für die meisten Menschen und vielleicht sogar auch noch für unsere Umwelt. Deswegen ist das Katastrophenargument unangebracht und kann hier nicht benutzt werden. Ganz offensichtlich hat sich die Treibhausdebatte zu einem politischen Thema gewandelt, bei dem wissenschaftliche Feinheiten nur stören.

Verantwortung der Massenmedien

Was in den Medien erscheint, ist eine Sache, was die wissenschaftlichen Grundlagen hergeben, eine andere. Unsere Erörterungen in den vorangegangenen Kapiteln wird so oder auf ähnliche Weise vom größten Teil der wissenschaftlichen Gemeinde geteilt. Sie können Punkt für Punkt verteidigt werden. Der Leser braucht sich nur die Mühe zu machen, in die wissenschaftliche Auseinandersetzung hineinzuhören oder nur in der wissenschaftlichen Literatur nachzulesen, die wir zu jedem Kapitel angegeben haben.

Die meisten Menschen wird so ein Hinweis wenig überzeugen. Ihnen fehlt es meist schon an Zeit und Ausdauer, um sich selbst begründete, vernünftige Erkenntnisse in der angeblich so wichtigen Sache zu besorgen. Nicht nur straft ihre dabei gezeigte Bequemlichkeit, die sich mit der von den Medien übergezogenen Meinung zufrieden gibt, ihre angeblich „tief" sitzende Besorgnis Lügen. Sie haben meist ein tiefer sitzendes Vorurteil, das ihnen einredet: Etwas muß schon dran sein, wenn so viel Aufhebens darum gemacht wird. Mit einem derartigen Vorurteil läßt sich von denen, die daraus ein Geschäft machen wollen, zuversichtlich rechnen und leicht arbeiten.

Wie kommt der große Lärm um den Treibhauseffekt zustande? Eine Konferenz jagt die andere, ein Zeitungsartikel folgt dem nächsten. Das muß doch seinen Grund haben! Einer der Gründe ist, daß die wissenschaftliche Gemeinde hinsichtlich der Wirkungen des Treibhauseffektes geteilt ist. Eine große Gruppe von Wissenschaftlern *glaubt* daran, daß es zu nachteiligen Klimaänderungen kommen wird und ist sehr darum bemüht, ihre *Meinung* mit Hilfe der Politik, des Konferenz-Spektakels und der Medien in der Öffentlichkeit durchzusetzen.

Dabei handelt es sich um ihre *Meinung* und nicht um mit Vernunftgründen zu diskutierende, wissenschaftliche Erkenntnisse. Denn wie bisher geschehen, können alle ihre Auffassungen zurückgewiesen werden. Das ist der Grund, weshalb sie mit *ihrer* Ansicht bei weiten Teilen der wissenschaftlichen Gemeinde nicht ankommen können. Warum sie trotzdem auf ihrer Meinung beharrren, bleibt weitgehend ihr Geheimnis. Die anderen Wissenschaftler vertreten eine zurückhaltendere Auffassung, die etwa derjenigen entspricht, die wir hier zum Ausdruck gebracht haben. Dazu gehört auch eine Gruppe amerikanischer Klimatologen, die sich im Februar 1991 in einem offenen Brief an den amerikanischen Präsidenten gewandt haben, weil sie die „populistische" Klimakatastrophentheorie für unangemessen und gefährlich halten.

Die meisten von ihnen wagen sich aber nicht gegen eine öffentlich anerkannte Mode anzugehen. Dazu gibt es viele persönliche Gründe, aber auch politische. Es ist, wenn man eine Position oder einen Forschungsetat gegen Haushaltskürzungen zu verteidigen hat, nicht immer empfehlenswert, gegen wählermobilisierende Moden anzugehen, besonders dann, wenn sich Politiker ihrer bedienen. Die weltanschauliche Frage, die die Debatte überlagert hat, zeigt nun auch eine „moralische" Kehrseite.

Die Bühne gehört denjenigen, die man auch als „Treibhausalarmisten" oder „Treibhausaktivisten" kennt. Den Medien ist das allemal recht. Je aufregender eine Berichterstattung daher kommt, je sensationeller ihre Entdeckung sich gibt, desto mehr Aufmerksamkeit erringt sie, desto mehr Anerkennung bringt sie dem Journalisten. Schlechte Nachrichten regen mehr auf als gute. Schon immer ließ sich der Hölle ein höherer „Unterhaltungseffekt" entlocken als dem „langweiligen" Paradies. Und die Wahrheit? Die Leute wollen unterhalten sein, darauf kommt es an! Es verwundert also nicht, daß die Medien so auf die Treibhausdebatte geflogen sind.

Doch jede Unterhaltung findet ein Ende. Im Fall der Treibhausdebatte tritt das Ende dann schmerzlich ein, wenn der Öffentlichkeit die *Rechnung* aufgemacht wird. Opfer werden eingefordert, um einen Treibhauseffekt einzudämmen, der aller Wahrscheinlichkeit nach nicht eintreten wird. Diese Forderungen wollen ein Stück liebgewonnene Einbildung bewahren. Aber es sind Forderungen mit recht tiefen Einschnitten in die Lebensgewohnheiten der meisten Menschen. Wird dann, wenn sie vorgelegt werden, die Öffentlichkeit aufwachen? Man wird es erleben. Ernsthafte Wissenschaftler und Politiker sollten sich gründlich darauf vorbereiten.

Worum geht es eigentlich?

Umweltschützer und Wissenschaftler haben ein Recht dazu, „besorgt" zu sein. Die Befürchtungen von Wissenschaftlern haben uns dazu veranlaßt, FCKW-Sprühdosen zu verbieten, Kraftwerke zu entschwefeln und Katalysatoren in unsere Automobile einzubauen. Das hat unsere Welt angeblich in eine bessere Welt verwandelt. Werden das auch die Maßnahmen leisten, mit denen wir die Spurengasemissionen zurückdämmen sollen? Die Treibhausaktivisten bejahen das natürlich, und wir werden uns dieser Frage bald stellen.

Bevor wir das tun, müssen wir auf etwas hinweisen. Zwischen Fragen der Treibhausproblematik und einigen anderen Umweltfragen gibt es für den flüchtigen Blick weitreichende Querverbindungen, die in Wirklichkeit möglicherweise gar nicht bestehen. Dadurch wurde die Treibhausdebatte mit zahlreichen Themen befrachtet, die ihre Klärung oft verbauen. Eines unserer Ziele wird es sein, solche vermischten Problembereiche wieder zu entwirren.

Schauen wir uns daraufhin einige Forderungen an, die auf Klimakonferenzen immer wieder vorgetragen werden. Eines der am häufigsten wiederholten Rezepte, um der globalen Erwärmung Herr zu werden, brachte die Toronto-Konferenz „The Changing Atmosphere" im Juni 1988 in die Öffentlichkeit. Damals herrschte in den Vereinigten Staaten die erwähnte verheerende Dürre. Sie gab den Forderungen die nötige Plausibilität:

1. Die globalen CO_2-Emissionen sollen bis zum Jahre 2005 um 20% gesenkt werden.
2. Bis zur Mitte des nächsten Jahrhunderts sollen die CO_2-Emissionen noch einmal, dann um insgesamt 50% reduziert werden.
3. Bis zum Jahr 2000 sollen FCKWs vollständig verboten sein.

Um diese Forderungen kreist seitdem international die politische Seite der Treibhausdebatte. Internationale Konferenzen und Foren haben dafür gesorgt, daß sich diese Forderungen bei Regierungen und politischen Gremien festsetzen konnten und an ihrer Durchsetzung gearbeitet wird. Einige Regierungen haben sie bereits als Ziele ihrer Politik angenommen. Was wäre damit für die Klimaentwicklung tatsächlich gewonnen?

Diese Forderungen kamen zustande, weil man den Klimamodellvorhersagen vertraute, die für den Fall der CO_2-Verdopplung mit einem Temperaturanstieg von 3-4° C rechnen, wenn sie nicht gar, wie es ein Beobachter bitter formulierte, „einfach aus der Luft gegriffen wurden". Sie sollen die negativen Auswirkungen eines derartigen Temperaturanstiegs wie steigende Meeresspiegel, Dürren usw. abwenden helfen. Wenn aber ein derartiger Temperaturanstieg ausgeschlossen werden kann, wird diesen Forderungen die Grundlage entzogen.

Man sollte annehmen, daß neue wissenschaftliche Erkenntnisse über die Größenordnung der zu erwartenden Klimaänderung bei der Diskussion der Gegenmaßnahmen berücksichtigt werden. Zwischen 1988 und 1991 haben sich zahlreiche Hinweise dafür ergeben, daß die Erwärmung geringer ausfallen wird, als man bislang glaubte. Beim übernationalen IPCC und der 2. Weltklimakonferenz haben das die Wissenschaftsgruppe, das heißt der Arbeitskreis, der die wissenschaftlichen Grundlagen durchforstet, zur Kenntnis genommen. Aber die „Impact"- und „Response"-Gruppen der gleichen Gremien haben es vorgezogen, einen Teil der Ergebnisse der Gruppe, die die Erkenntnisse über mögliche Klimaänderungen untersucht, einfach nicht wahrzunehmen. Sie wollten ihre offensichtlich „vorgefaßten Meinungen" nicht ändern. Die Treibhausdebatte hat sich verselbständigt. Hinweise auf weniger katastrophale Klimaänderungen stören die Bemühungen einiger, sich mit dem persönlich aufgestellten Forderungskatalog zur Rettung der Welt einen Namen zu machen.

Schutz gegen zu erwartende Verbesserungen?

Andere Treibhausaktivisten argumentieren inzwischen wieder anders: Wir bewegen uns — sagen sie — hinsichtlich des künftigen Klimas auf sehr unsicherem Boden. Wir sollten also eine Art Versicherung gegen möglicherweise nachteilige Klimaänderungen abschließen, eine Versicherung auch für den unwahrscheinlichen Fall, daß sich die Modellvorhersagen möglicherweise doch als richtig erweisen. Auf den ersten Blick mag das einleuchten, denn letzten Endes ist es immer richtig, mit dem Schlimmsten zu rechnen und sich darauf vorzubereiten. Deswegen schließt man Versicherungen ab: Krankenversicherung, Lebensversicherung, Haftpflichtversicherung usw.

Bei Abschluß der Versicherung will man nicht krank werden, früh sterben oder sich das Dach von einem Sturm hinwegwehen lassen. Man möchte nur, wenn eines dieser unvorhersehbaren, katastrophalen Ereignisse eintritt, versichert sein. Die Versicherungsprämie, die Sie bezahlen, richtet sich nach der möglicherweise eintretenden Schadenshöhe und nach der Wahrscheinlichkeit, mit der dieser Schaden eintreten könnte: Je höher der mögliche Schaden und je höher die Wahrscheinlichkeit, daß er eintreten könnte, desto höher die Versicherungsprämie.

Läßt sich aber dieses Versicherungskonzept auf die Klimaänderungsdebatte anwenden? Zunächst einmal haben wir es nicht mit „unvorhergesehenen, unvorhersagbaren, katastrophalen Ereignissen" zu tun. Falls sich das Klima ändert, dann geschieht es langsam über Jahrzehnte hinweg, und die Änderungen kündigen sich an. Dazu entwickelt man schließlich die Klimamodelle, um noch sensibler auf Ankündigungen reagieren und noch genauere Vorhersagen wagen zu können. Man möchte rechtzeitig ein möglichst sicheres Bild von dem gewinnen, was auf uns zukommt. In diesen Prozeß kann man jederzeit, wenn auch mit gewissen Verzögerungen eingreifen. Eine plötzlich hereinbrechende Katastrophe erwartet niemand, der sich mit der Sache ernsthaft beschäftigt und nicht auf die ungeschickt gewählte Wortwahl „Katastrophe" hereinfällt.

Und dann wissen wir, daß ein wärmeres Klima ein besseres Klima wäre. Das gilt auf jeden Fall für die frühen Stadien der Erwärmung, die wir in den kommenden Jahrzehnten erleben würden. Die Folge des gegenwärtig stattfindenden Spurengasanstiegs in den kommenden Jahrzehnten ist zunächst immer ein nützliches Ereignis. Erst wenn sich der Temperaturanstieg fortsetzen sollte, stellten sich mehr und mehr problematische Entwicklungen ein. Sich gegen kommende Veränderungen zum Besseren abzusichern, ist doch Narretei!

Wie will man schließlich entscheiden, welche Art von Versicherung man abschließen sollte, falls man wirklich gegen solche Änderungen zum Besseren sicher sein möchte? Niemand könnte uns den Schaden anders ermessen als mit den Methoden, die ergeben, daß es keinen Schaden gibt. Trotzdem dreht sich die Treibhausdebatte nur noch darum, wieviel Absicherung betrieben werden müsse, um die globale Erwärmung abzuwenden.

Hinzu kommt ein weiterer wichtiger Gedanke. Die Klimadiskussion verknüpft sich mit Fragen ganz anderer Art. Die Maßnahmen, mit denen man die CO_2-Emissionen senken will, bekämpfen nicht nur den Treibhauseffekt, sondern verringern auch den Verbrauch an fossilen Energieträgern: Kohle, Öl, Gas. Sie eignen sich daher für Ziele ganz anderer Art. Nämlich z.B.:

1. Schonung oder Neuverteilung unserer Energiereserven.
2. Verringerung der Luftverschmutzung durch die Verbrennung fossiler Energieträger.
3. Die Abhängigkeit von unsicherer ausländischer Energie wird verringert.

Die Treibhausproblematik fügt sich somit nahtlos in eine Kampagne, die uns seit den düsteren Vorhersagen des „Club of Rome" über die Grenzen des Wachstums nur allzu bekannt ist. Die gleichen Forderungen kennen wir auch von der ersten Ölkrise im Jahre 1973. Sie kehren bei unterschiedlichen Gelegenheiten immer wieder.

Sollten politisch motivierte Gruppen die Klimaproblematik in ihr Programm aufgenommen haben, nicht weil sie sich um die Entwicklung des Klimas sorgen, sondern weil sie ihnen für ganz andere Ziele zweckdienlich erscheint? Man kann sich oft des Eindrucks nicht erwehren, daß es den Betreibern der Debatte nicht um das Klima, sondern um andere Ziele geht.

Daher erklärt sich auch, daß die wissenschaftlichen Grundlagen und Erhebungen zur Klimadebatte dann, wenn sie die Katastrophenthesen in Frage stellen, auf geringes Interesse und manchmal sogar auf vehemente Ablehnung stoßen. Solche wissenschaftlichen Erörterungen scheinen die Absichten zu stören, denen die ganze Debatte in erster Linie nur dienen soll. Ist dies nun auch der Grund, warum die Katastrophentheoretiker so viel Publizität genießen? Die Art und Weise, wie der Club of Rome vor zwanzig Jahren aus einem Nichts ins Zentrum der Weltöffentlichkeit gelangte, ist dafür ein Indiz.

Aber seien wir fair! Viele der von diesen Gruppen verfolgten Ziele mögen ehrenwert und berechtigt sein. Trotzdem sollten wir sie nicht mit der Klimaproblematik verflechten. Wir laufen sonst Gefahr, wissenschaftliche Inhalte mit ideologischen und politischen zu vermischen, sie zum Werkzeug politisch ideologischer Propaganda machen zu lassen, und das Vertrauen, das die Wissenschaft als Institution in breiteren Bevölkerungsschichten noch genießt, zu enttäuschen und zu verspielen. Das hilft weder der Wissenschaft noch auf längere Sicht den politischen oder ideologischen Zielsetzungen.

Im Moment vermeidet die Erörterung des Treibhauseffekts die Frage, wie real die befürchteten Klimaänderungen eigentlich sind. Stattdessen mündet sie stets in Fragen der Energiepolitik. Auch daran erkennt man die *wirklichen Motive* der Debatte. Die Besorgnis über mögliche Klimaänderungen spielt dann plötzlich nur eine geringe Rolle. Die Bedrohungen liegen viele Legislaturperioden weit in der Zukunft und außerhalb der Sichtweite des Politikers, der im nächsten Jahr zur Wiederwahl ansteht. Vielmehr geht es darum, wie man eigene oder auferlegte energiepolitische Vorstellungen dem Wahlvolk nahebringen kann. Die Klimakarte, die man dabei gerne ausspielt, sticht aber, wie wir gesehen haben, nicht.

Nichtsdestoweniger ist dies die Welt, in der wir leben, und deswegen werden wir einige der Vorschläge, dem Anstieg der Spurengase in der Atmosphäre entgegenzuwirken, untersuchen. Wir werden prüfen, ob diese Maßnahmen dazu geeignet sind, diesen Anstieg um 20% herunterzuschrauben, ob sie durchsetzbar sind und welche Folgen sie hervorrufen.

Auch hierbei bewegen wir uns auf dem Gebiet der Hypothese. Das heißt, wir sprechen nun über Maßnahmen, die man ergreifen müßte, falls man wirklich damit zu rechnen hätte, daß die von den Modellen vorhergesagten Klimaänderungen einträten. Wir tun dies aus dem einfachen Grunde, weil die vorgeschlagenen Strategien noch einige andere Vorzüge aufweisen könnten, als dem Treibhauseffekt entgegenzuwirken.

Ergänzende und weiterführende Literatur:

Budyko, M.I. und Y.S. Sedunow, 1988: Antropogenic Climatic Changes. Vortrag gehalten vor dem Weltkongreß „Klima und Entwicklung" in Hamburg, 7.-10. November 1988.

IPCC, 1990: Climate Change. The IPCC Impacts Assessment. Report prepared for IPCC by Working Group II. Herausgegeben von W.J. Mc.G. Tegart, G.W. Sheldon und D.C. Griffiths. Australian Government Publishing Service, Canberra, Australien

WMO, 1988: The Changing Atmosphere, Conference Proceedings. Bericht No 710. WMO, Genf.

O'Brien, B.J., 1990: IPPC's Climate Change Mindset. Nature, 348, Seite 9.

7. KAPITEL

Unrealistische Forderungen in der Energiepolitik

Das CO_2-Drama

Wenden wir uns nun der Energieseite der CO_2-Emission zu. Die meisten Treibhausberichte fordern Maßnahmen gegen die drohende Erwärmung, die den Eindruck erwecken, CO_2 sei das einzige Treibhausgas und die Energienutzung die einzige menschliche Aktivität, die zu seiner Emission führt. Wir wissen natürlich, daß dies nicht stimmt. Doch die meisten Strategien, die auf die Bekämpfung des Treibhauseffekts abzielen, drehen sich naturgemäß um das altbekannte Thema „Energiesparen".

Folgerichtig und nicht ganz überraschend sind die meisten Treibhausexperten heute eigentlich und von Hause aus Energieexperten. Das zeigt sich auch daran, daß Treibhauskonferenzen den Klimafragen nur einen kleinen Tribut zollen. Sie drehen sich vor allem um die Frage, wie man den Energieverbrauch verringern kann. Das ganze Treibhausgeschäft scheint gegenwärtig in den Händen von Leuten zu liegen, die mit Klimatologie recht wenig zu tun haben. In der Tat sind die meisten der bekannten Konferenzredner schon seit rund 20 Jahren im Geschäft. Sie tauchen bei allen möglichen Umweltthemen immer wieder auf. Schließlich trifft man sie auch wieder auf den Konferenzen zum Klimaproblem. Sie begründen ihre Energiesparappelle dieses Mal eben nicht mit Energiekrisen oder Ressourcenknappheit, sondern zur Abwechslung einmal mit dem Treibhauseffekt. Die Neuauflage des Berichts des „Club of Rome" ist dafür ein typisches Beispiel.

Dabei hat der Verfasser durchaus nichts gegen das Energiesparen an sich. Als wichtigste Gründe für das Energiesparen erkennt er an:

1. Schonung der Energiereserven.
2. Verringerung der Abhängigkeit von unsicheren ausländischen Energiequellen.
3. Wirtschaftlicher Nutzen und Kostensenkung.

1. Schonung der Energiereserven

Die Vorräte einer bestimmten Energiequelle sind letzten Endes begrenzt. Manchmal bekommt man bei dem Gedanken, daß die Menschheit innerhalb von nur wenigen hundert Jahren die Vorräte an fossilen Energien verbrennt, die die Natur in Millionen von Jahren angelegt hat, etwas unangenehme Gefühle. Hinzu kommt die wenig gerechte Tatsache, daß ein Viertel der Weltbevölkerung drei Viertel der verbrauchten Energie für sich beansprucht.

Fragen tun sich auf, ob das auf Dauer so beibehalten werden darf. Schon solche Überlegungen legen es nahe, unsere Ressourcen besser zu schonen und einzuteilen. Sie werden durch weitere unterstützt. Die fossilen Energien sind eigentlich zu wertvoll, um nur verbrannt zu werden: Sie dienen beispielsweise als Grundstoff in der chemischen Industrie viel nutzbringender und anhaltender. Allein aus Öl entsteht eine breite Produktpalette, die von Plasten und Elasten bis hin zu pharmazeutischen Erzeugnissen reicht. Nicht anders steht es mit Kohle und mit Einschränkungen auch mit Erdgas.

Noch kennen wir keine vernünftige Alternative zu fossilen Energieträgern mit gleich breitem Anwendungsspektrum. Wenn wir also im 21. Jahrhundert nicht zu dem Lebensstil des 17. Jahrhunderts zurückkehren oder gezwungen sein wollen, die Hälfte unseres Einkommens für — einstweilen — „alternative" Energien auszugeben, dann scheint sich nur Energiesparen anzubieten, um die Verfügbarkeit der Ressourcen etwas hinauszustrecken.

2. Verringerung der Abhängigkeit von unsicheren ausländischen Energiequellen

Die Ölkrisen der 70er Jahre haben den Industriestaaten eine harte Lektion erteilt und sie dazu gezwungen, ihre Abhängigkeit von unsicheren ausländischen Energiequellen zu überdenken. Diese Krisen haben dazu beigetragen, unsere Volkswirtschaften so umzustrukturieren, daß wir zur Zeit mit etwa der gleichen Energiemenge wie früher ein etwa um 30-40% höheres Bruttosozialprodukt erstellen als zu Beginn der 70er Jahre. Als Folge des Anstieges in der Energieeffizienz verringerte sich die Nachfrage nach Öl, dem wichtigsten Energieträger der 70er Jahre, und löste abgesehen von einigen anderen, eher politischen Manipulationen den Zusammenbruch der Ölpreise auf den internationalen Märkten aus.

Seitdem hat der Öleinsatz weltweit wieder zugenommen, und die Preise sind ebenfalls wieder gestiegen. Wenn sich dieser Trend fortsetzt, werden wir nicht nur wieder von ausländischem Öl abhängig werden; wir werden vor allem wirtschaftlich und möglicherweise auch politisch erpreßbar. Jedenfalls kann man uns dann gehörig über den Ölpreis zur Kasse bitten. Ein großer Teil der Ölvorräte der Welt befinden sich unter arabischem Land.*

Aus diesem Grunde ziehen wir eine ganz einfache Schlußfolgerung: Wir müssen die Energieeffizienz weiter steigern, um die wirtschaftlichen und Sicherheitsinteressen unseres Landes angesichts der unglücklichen geopolitischen Verteilung der Ölvorräte zu wahren. Bereits im Herbst des Jahres 1990, früher als es die meisten Leute für möglich gehalten hatten, traf uns mit dem Golfkrieg die erste der neuen Ölkrisen. Es ist zu erwarten, daß es nicht die einzige bleiben wird. Sie hat uns wieder einmal gezeigt, wie außerordentlich abhängig die europäischen

* Im gleichen Verlag erscheint demnächst ein Buch, das beschreibt, wie Öl in den letzten hundert Jahren als Instrument der Weltpolitik eingesetzt wurde: William Engdahl, *Schöne Neue Weltordnung, mit der Ölwaffe an die Weltmacht*.

(wenn man von Großbritannien und Norwegen absieht) und japanischen Volkswirtschaften vom Öl des Nahen Ostens sind. Diese Erfahrung sollte genügen, um unsere Abhängigkeit von Öllieferungen aus politischen Krisengebieten zu verringern.

3. Wirtschaftlicher Nutzen und Kostensenkung

Gute Gründe, Energie zu sparen, gibt es nicht nur in politisch-volkswirtschaftlicher Hinsicht, sondern ebenso der privaten Kostenvorteile wegen. Energie kostet Geld. Wenn Sie Energie sparen, sparen Sie damit auch Geld. Niemand gibt gerne Geld aus. Wir müssen jedoch Geld für Energie ausgeben, wenn wir beispielsweise im Winter unsere Wohnung heizen wollen, um nicht zu frieren. Wir würden wahrscheinlich unser Geld lieber für etwas anderes ausgeben. Höhere Energieeffizienz vergrößert unsere Freiheit, unser Geld mehr für das zu verwenden, wofür wir es ausgeben *möchten*, statt darauf, wofür wir *müssen*. Es gibt also bereits einen starken Anreiz, Energie zu sparen.

Jetzt wird reduziert!

Wir wollen nun überlegen, was denn eigentlich getan werden kann, um die CO_2-Emissionen, die aus der Nutzung fossiler Energieträger stammt, zu reduzieren. Wir erinnern uns zunächst daran, daß die fossilen Energieträger ungefähr nur zu 50% zu dem von Menschen zu verantwortenden Treibhauseffekt beitragen. Die entsprechenden Aktivitäten, die mögliche Zielbereiche der Energiesparmaßnahmen sein könnten, haben wir oben in Tabelle 4 aufgeführt.

Aus ihr geht hervor, daß sich kein bestimmter, einzelner Bereich als besonders geeignetes Ziel für diese Reduzierungsmaßnahmen hervorhebt. Selbst der völlige weltweite Verzicht auf den Straßenverkehr würde nur zu einer

13prozentigen Reduzierung des Treibhauseffektes führen. Das macht erheblich weniger aus, als zum Beispiel der weltweite Verzicht auf FCKW-Emissionen einbringt. Die Stromerzeugung aus fossilen Energieträgern verursacht weltweit etwa die gleichen Emissionen wie der Straßenverkehr, 13%.

Ist die Kernenergie ein Heilmittel?

Natürlich kann die Stromerzeugung aus Kernenergie zu einem gewissen Grad die Kohle-, Öl- und Gasverstromung ablösen und so die CO_2 Emission verringern. Nur wird ihr Beitrag aus mancherlei Gründen begrenzt bleiben. Kernkraftwerke sind weitgehend nur im Grundlastbereich einsetzbar, das heißt zur Deckung des Strombedarfs, der nicht tages- und jahreszeitlichen Schwankungen unterliegt. Der Spitzen- und Zusatzbedarf muß aus anderen Generatoranlagen gedeckt werden. Kernkraftanlagen sind sehr aufwendig und wegen der benötigten Sicherheitstechnik zusätzlich teuer. Daneben besteht immer auch die Möglichkeit, daß ihr Brennstoff zu Atomwaffen weiterverarbeitet werden könnte. Dies weckt international viele politische Vorbehalte. Für weite Bereiche der Entwicklungsländer bleiben sie daher unter den gegebenen politischen und wirtschaftlichen Bedingungen unerreichbar. Obwohl Kernkraftwerke bei bestimmungsgemäßem Betrieb keine Schadstoffe emittieren, also an sich umweltfreundlich sind, besteht in weiten Kreisen der Bevölkerung eine gewisse Zurückhaltung gegenüber „KKWs", die von teilweise militanten „Umweltschutz"-Gruppen noch geschürt wird.

Das ist wohl auch einer der Gründe dafür, daß die Atomenergie gegenwärtig nur 5% des weltweiten Energiebedarfs abdeckt. Darüber hinaus werden nicht nur die Vorräte an fossilen Energieträgern knapp, sondern auch die Uranvorräte sind begrenzt. Es sieht sogar so aus, daß sie unter Umständen eine geringere Reichweite als die fossilen Energieträger haben. Bei gegenwärtigen Verbrauchsraten — von einem groß angelegten Übergang zur nuklearen Stromerzeugung ganz zu schweigen — reichen sie möglicherweise nur noch wenige Jahrzehnte. Die Brütertechnologie, die den Ertrag der Vorräte allerdings beträchtlich erhöhen könnte, ist wegen der allgemeinen Atomangst noch stärker in Verruf geraten als die Kernenergie im allgemeinen.

Es ist also nicht zu erwarten, daß sie uns bei den Treibhaussorgen mehr als nur eine vorübergehende Entlastung bringen wird. Alles in allem ist der Treibhauseffekt jedenfalls nicht das treffendste Argument, um den Ausbau der Kernenergie wieder voranzutreiben.

Jetzt verbrennen, später bezahlen!

Als etwas realistischere Strategie, um die von fossilen Energieträgern verursachten CO_2-Emissionen zu reduzieren, könnte sich die „Substitution von Brennstoff" erweisen. Man versteht darunter den Übergang von fossilen Energieträgern mit hohem Kohlenstoffgehalt zu solchen mit geringerem. Bei diesen Brennstoffen tritt an die Stelle von Kohlenstoff meist Wasserstoff, der zu Wasser, H_2O, verbrennt. Erdgas z.B. verbrennt bei gleicher Energielieferung nur etwa zwei Drittel der Kohlenstoffmenge, die bei Kohle verbrennt. Bei Erdöl sind es noch 75%. Verwendete man also Erdgas anstelle von Kohle, erzielte man eine sofortige CO_2-Reduzierung von 40%. Deswegen erhält die Brennstoffsubstitution einen hohen Platz bei der Erörterung von Maßnahmen zur CO_2-Reduzierung. Erdgas hat darüber hinaus den Vorteil, auch weniger Schwefel und andere Luftschadstoffe abzugeben.

Erdgas läßt sich sogar sauberer und einfacher statt Kohle und Öl zur Stromerzeugung, im Hausbrand- und im Industriebereich einsetzen. Verglichen mit den Kosten der Kernenergie erfordert es einen relativ geringen Kapitalaufwand, um Kohle- oder Ölverbrennungsanlagen auf Gas umzurüsten. Deswegen könnte die Brennstoffsubstitution die ideale Lösung für unsere wirklichen und vermeintlichen Treibhausprobleme darstellen. Aber da ist das leidige Problem der begrenzten Erdgasvorräte. Gegenwärtig haben die Erdgasreserven der Welt eine Reichweite von ungefähr 50 Jahren. Wenn wir ihre Nutzung jetzt verstärken, werden sich diese Vorräte zu einem erheblich früheren Zeitpunkt — vielleicht schon nach 30 oder 40 Jahren — erschöpfen. Dann erst würde aber nach Ansicht der Katastrophentheoretiker der Treibhauseffekt voll greifen. Und gerade dann würde uns das Versiegen der Erdgasquellen dazu zwingen, unseren Energiebedarf wieder aus kohlenstoffhaltigeren Energieträgern zu decken.

Auch Erdgasversorgungssysteme sind nicht so ganz sicher. Das haben dramatische Unfälle gezeigt. Das medienspektakulärste fand in Spanien statt, wo die Explosion nur eines Gastankwagens auf einem nahegelegenen Campingplatz Hunderte von Todesopfern forderte. Darüber ist die Bevölkerung aber weniger alarmiert. Auch vom Umweltgesichtspunkt ist Erdgas problematisch. Durch geringe Leckagen und kleine Undichtigkeiten beim Fördern, Verladen und Verteilen wird immer auch Gas entweichen. Unverbrannt hat das Erdgas, das zum größten Teil aus Methan besteht, wie oben schon gezeigt, einen sehr hohen Treibhauseffekt. Es übertrifft dabei das CO_2 bei weitem. So ist Erdgas selbst aus dem engen Gesichtswinkel der Treibhausperspektive keine günstige Antwort.

Alternative Energien: Vom Regen in die Traufe

Die beste Möglichkeit, das Treibhaus- und Energieversorgungsproblem der Welt zu lösen, scheinen die sogenannten erneuerbaren oder alternativen Energien zu bieten: Wind, Sonne, Wasserkraft.

Von diesen dreien ist die Wasserkraft in der Tat eine erprobte Form der Stromerzeugung und, wo sie verfügbar ist, eine weithin genutzte Energiequelle. Sie erlaubt darüber hinaus noch, die jahreszeitlich unterschiedlich anfallenden Wassermassen für die Zeiten des dringendsten Bedarfs zu bevorraten.

Die anderen beiden Kandidaten, Wind und Sonnenkraft, sind, wenn man sie für die Stromerzeugung im großen Maßstab heranziehen möchte, im besten Fall Blüten-, meist sogar Alpträume. Warum? Technisch sind diese Energiequellen erschlossen. Das Problem liegt in der unzureichenden zeitlichen und räumlichen Verfügbarkeit und der mangelnden Energiedichte. Winde und Sonneneinstrahlung führen zwar eine große Energiemenge mit sich. Diese verteilt sich aber auf große Flächen. Um ein einziges konventionelles Kraftwerk zu ersetzen, müßte man die ganze Nordseeküste mit Windmühlen vollstellen. Um diese Energie nutzen zu können, muß man sie in jedem Fall sammeln und verdichten. Hierbei entstehen die eigentlichen Kosten. Die Stromerzeugung mit sogenannten alternativen Energiequellen ist daher aus physikalischen Gründen ungefähr 5-10mal so teuer wie die Verstromung von Kohle oder die Kernkraft. Ihre Rolle wird sich für den Fall, daß wir unsere gegenwärtige industrielle Zivilisation beibehalten wollen, in der vorhersehbaren Zukunft auf besondere Randzonen und ganz spezielle Einsatzbereiche beschränken.

Trotzdem werden die Forschungsbemühungen in diesem Bereich verstärkt, um effizientere Sammel- und Nutzungsmethoden und weitere Einsatzfelder zu finden. Was dabei auch herauskommen mag, gegenwärtig kann man den meisten der „alternativen" Energien keine allzu große Bedeutung beimessen, weil sie, auf eine kurze Formel gebracht, technologisch zwar möglich, aber wirtschaftlich völlig konkurrenzunfähig wären.

Die Energiepreislüge

Eine Möglichkeit sollte man als Mittel der CO_2-Reduktion nicht in Erwägung ziehen, auch wenn sie der Liebling nahezu der gesamten Öko- und Treibhausliga ist: die Energiepreisoption. Sie wird nicht nur von Umweltaktivisten, sondern oft auch von Vertretern großer Parteien, dann allerdings mit Hintergedanken ganz anderer Art, als scheinbares Allheilmittel für alle unsere Umwelt-, Treibhaus- und Ressourcenprobleme dargestellt.

Was heißt das? Man möchte die Nutzung fossiler Energie mit einer sehr hohen Sondersteuer belegen. Dadurch würde ihr Einsatz angeblich reduziert und folgerichtig auch die CO_2-Emission gesenkt. Das hätte darüber hinaus noch den Effekt, daß sich so die Verfügbarkeit der knappen Energieressourcen strecken, die Luftverschmutzung senken und vor allem — und darauf kommt es wahrscheinlich in erster Linie an — die Steuereinnahmen erhöhen ließen. Ein Teil dieser Steuereinnahmen flösse in die Entwicklung energiesparender Technologien zurück. Ein Teil der Gelder könnte die Länder der Dritten Welt auf ihrem Weg zu einer „tragfähigen" Entwicklung unterstützen, auf die sie angeblich, weil ihnen die „bösen", reichen Industrienationen ihre Rohstoffvorräte „geraubt" haben, ein Anrecht hätten.

Höhere Verbrauchssteuern — und darum handelt es sich in diesem Fall — erhöhen ganz allgemein die Produktionskosten und verschärfen notwendig soziale Ungleichheiten, denn sie treffen vor allem die einkommensschwachen Schichten, die ihr gesamtes Einkommen zur Deckung unmittelbarer Bedürfnisse verbrauchen müssen. In dem Maße, in dem der Nachfragedruck wächst, fällt nach Gesetzen des Marktes die preisbestimmende Marktmacht. Steigen die Energiekosten, dann macht sich dieser Anstieg bei niedrigen Einkommen deutlich stärker bemerkbar als bei hohen.

Schließlich bleibt es immer offen, ob die verfügbaren Steuergelder dann auch den Zwecken zugeführt werden, für die sie ursprünglich einmal bestimmt waren. Wir erinnern an die Sektsteuer, mit der Kaiser Wilhelm II. seinen Flottenaufbau finanzieren wollte. Sie wurde, als dieser an sein Ende kam, nicht wieder zurückgenommen, sondern sprudelt noch heute, 70 Jahre nach Abdankung des Kaisers, munterer als je zuvor — und nicht für den Zweck, auf den sie ursprünglich beschränkt bleiben sollte. Auch gibt es Zweifel, ob die Staatsbeamten produktiver — also „wirtschaftlicher" mit den volkswirtschaftlichen Mitteln, die durch Sondersteuern der Wirtschaft entzogen werden — umgehen als die Wirtschaft selbst.

Das Schlimmste kommt aber noch, und deshalb sprechen wir hier auch von der Energiepreislüge. Die Energiesondersteuer wird aller Wahrscheinlichkeit nach ihr Ziel nicht erreichen. Der Energieverbrauch ist nicht flexibel, er läßt sich nicht einfach ersetzen, wenn man das gleiche Produktionsergebnis erzielen will. Oder er wird tatsächlich eingeschränkt und damit die Produktion. Im ersten Fall haben wir trotz allem nahezu den gleichen Verbrauch an fossilen Brennstoffen. Im zweiten Fall haben wir schwere wirtschaftliche Störungen, die unter anderem zu einem dramatischen Ausfall an Steuereinnahmen führen.

Die fossile Energienutzung ist nämlich zu einem erheblichen Maß — wie sich die Volkswirtschaftler ausdrücken — „unelastisch". Ihre Nachfrage ist weitgehend preisunempfindlich. Wie kommt das? Das hängt damit zusammen, daß man Energie nicht verwendet, weil man es *möchte*, sondern weil man es *muß*.

Hier ein Beispiel: Wenn die Benzinpreise steigen, entscheiden Sie sich unter Umständen nicht dafür, 20 km zu Fuß zur Arbeit zu laufen oder jeden Tag mehrere Stunden auf öffentlichen Verkehrsmitteln zuzubringen. Sie werden den höheren Benzinpreis zähneknirschend in Kauf nehmen und trotzdem weiter mit dem Auto fahren. Denn trotz der höheren Preise bleibt es die einzige vertretbare Art, wie sie zur Arbeit gelangen. Bei einigen wenigen, die ihrer Arbeitsstätte näher wohnen, mag es ein Umdenken geben. Das sollten aber schon die Parkplatzsorgen ausgelöst haben.

Ähnlich steht es mit der Wohnungsheizung. Wollen Sie wegen höherer Heizölpreise mehr frieren oder sich abends bei einem Glas Grog in Decken hüllen? Wohl nicht, solange Sie es sich leisten können. Was Sie für Heizöl und Benzin mehr ausgegeben haben, können sie aber nicht für Wohnungseinrichtungen oder Kleidung ausgeben. Absatz und Produktion wird sich deswegen rückläufig entwickeln. Sind die Produktionsstätten bereits niedrig ausgelastet, könnte das zur Schließung von Betrieben führen und erst dann — und dadurch — zu Energieeinsparungen.

In beiden Fällen ist es ganz klar, daß die einkommensschwachen Schichten unter derartigen Besteuerungsplänen am meisten zu leiden hätten, denn sie verfügen nicht über die finanziellen Mittel, um entweder den höheren Energiepreis zu bezahlen oder die zusätzlichen Geldausgaben für Energie durch verminderte Ausgaben in anderen, weniger notwendigen Bereichen auszugleichen. Für Sie — und für die meisten von uns — nimmt die Notwendigkeit, Energie zu nutzen, eine zentrale Rolle im Leben ein.

Es gibt Beispiele für das, was wir von Energiesondersteuern erwarten können. Zwischen 1973 und 1981 sind die Benzinpreise infolge von zwei Ölkrisen nahezu um das Zweieinhalbfache gestiegen und haben dadurch ein Niveau erreicht, wie man es durch eine Steuererhöhung kaum herbeizuführen gewagt hätte.

Jedoch, und das sollte Umweltschützer und Vertreter der Energiesteuerthese überraschen, sind der Benzinverbrauch — und natürlich auch die CO_2-Emissionen — sogar um weitere 30% angestiegen. Das rührte vor allem daher, daß immer mehr Kraftfahrzeuge angemeldet und in Betrieb genommen wurden. Aber das ist nicht alles. Man hätte zumindest erwartet, daß der spezifische Benzinverbrauch pro Wagen gesunken wäre, aber selbst der ist weiter gestiegen.

Daran zeigt sich, wie abwegig das Energiepreisargument ist. Die Menschen sind trotz höherer Benzinpreise weiterhin und auch mit relativ großen Automobilen gefahren. Sie haben höhere Treibstoffkosten durch geringere Ausgaben in anderen Bereichen wettgemacht. Diesen erstaunlichen Zusammenhang zwischen Benzinpreis und -verbrauch haben wir in Abb. 32 dargestellt. Er verdeutlicht eindrucksvoll das, was wir mit dem provokativen Begriff „Energiepreislüge" ansprechen: Die höheren Preise konnten die CO_2-Emissionen nicht reduzieren.

Wir brauchen uns dabei keineswegs auf den Verkehrsbereich zu beschränken. Auch der spezifische Energieverbrauch der Industrie zeigt seit 1950 keinen Zusammenhang zwischen der Entwicklung der Energiepreise und der Energienutzung (s. Abb. 33). Die größten absoluten Gewinne im Nutzungsgrad der Einsatzenergie (Effizienzgewinne) wurden sogar bei inflationsbereinigt fallenden Energiepreisen in den 50er und 60er Jahren erzielt. Die Energiepreisschübe der 70er Jahre haben die in den vorangegangenen Jahrzehnten beginnende Entwicklung nicht sonderlich angetrieben.

Um die Befürworter der Energiepreisidee noch etwas zum Nachdenken zu bringen, vergleichen wir die Benzinpreise und ihre Auswirkungen in den USA und in Deutschland. Ein Liter Benzin kostete in Deutschland 1990 noch etwa 1,10 DM und in Amerika etwa 0,50 DM. Von den 1,10 DM fließen ungefähr 0,70 DM in die Staatskasse. Das hat sich inzwischen durch die Steueranhebung vom Juli 1991 zu unser aller Leidwesen nochmals deutlich erhöht. Es war aber schon 1990 erheblich mehr als in Amerika und auch erheblich mehr, als sogar der harte Kern der Umweltschützer in den Vereinigten Staaten fordert. Aber — und hier kommt noch einmal eine große Überraschung — obwohl Benzin in Amerika erheblich billiger ist, liegt der Durchschnittsverbrauch der PKW-Flotte in den weiträumigeren USA bei 11 Litern und im engräumigen Deutschland, trotz der extrem hohen Benzinpreise, noch bei etwas über 10 Litern. Der Verbrauch der Neuwagenflotte in den USA liegt mit 8,4 l/100 km sogar nur geringfügig über deutschen Werten. Mit anderen Worten: Trotz der horrenden Steuern in Deutschland ist die Energieeffizienz hierzulande im Verkehrsbereich kaum besser als in den Vereinigten Staaten.

Noch bemerkenswerter ist die Effizienzsteigerung in den USA seit 1974, die trotz des erheblich geringeren Preisniveaus ungefähr um 50% zugenommen hat, während sie sich hier kaum mehr verändern konnte (s. Abb. 34). Glauben Sie immer noch an die drastische Erhöhung der Energiepreise als Mittel, um die Energieeffizienz zu erhöhen? Es gibt *bessere* Wege.

Offenkundig ist die Argumentation, „Energie muß teurer sein, um die wahren Kosten zu berücksichtigen", und der daraus abgeleitete Ansatz, die Energienutzung „zu Tode zu besteuern", nicht recht haltbar. Das sollten auch die Leute wissen, die sie vertreten. Man hat nur leider oft den Eindruck, bei ihnen herrscht das Leitmotiv vor: „Was nicht wehtut, ist nicht gut," oder: „Wenn die Medizin nicht bitter schmeckt, wirkt sie auch nicht". Wollen diejenigen, die das fordern, dem Treibhauseffekt entgegenwirken, oder verfolgen sie andere Ziele, oder frönen sie am Ende gar einem masochistischen Verlangen nach Selbstkasteiung, das aus irgendwelchen Schuldgefühlen gespeist wird?

Fehlen solche masochistische Neigungen, finden sich bessere Wege, um dem Treibhauseffekt entgegenzuwirken. Davon soll unser nächstes Kapitel handeln.

Ergänzende und weiterführende Literatur:

British Petroleum, 1990: Statistical Review of World Energy.

Bundesminister für Verkehr, 1988: Verkehr in Zahlen, Bonn.

Bundesminister für Wirtschaft, 1989: Reserven, Ressourcen und Verfügbarkeit von Energierohstoffen. Studienreihe 64, BMWi, Bonn.

Center for Strategic and International Studies, 1989: Implications of Global Climatic Policies. Washington, D.C., USA.

Crutzen, P.J., 1991: Methane's Sinks and Sources. Nature, 350, Seite 380-381.

Energy Information Administration, Annual Energy Review, 1989. zitiert in: The World Almanac 1991. Pharos Books, New York.

Enquete-Kommission „Vorsorge zum Schutz der Erdatmosphäre", 1990: Dritter Bericht. Bundestags-Drucksache 11/8030.

IPPC, 1990b: Climate Change. The IPCC Response Strategies. WMO, Genf.

Leggett, J., Herausgeber, 1990: Global Warming. The Greenpeace Report. Oxford University Press, Oxford.

Manne, A.S. und R.G. Richels, 1990: Global CO_2 Emission Reductions — The Impacts of Rising Energy Costs. Zur Veröffentlichung angenommen in The Energy Journal.

McKinsey and Company Inc., 1989: Background Paper on Funding Mechanics, prepared for the Ministerial Conference on Atmospheric Pollution and Climate Change, Noordwijk, 6.-7. November 1989.

Vereinigte Industrielle Kraftwirtschaft, verschiedene Jahre: Statistik der Energiewirtschaft. VIK, Essen.

World Research Institute WRI, 1990: World Resources 1990-91.

8. KAPITEL

Realistische Lösungswege

Nachdem wir soviel Zeit damit zugebracht haben, uns mit den in der Öffentlichkeit diskutierten, aber aus verschiedenen Gründen von uns abgelehnten Lösungsmöglichkeiten für das Treibhausproblem auseinanderzusetzen, wollen wir jetzt daran gehen zu zeigen, was man wirklich tun könnte.

Bevor wir uns der CO_2- und Energieseite der Angelegenheit zuwenden, werfen wir einen kurzen Blick auf die zweitwichtigsten Treibhausgase, die FCKWs. Bei den gegenwärtigen Emissionsraten steuern sie etwa 20-25% zum Treibhauseffekt bei.

Auf der Toronto-Konferenz kam man überein, sie ganz aus dem Verkehr zu ziehen, allerdings nicht wegen ihres Beitrags zum Treibhauseffekt, sondern wegen ihrer angeblichen Rolle bei der Zerstörung der stratosphärischen Ozonschicht. Aber eine Unterbindung der FCKW-Emission würde in jedem Fall den Treibhauseffekt dämpfen. Zudem ist es einfacher, sich Möglichkeiten zu überlegen, die FCKW zu ersetzen, als neue Wege zu finden, Häuser zu heizen und Autos anzutreiben.

Trotzdem wird der Effekt, den der bereits beschlossene FCKW-Verzicht bei der Bekämpfung des Treibhauseffekts in den kommenden Jahrzehnten haben wird, von vielen Treibhausaktivisten anscheinend gar nicht wahrgenommen. Denn sie setzen ihre Kampagne gegen die CO_2-Emissionen aus dem Verbrauch fossiler Energie in einer Weise fort, als ob CO_2 das einzige Treibhausgas und die Verbrennung fossiler Energieträger die einzige menschliche Aktivität sei, die zum Treibhauseffekt beiträgt. Das legt den Schluß nahe, daß es ihnen weniger um das Klima zu tun ist als darum, die Nutzung fossiler Energieträger zu beschränken, worunter in erster Linie die Entwicklungsländer zu leiden hätten.

Wir hingegen wenden uns nun den gangbaren Möglichkeiten einer vernünftigen Handhabung der CO_2-Emissionen zu.

1. Neue Technologien

Wir glauben durchaus, daß sich durch weitere Entwicklung und den entschlossenen Einsatz neuer Technologien Energie sparen und CO_2-Emissionen drosseln lassen. Mit neuen wirkungsvolleren Techniken kann in jedem vorstellbaren Anwendungsbereich weiter Energie eingespart werden. Aber irgendwann nähert man sich den physikalischen Grenzen der Effizienzverbesserung. Dann verlangen weitere Einsparungsbemühungen mehr Energie, als sie einsparen helfen. Sie werden dadurch sinnlos.

Heute sind diese Möglichkeiten aber noch nicht ausgeschöpft. Wir können noch effizientere Fahrzeugmotoren oder wirksamere Öl- und Gasbrenner entwickeln. Auch bessere Gebäudeisolierung und neue Verfahrenstechniken im Industrie- und Kraftwerksbereich helfen Energie zu sparen. Die Vereinigten Staaten haben z.B. bei der Neuentwicklung im Automobilbereich wieder eine Art Vorreiterrolle übernommen. Bereits in den 70er Jahren haben sie der Autoindustrie vorgeschrieben, den Benzinverbrauch pro Fahrtstrecke stetig zu drosseln. Und die Industrie hat bewiesen, daß es möglich ist, diese Vorschriften einzuhalten und noch Gewinne einzufahren.

Hieran zeigt sich ein gangbarer Weg zum Energiesparen und die CO_2-Emissionen zu senken. Allgemeinverbindliche Gesetze können Zielvorgaben für die Verbesserung der Effizienz setzen, so wie es in der amerikanischen Automobilindustrie geschehen ist. Die Industrie hat den Benzinverbrauch neuer Kraftwagen in den letzten 10 bis 15 Jahren drastisch verringert, obwohl die Benzinpreise seit 1981 gefallen sind. Das haben die Marktwirtschaftsgurus nicht erwartet. Und doch brachte es — wie es scheint — allen Betroffenen Vorteile, am meisten aber den Automobilisten selbst.

Ernsthafte Wissenschaftler können immer wieder höhere, aber erreichbare Energieeffizienzstandards aufstellen, wenn sie sich daran orientieren, was technisch möglich und ökonomisch sinnvoll ist. Diese Standards könnten z.B. Gebäudeisolierungen, Verbrennungsanlagen jeglicher Art oder Fahrzeugmotoren betreffen. Hierher gehören auch Bemühungen um den Wasserstoffmotor, einen Motor also, der Wasserstoff als Treibstoff nutzen kann.

Solche Maßnahmen dienen nicht nur dazu, das Klimarisiko zu verringern, das möglicherweise gar nicht besteht, sondern sind Forderungen der wirtschaftlichen Vernunft.

Wir gingen bereits in unserem oben entwickelten, künftigen CO_2-Szenario davon aus, daß sich solche Verbesserungen für alle Industriezweige finden lassen und daß darüber hinaus strukturelle Veränderungen in der Wirtschaft die CO_2-Emissionen der westlichen Industriestaaten trotz eines anhaltenden mäßigen Wirtschaftswachstums stabil halten. Dabei nehmen wir an, — das ist uns sehr wichtig — daß sich die Effizienzverbesserungen ohne Schaden für die Volkswirtschaft durchsetzen lassen. Die Kosten energiesparender Investitionen sollten die Kosteneinsparungen beim Energieverbrauch nicht überschreiten. Die zu ergreifenden Maßnahmen wären wirtschaftlich sinnvoll, kostenneutral oder vielleicht sogar „kostennegativ", d.h. sie sparen Kosten. Man nennt sie deshalb in entsprechenden Kreisen „no-regret measures", also nicht zu bereuende Maßnahmen.

Wir befinden uns aber, auch wenn es einige Treibhausaktivisten nicht glauben wollen, seit langem auf dem Kurs der Effizienzsteigerung (vergleiche dazu nochmals Abb. 33). Es könnte also in den westlichen Industrienationen Bereiche geben, in denen das wirtschaftliche Potential für Energiesparmaßnahmen bereits ausgeschöpft ist. Hier ließen sich dann nur noch solche Entwicklungen in Gang bringen, die unverhältnismäßig hohe Investitionen verlangen — Investitionen also, die sich durch die eingesparte Energie nicht mehr amortisieren lassen. Dadurch würde nicht nur der Volkswirtschaft Schaden zugefügt, sondern auch für die Energieeinsparung und CO_2-Emission möglicherweise nichts gewonnen werden. Denn die Herstellung der benötigten Investitionsgüter verschlingt selbst Energie, die zusätzlich aufgebracht werden müßte. So etwas ließe sich also auch nicht mit vermeintlichen „Klimaschäden" verrechnen, zumal sich diese selbst nicht ermitteln lassen.

Schon aus solchen Überlegungen müßten wir das Ziel der Toronto- Konferenz, die CO_2-Freisetzung in den Industrienationen bis zum Jahre 2 005 um 20% zu senken, ablehnen. Wir haben das weiter oben aus dem Grunde verworfen, weil wir nach unserer Klimaanalyse keine Grundlage für diese Forderungen mehr sehen. Würden diese Forderungen durchgesetzt, fügten wir dadurch unseren Volkswirtschaften mit hoher Wahrscheinlichkeit erheblichen Schaden zu. Denn dieses Ziel kann durch Anstrengungen bei der Effizienzsteigerung allein kaum erreicht werden.

In den letzten 20 Jahren gelang es, die CO_2-Emissionen in den westlichen Industriestaaten etwa konstant zu halten. Dies gelang nur, weil zwei größere Rezessionen die Produktion in vielen Bereichen gedrosselt haben. Werden Hochöfen still gelegt, läßt sich natürlich Kohle sparen und die CO_2-Freisetzung senken. Dafür gibt man die Mittel aus der Hand, mit denen man bessere Energie- und Wasserversorgungssysteme bauen, neue energiesparende Verkehrssysteme und ähnliches errichten könnte. Welche Spannungen und soziale Kosten damit verbunden sind, läßt sich nur zum Teil wirtschaftlich bemessen. Manche Menschen scheinen tatsächlich zu glauben, es wäre am ratsamsten, die Produktion abzuschaffen und den Menschen der freien Wildbahn, dem „Wild Life" zu überlassen. Sie glauben, daß sie selbst von den Folgen ihrer Vorschläge am wenigsten betroffen sein werden.

Zwischen 1973 und 1981 haben sich die Rohölpreise inflationsbereinigt etwa vervierfacht, und doch hat dies nur zu einem Nullwachstum bei den CO_2-Emissionen, aber zu keiner tatsächlichen Reduzierung geführt. Will man die Volkswirtschaften so umstrukturieren, daß man das Reduktionsziel von 20% innerhalb des kurzen, verbleibenden Zeitraumes von 15 Jahren erreicht, würde das mit aller Wahrscheinlichkeit schwere Schäden nach sich ziehen. Dieser Frage gehen gegenwärtig zahlreiche Untersuchungen mit großem Eifer nach. Ihre bislang vorliegenden Ergebnisse unterstützen unsere These.

Noch wilder wird es, wollte man auf die Forderung nach einer 50prozentigen Reduktion der CO_2-Emission eingehen, die einige Gruppen für die nachfolgenden Jahrzehnte aufstellen. Das könnte nur eine alles umwälzende technologische Revolution erreichen, wie z.B. sehr weitgesteckte Hoffnungen mit der Kernfusion verbunden werden. Aber gerade solchen Entwicklungen stellen sich manche Umweltschützer leidenschaftlich in den Weg. Wollen sie die Industriestaaten absichtlich in eine wirtschaftliche und soziale Krise unvorhersehbar großen Ausmaßes treiben? Ihr Verhalten erlaubt dem nachdenklichen Betrachter manchmal nur solche beängstigende Vermutungen.

Wie dem auch sei, jedes dieser Reduktionsziele kostet schöpferische, finanzielle oder Ressourcen anderer Art. Zur Verwirklichung müßten sie aus anderen, produktiveren Bereichen der Volkswirtschaft abgezogen werden. Das würde sie insgesamt verknappen und den Lebensstandard senken. So etwas ist aber bei allem, was wir in den vorangegangenen Kapiteln gesagt haben, mit den zu erwartenden Klimaänderungen nicht zu rechtfertigen.

Auch für den Fall, daß wir mit schädlichen Klimaänderungen zu rechnen hätten, ließen sich derartige weitreichende Reduktionsziele nicht begründen. Genügt es doch schon, — wie oben gezeigt — die CO_2-Emission konstant zu halten oder nicht über 1% jährlich wachsen zu lassen, um den atmosphärischen CO_2-Anstieg so zu verlangsamen, daß der Zeitpunkt für die CO_2-Verdoppelung in weite Zukunft rückt.

Wie dem auch sei, man sollte Energieeinsparmaßnahmen und Effizienzverbesserungen solange betreiben, wie es wirtschaftlich sinnvoll erscheint. Dies allein führt schon zu nennenswert geringeren CO_2-Emissionen, ohne daß dadurch beträchtliche Kosten entstehen. Damit erübrigen sich auch masochistische Strategien wie künstlich überhöhte Energiepreise. Auch diejenigen, die mit schädlichen Auswirkungen weiterer CO_2-Emissionen auf das Klima rechnen, sollten zunächst einmal alle bestehenden Möglichkeiten ausschöpfen, um die CO_2-Emissionen kostenneutral oder sogar kostennegativ zu senken, bevor sie zu Strategien überleiten, die auf jeden Fall wirtschaftlich schädlich wären, soziale Ungerechtigkeiten verschärften und möglicherweise sogar soziale Unruhen auslösten. Stattdessen erwägen politische Kreise sogar noch schärfere Maßnahmen, um den CO_2-Anstieg in der Atmosphäre zu bremsen. Denn, so heißt es, Energiesparmaßnahmen alleine seien nicht in der Lage, die vorgeschlagenen Reduzierungsziele zu erreichen.

Einige Vorschläge zielen darauf ab, das anfallende CO_2 an der Emissionsquelle einzufangen. Das wäre freilich nur dort möglich, wo CO_2 in großen Mengen freigesetzt wird und industriell wiederverwendet werden kann, wie z.B. bei der Stromerzeugung oder in großen industriellen Feuerungsanlagen. In der Tat hat man sich schon eine Reihe technologischer Maßnahmen ausgedacht, um das CO_2 irgendwie aus dem Rauchgas zu entfernen. Wie will man es aber binden? Woher will man die enorme, zusätzliche Energie nehmen, die solche Verfahren verlangen?

So schlagen einige der bizarren Lösungsmöglichkeiten ernsthaft vor, das aus dem Rauchgas entfernte CO_2 in feste Blöcke einzufrieren und es auf den Tiefseeboden zu versenken, der noch nicht mit CO_2 gesättigt ist und große Mengen an CO_2 aufnehmen könnte. Andere wollen das Gas über Pipelines direkt in die Tiefen des Ozeans hinunterdrücken. Schon die dazu erforderlichen Energiemengen machen aus solchen Vorschlägen schlechte Witze.

Die meisten dieser Strategien würden den Strompreis sicherlich verdoppeln, keine Energie einsparen, sondern erhebliche Mengen zusätzlicher Energie kosten und dadurch die knappen Energiereserven rascher erschöpfen.

Solche Strategien kann nur rechtfertigen, wer wirklich an schwerwiegende, nachteilige Klimaänderungen glaubt und neue Energiequellen ganz anderer Art greifbar vor sich hat — oder den Lebensstandard der Menschen herabdrücken will.

In jüngster Zeit überlegen Wissenschaftler neue Wege, um die atmosphärische CO_2-Belastung zu verringern. Sie hat etwas mit der ozeanischen Biosphäre zu tun. Wir haben bereits weiter oben herausgefunden, daß die ozeanische Biosphäre eine Senke für CO_2 darstellen könnte. Allerdings weiß man noch zu wenig über die Größenordnung, mit denen man hierbei rechnen darf. Meeresbiologen haben herausgefunden, daß bestimmte Algen von CO_2 leben, das aus der Atmosphäre in den Ozean eindringt. Sie haben auch entdeckt, daß die Algen wesentlich besser wachsen, wenn ihnen organisches Eisen als Nährstoff zum Aufbau von Chlorophyll zugeführt wird. Einige Wissenschaftler haben sogar angedeutet, daß relativ geringe Mengen Eisen ausreichen würden, um den atmosphärischen CO_2-Gehalt durch stimuliertes Algenwachstum drastisch zu reduzieren. Ein Wissenschaftler behauptete wohl nicht ganz ohne Übertreibung: „Geben Sie mir einen halben Tanker voll Eisen, und ich gebe Ihnen eine neue Eiszeit."

Algen, Kelb und Plankton bilden die Basis der ozeanischen Nahrungskette. Stimuliertes Algenwachstum könnte letztlich die gesamte ozeanische Biosphäre zu stärkerem Wachstum anregen. Es wird wohl nicht mehr lange dauern, bis wir mehr über diese Vorgänge wissen und darüber urteilen können, wie realistisch derartige Vorschläge sind und ob sie tatsächlich eine vernünftige Option darstellen, den atmosphärischen CO_2-Anstieg abzubauen. Daß die riesigen Ozeanflächen hierfür ein großes Potential bereithalten, wird niemand bestreiten wollen.

Bisher haben wir uns nur mit den westlichen Industriestaaten befaßt und sind zu der Ansicht gelangt, daß schon hier die Forderung nach 20% geringeren CO_2-Emissionen verheerende gesellschaftliche Folgen nach sich ziehen müßte. Berücksichtigt man den Versorgungsgrad der Menschen in den Entwicklungsländern, so zeigt sich, wie hoffnungslos solche Reduzierungsziele in Wahrheit sind.

Würde man, wir sprachen weiter oben davon, die CO_2-Emissionen in den Entwicklungsländern in den nächsten 50 Jahren im Durchschnitt ungefähr nur um 2,0% pro Jahr steigen lassen und ganz vorsichtig annehmen, daß die Bevölkerung nur um 2% wächst, 3% Wirtschaftswachstum erzielt wird und sich ein etwa 30prozentiger Energieeffizienzanstieg durchsetzen läßt, dann stiege, selbst wenn die Industriestaaten ihre CO_2-Emission um 20% senken könnten, weltweit die CO_2-Emission immer noch an.

Einige Treibhausaktivisten haben diesen Sachverhalt nachgerechnet und fordern nun um so nachdrücklicher, daß die Industriestaaten ihre CO_2-Emissionen nicht nur um 20%, sondern um einen zusätzlichen Betrag senken, der das Anwachsen der Emissionen aus den Ländern der Dritten Welt auszugleichen hätte. Dem ist, nach allem was wir bisher gesagt haben, nichts hinzuzufügen.

Wollen diese Leute das Nord-Süd-Gefälle aus humanitären Gründen wirklich ausgleichen, dann können sie doch nicht ernsthaft vorschlagen, die reichen Länder ärmer zu machen und auf das Niveau der Entwicklungsländer hinunter zu drücken. Das aber wäre die Konsequenz ihrer Reduzierungsforderungen. Zur besseren Versorgung der Menschen in den Entwicklungsländern trägt wenig bei, von ihnen zu verlangen, die CO_2-Emissionen zu senken. Es muß diesen Ländern dabei geholfen werden, daß sie aus ihrem Elend herauswachsen, und sei es auch um den Preis zunächst steigender CO_2-Emissionen. Wie sich die Entwicklung der unterentwickelten Länder mit der Forderung, die CO_2-Abgabe um 20% zu senken, vertragen soll, bleibt das Geheimnis dieser selbsternannten Menschen- und Naturfreunde.

2. Laßt die Bäume wachsen!

Kehren wir nun zur Frage zurück: Wie läßt sich trotzdem der CO_2-Gehalt in der Atmosphäre stabil halten? Die erste

Möglichkeit hierfür sahen wir in der wirtschaftlich verträglichen Effizienzsteigerung beim Energieeinsatz und entsprechendem Energiesparen.

Es gibt einen zweiten, größeren Bereich von Maßnahmen. Er ergibt sich aus der Tatsache, daß Pflanzenwuchs den Kohlenstoff des CO_2 in der Pflanzensubstanz bindet und dafür noch unsere Atemluft mit Sauerstoff anreichert. Um uns davon ein besseres Bild zu machen, betrachten wir zunächst, welche Bedeutung es für die CO_2-Emission hätte, wenn man endlich mit Brandrodung und Waldvernichtung in den Tropen aufhörte. Die Wälder sollte man schon deshalb schonen, um einen natürlichen Lebensraum zu erhalten, der gegenwärtig unwiderruflich bedroht ist. Ein Blick auf die nackten CO_2-Emissionszahlen sagt uns zudem, daß sogenannte „Änderungen in der Landnutzung" heute ungefähr 20% der vom Menschen verursachten CO_2-Emissionen in die Atmosphäre einbringen. Deswegen würde die Beendigung der Rodungen allein schon die CO_2-Emissionen um 20% senken. Sollte man hier nicht der Landschaft und der CO_2-Emissionen wegen ansetzen?

Diese Möglichkeit, den atmosphärischen CO_2-Anstieg zu bremsen, ist sauber, billig und effizient. Sie zielt ebenso wie die oben erwähnte Algenzucht darauf ab, das in der Atmosphäre enthaltene CO_2 zu nutzen, um die natürliche Biosphäre wieder aufzubauen und sogar noch zu erweitern.

Wir haben gesehen, daß CO_2 in unserem Leben eine entscheidende Rolle spielt. Das CO_2, das wir ausatmen — oder das aus einem Schornstein entweicht — wird durch Pflanzen aufgenommen und mit Hilfe der Sonnenenergie zu Blumen, Blättern, Gräsern und Gehölz verarbeitet. Unsere gesamte Biosphäre hängt vom atmosphärischen CO_2 ab und kann ohne es nicht gedeihen. Was liegt also näher, als die Biosphäre zu vergrößern und dadurch mehr Kohlenstoff aus CO_2 organisch zu binden?

Die Möglichkeit, das in der Atmosphäre sich zunehmend konzentrierende CO_2 wieder der Biosphäre zuzuführen, der sie als fossiler Energieträger ursprünglich auch entnommen worden war, hat so viele Vorteile, daß kaum einzusehen ist, daß man sie nicht stärker einfordert. Gegenwärtig ist die Biosphäre eine Nettoquelle von CO_2. Daran sind vor allem die unterentwickelten Landbewirtschaftungspraktiken in den Entwicklungsländern schuld. Dagegen gibt es vermehrt Hinweise dafür, daß die Wälder in den mittleren Breiten der Nordhemisphäre in den vergangenen Jahrzehnten als Nettosenke für CO_2 gewirkt haben. Den Pflanzenwuchs bei Wäldern, Gehölz und anderen Pflanzen zu fördern, bietet die angenehmste und sinnvollste Möglichkeit, den unerwünschten Anstieg der CO_2-Konzentration in der Atmosphäre zu verhindern.

Messungen ergeben, daß alte Baumbestände mit ihrer atmosphärischen Umgebung ein CO_2-Gleichgewicht halten. Während junge Bäume nachwachsen und CO_2 aufnehmen, sterben ältere Bäume ab und setzen CO_2 langsam wieder frei. Einige Wissenschaftler haben deshalb das vorgeschlagen, was ein ordentlicher Forstbetrieb ohnehin leisten sollte, nämlich aus den Baumbeständen die alten Bäume zu entfernen und das in ihnen enthaltene Holz — Kohlenstoff — kommerziell zu nutzen. Das Holz würde in den vielen Verwendungsformen als Bauholz, Möbel, Bibliotheken usw. gegen das Verrotten geschützt und die Atmosphäre vor dem daraus sonst freigesetzten CO_2 bewahrt. Junge Bäume könnten dann anstelle der entfernten alten Bäume nachwachsen und nebenbei CO_2 aus der Atmosphäre aufnehmen und Sauerstoff an sie abgeben.

Zusätzlich wäre es möglich, Gebiete wieder aufzuforsten, die in früheren Jahrzehnten und Jahrhunderten entwaldet worden sind. Brachliegende Flächen könnten so wieder sinnvoll genutzt werden. Man hat abzuschätzen versucht, wieviel Land erforderlich wäre, um das gesamte CO_2, das bei der Verbrennung fossiler Energieträger freigesetzt wird, durch nachwachsende Bäume aus der Atmosphäre zu entfernen. Die Schätzungen variieren sehr stark. Sie hängen von der Baumart und der Klimazone ab, in denen die Aufforstung stattfinden soll. Eine Studie, die davon ausging, 50% des freigesetzten CO_2 in Wälder binden zu wollen, errechnete einen erforderlichen Grund-

Tabelle 10: Wälder als potentielle Senke für Kohlendioxid (in t Kohlenstoff pro ha und Jahr).

Tropen	ca. 6 t in afrikanischen Savannen ca. 8 t in tropischen Harthölzern
Subtropen	ca. 6 t (Australien, Argentinien, Mexiko) bis zu 15 t in Eukalyptusanpflanzungen in Brasilien; Potential bis zu 25 t
Gemäßigte Breiten	0,7 bis 3 t in USA und Europa; Potential in bewirtschafteten Anpflanzungen 10 bis 15 t ca. 3 t in gemäßigten Regionen Chinas
Hohe Breiten	0,1 t in der nördlichen UdSSR

Quelle: Nach Daten in EPRI, 1989.

flächenbedarf von ungefähr drei Millionen Quadratkilometern. Das entspricht etwa einem Drittel der Fläche der Vereinigten Staaten, brauchte sich aber nicht nur auf dieses Land zu beschränken.

Sowohl in Afrika aber auch in den weniger dicht besiedelten Teilen Asiens oder Lateinamerikas stehen dafür genug Flächen zur Verfügung. Ihre Aufforstung brächte diesen Ländern nur Gewinn. Das größte Wachstumspotential pro Flächeneinheit bestünde ohnehin in den Tropen und Subtropen. Es wäre unter Umständen auch möglich, einen Teil der Gebiete zurückzugewinnen, die wir in vergangener Zeit an Wüste und Steppe verloren haben. Für viele Gebiete ergibt sich während der Aufforstungsphase als schwierigstes Problem, das von den Pflanzen benötigte Wasser bereitzustellen. Später fördert der großflächige Bewuchs Klimaänderungen, die dieses Problem weitgehend lösen.

Trotzdem ist eine Wiederaufforstung in diesem Umfang vielleicht nicht ganz realistisch. Sollte man deshalb kleinere Optionen verwerfen? Wie viel CO_2 gebunden werden kann — das sogenannte „Einfangpotential" — zeigt Tab. 10 für verschiedene Baumarten in Tonnen Kohlenstoff pro Hektar und Jahr.

Eine andere Studie berechnet das Potential der Biosphäre, CO_2 zu binden, wenn man alle vernünftigerweise hierbei gangbaren Wege zusammenfaßt. Sie ermittelt ein Potential von etwa 1 bis 2 Gigatonnen (Gt), das sind zwischen ein und zwei Milliarden Tonnen pro Jahr. Das entspricht der Rate, mit der gegenwärtig als Folge von „Landnutzungsänderungen" Kohlenstoff aus der Biosphäre in die Atmosphäre freigesetzt wird.

Auf diesem Gebiet herrscht noch große Unsicherheit. Es könnte sich herausstellen, vor allem, wenn man die ozeanischen Algenbestände und ihre Kultivierung mit einbezieht, daß die Biosphäre über eine weit größere Kapazität, CO_2 zu binden, verfügt. Es gibt Studien, die ein Senkenpotential von bis zu 4 Gt pro Jahr in den Wäldern der gemäßigten und nördlichen Breiten und bis zu 4 Gt in den Tropen ermitteln. Schon dadurch, daß man die Rodungen in den Regenwäldern einstellte, ließe sich ein großer Erfolg erzielen. Ohne diese Rodungen könnte die Kohlenstoffbindung in den Wäldern der mittleren und nördlichen Breiten sowie das Neuwachstum in den Tropen den gesamten Kohlenstoffkreislauf wieder besser ins Gleichgewicht bringen. Dabei wird noch nicht einmal die ozeanische Senke berücksichtigt, die sich mit Hilfe der Eisendüngung des Algenwachstums eventuell relativ einfach vergrößern ließe.

Die Neubegrünung der Erde kann beträchtliche CO_2-Mengen aufnehmen. Warum beharrt man trotzdem auf den unsinnigen und teuren Strategien, die CO_2-Emission in den Industrienationen krampfhaft senken zu wollen? Die Begrünung hätte vor allem in den ausgetrockneten Gebieten der Subtropen einen rundum nützlichen Effekt.

Nach allem, was wir wissen, wäre die Wiederaufforstung eine der billigsten, saubersten und besten Möglichkeiten, dem CO_2-Anstieg entgegenzuwirken. Sie ist bei weitem besser, als Vorschläge der Art, wie CO_2 einzufrieren und auf dem Meeresgrunde deponieren zu wollen. Hinzu kommt ein anderer verblüffender Effekt, den Gartenbesitzer erzielen, wenn sie sich an der Wiederaufforstung beteiligen und im eigenen Garten Bäume pflanzen. Sie helfen dadurch nicht nur, CO_2 zu binden und die

Landschaft zu verschönen. Bäume bieten bekanntlich auch Schatten. Der läßt in den Sommermonaten in heißen Regionen die Stromrechnung für die Klimaanlage deutlich sinken. In den Wintermonaten halten Bäume kalte Winde ab und helfen Heizkosten sparen. Für die Vereinigten Staaten hat man errechnet, daß dieser „Abschattungseffekt" Energiekosten von mehreren Milliarden Dollar pro Jahr sparen könnte.

Die Option Aufforstung hat einen weiteren günstigen Effekt. Wir wissen, daß die Ozeane einen erheblichen Teil des emittierten CO_2 aufnehmen können. Andererseits gilt auch, daß das CO_2, wenn es im Ozean verschwunden ist, in Zukunft nicht mehr zur Verfügung steht. Da wir gerade herausgefunden haben, daß CO_2 Bäume besser wachsen läßt, ihr Holz einen Rohstoff darstellt und sie uns dafür sogar mehr Sauerstoff zum Atmen liefern, stellt sich die Frage, ob es nicht im Grunde genommen eine Verschwendung ist, CO_2 in den Ozeanen verschwinden zu lassen? Wäre es nicht besser, atmosphärisches CO_2 statt als Schadstoff als Rohstoff aufzufassen und ihn in nutzbare Kohlenstoffverbindungen zurückzuverwandeln?

Wenn vermehrt Bäume wachsen, nimmt die Biosphäre diesen Rohstoff auf, und wir stellen ihn nachfolgenden Generationen anstelle der von uns verbrannten fossilen Energien zur Verfügung. Mit anderen Worten: Ließen wir genügend Bäume wachsen, um CO_2 aus der Atmosphäre zu entfernen, bevor es im größeren Umfange durch die Ozeane aufgenommen wird, bekämpften wir nicht nur einen hypothetischen Treibhauseffekt, sondern nutzten ein „Abfallprodukt" — CO_2 — dazu, unseren Vorrat an natürlichen Ressourcen wieder aufzubauen. Dies kann recht kostengünstig geschehen, weil die Bäume nach erfolgreicher Wiederaufforstung weitgehend von selbst wachsen. Zusätzlich würden wir dadurch unsere Luft verbessern, die natürliche Umgebung verschönern und den Trend der letzten Jahrzehnte, nämlich unser Land zu verwüsten, umkehren.

Deswegen ist die Wiederbegrünung der Erde eine Formel, die mehrere Probleme gleichzeitig lösen würde:

1. Sie wirkt einem möglichen Treibhauseffekt entgegen.
2. Unter Verwendung von CO_2 werden die natürlichen Rohstoffreserven wiederaufgebaut.
3. Unsere natürliche Umgebung wird verschönert.

Hierin sehen wir die wirklich wirtschaftliche und umweltverträgliche Lösung des angeblichen Treibhausproblems. Aufforstung bringt ein perfektes Recycling von verbranntem Kohlenstoff, der in den fossilen Energieträgern enthalten war und schafft daraus neue Ressourcen, die uns in der Zukunft zur Verfügung stünden. Deswegen schlagen wir vor, unvermeidbare CO_2-Emissionen nicht an der Quelle zu entfernen oder sie als nutzlosen Abfall mit kostspieligen, unwirtschaftlichen Methoden zu beseitigen, sondern CO_2 in die Umwelt entweichen zu lassen, so daß die Pflanzen, in erster Linie Bäume, sie aufnehmen können, um zu wachsen. Die Wiederbegrünung der Erde ist deswegen neben wirtschaftlichem Energiesparen die zweitwichtigste Strategie, den CO_2-Gehalt der Luft stabil zu halten.

Die erste Strategie, Energieeinsparmaßnahmen, erfordert unter Umständen hohe Investitionen, spart aber auf lange Sicht Geld, so lange diese Investitionen weniger kosten, als die dadurch eingesparte Energie. Die zweite, das Baumwachstum, erfordert relativ kleine Investitionen, könnte sich aber letztlich als sehr lohnend herausstellen, wenn die Bäume in späteren Jahrzehnten einmal wirtschaftlich genutzt werden können. Diese beiden Wege stellen eine solide, wirtschaftlich gesunde Grundlage eines künftigen Managements unserer natürlichen Ressourcen dar. Sie sind nicht nur ökonomisch sinnvoll, sondern auch mit unserer natürlichen Umwelt verträglich.

Die Verringerung des atmosphärischen CO_2-Gehalts und die damit einhergehende Bremsung des Treibhauseffektes könnten sich neben diesen Vorteilen sogar nur als ein Randeffekt erweisen. Sie sollten alle bisher genannten „masochistischen" Vorschläge ersetzen, die CO_2-Emissionen oder den atmosphärischen CO_2-Gehalt zu reduzieren. Wirtschaftlich sinnvolles Energiesparen und Wiederaufforstung sind die besseren Wege. Sie sind sozialverträglich, ökonomisch und umweltförderlich, richten sich nicht gegen die Natur, sondern arbeiten mit ihr und dienen dem Menschen.

Aber eigenartigerweise sind manche Treibhausaktivisten gar nicht damit einverstanden, die CO_2-Belastung auf natürliche Weise zu verringern und die überschüssigen CO_2-Konzentrationen der Biosphäre einzuverleiben. Sie begründen ihre Zurückhaltung in dieser Sache damit, daß jeder Hinweis auf mögliche positive Auswirkungen des CO_2-Anstiegs „den Politikern die falschen Signale senden würde". Ihre Einlassungen senden — wohl unbeabsichtigt — die richtigen Signale über ihre eigentlichen Sorgen: Es geht ihnen nicht ums Klima, sondern um die Lebensweise in den Industriestaaten. Sie wollen diese mit der Angst vor einer angeblichen Klimakatastrophe „revolutionieren".

Wir verlassen nun das CO_2 und wenden uns den verbleibenden drei Treibhausgasen, nämlich Methan, den Stickoxiden und Ozon, zu.

Reisfelder trockenlegen?

Die Methanemissionen zur Begrenzung des möglichen Klimarisikos senken zu wollen, ist schwieriger, als es bei CO_2 der Fall ist. Bei den FCKW- und CO_2-Emissionen wußten wir wenigstens, welche menschlichen Aktivitäten für den beobachteten Anstieg verantwortlich sind und welche Maßnahmen man — wenigstens theoretisch — ergreifen könnte, um die Emissionen zu verringern. Bei Methan sind wir uns in mehrerer Hinsicht unklar:

1. Die Quellen und Größenordnungen der Emissionen sind nur recht ungenau bekannt.
2. Wir kennen kaum praktikable Methoden, um die Emissionen zu reduzieren.
3. In vielen Fällen wäre eine Verringerung methanemittierender Aktivitäten nicht wünschenswert, da sie die Nahrungsmittelproduktion unmittelbar betreffen.

Wie schon dargelegt, wächst die atmosphärische Methankonzentration mit ungefähr 1 bis 1,5% im Jahr an. Der größte Teil dieses Anstiegs ist wahrscheinlich auf die zunehmende Nahrungsmittelproduktion zurückzuführen, da CH_4 (Methan) hauptsächlich von Viehherden und durch den Reisanbau erzeugt wird. Industrelle Aktivitäten wie der Kohlebergbau und die Exploration und Verteilung von Erdgas sind nur relativ kleine Quellen (s. Tab. 5).

Wenn wir unsere Aufmerksamkeit der Nahrungsmittelproduktion zuwenden, dann gibt es nur zwei gangbare Wege, die Methan-Emissionen von Viehherden zu reduzieren. Einmal kann man die Tiere nur noch in klimatisierten Ställen halten, deren Abluft gewaschen werden kann. Das läßt sich aber nur mit relativ geringem Erfolg durchführen. Der zuverlässigste Weg ist freilich, die Viehherden zu schlachten. Das hieße aber auch, den Fleischverbrauch zu verbieten, denn Viehherden werden zum Zwecke der Fleischproduktion gehalten. Vegetarier werden dagegen nichts einzuwenden haben, ebenso einige Nichtvegetarier, die — dafür werden sie ihre Gründe haben — die Masse der Bevölkerung zum Vegetariertum bekehren wollen. Noch möchte die breite Öffentlichkeit in den Industrienationen nicht auf den saftigen Sonntagsbraten verzichten, um die Klimaverbesserung zu verhindern — und braucht es wohl auch nicht.

Noch problematischer wären die Forderungen, den Reisanbau zu verringern. Reis ist das Hauptnahrungsmittel in sehr dicht bevölkerten Gebieten der Entwicklungsländer. Aus klimatischen Gründen ließe er sich dort kaum ersetzen. Die zum Teil schlechte Ernährungsgrundlage der Bevölkerung dieser Gebiete führt dazu, daß man eher neue Reisanbauflächen anlegt als welche aufgibt. Es wäre aber denkbar, daß sich die Methanemission der Reisfelder durch Züchtung anderer Reispflanzen und neue Düngemethoden, als sie bisher üblich sind, ändern ließe.

Kohlebergbau, Erdgasförderung und -Verteilung setzen je zwischen 5 und 10% der gesamten Methanemission frei (s. Tab. 5). Das im Untertagebergbau auftretende Methan kann zu einem guten Teil abgesaugt und zur Energieerzeugung verbrannt werden. Im Hinblick auf das Treibhausproblem hat das Verbrennen von Methan (CH_4) offensichtlich Vorteile. Bei der Verbrennung eines Moleküls Methan entsteht nur ein Molekül CO_2, zusätzlich werden noch zwei Wassermoleküle H_2O erzeugt. Da aber ein Methanmolekül die Treibhauswirkung von 20-30 Kohlendioxidmolekülen aufbringt, würde die Verbrennung von Methan dessen Treibhauswirkung auf ein Dreißigstel bis ein Zwanzigstel seines ursprünglichen Wertes vermindern.

Das im Kohlebergbau auftretende Methan kann aus technischen und organisatorischen Gründen nur zu ca. 20% eingefangen und verbrannt werden. Es wäre sicher schön, einen größeren Anteil davon nutzen zu können. Die dazu erforderlichen Vorrichtungen wären, wenn es sie gäbe, so aufwendig, daß das Ganze wirtschaftlich wenig sinnvoll wäre. Das gleiche trifft auch für die Erdgasförderung und Verteilung zu. Die Kosten, um Leckagen unmittelbar nach ihrem Auftreten, schließen zu können, wären so astronomisch hoch, daß sie sich niemals durch das wieder eingefangene Erdgas decken ließen.

Wir glauben daher, daß Methan wahrscheinlich das am schwersten zu handhabende Treibhausgas ist. Die Optionen, seinem künftigen Anstieg entgegenzuwirken, sehen im Moment recht düster aus. Ob es einem gefällt oder nicht, es scheint nicht allzu viel zu geben, was wir im Moment dagegen tun können. Wir sollten uns allerdings immer daran erinnern, daß wir über hypothetische Bedrohungen sprechen. Falls es doch zu der unwahrscheinlichen Erwärmung käme, blieben uns noch die angedeuteten Möglichkeiten offen. Da wir wissen, daß die angekündigte Erwärmung sehr unwahrscheinlich ist, sollten wir deswegen jetzt noch keinen Schlaf dafür opfern, und auch die Reisfelder einstweilen noch gedeihen lassen.

Stickoxid (N_2O)

N_2O trägt wahrscheinlich zu 6% zum Treibhauseffekt bei. Es ist also neben Ozon unser kleinster Treibhausübeltäter.

Aus Kapitel 2 wissen wir, daß seine größten, vom Menschen verschuldeten Quellen die Stickstoffdüngung, die Nutzung fossiler Energieträger und die Brandrodung sind. Offensichtlich würde die Verminderung dieser Aktivitäten auch den anthropogenen Beitrag an einem N_2O-Anstieg senken.

In einer ausgehungerten Welt erscheint es wenig sinnvoll, die Verwendung von Stickstoffdünger noch weiter zu drosseln, als es zur Zeit aus finanzpolitischen Gründen geschieht. Eine gezielte Stickstoffgabe verbessert die landwirtschaftlichen Produktionserfolge drastisch. Allerdings lassen sich die Düngemethoden wesentlich verbessern, so daß der Stickstoff den Pflanzen gezielter zugeführt wird und dadurch zu einem geringeren Teil in die Atmosphäre entweichen kann. Das verlangt eine bessere Ausrüstung und höhere Ausbildung der Landwirte vor allem in Entwicklungsländern. Beides diente zugleich zur Bekämpfung des Welthungers, und das wollen wir doch — oder etwa nicht?

Auf die Brandrodung haben wir schon öfters hingewiesen. Sie sollte aus zahlreichen, gewichtigen Gründen eingestellt werden. Unter ihnen hat die N_2O-Emission sicherlich den geringsten Stellenwert. Schließlich erzeugt auch die Verbrennung fossiler Energieträger N_2O. Hier könnten Verbesserungen in der Brennertechnologie einiges bewirken. Daran arbeitet man schon, um ihre Effizienz anzuheben. Die Bemühungen finden jedoch ihre Grenze im damit verbundenen Investitionsaufwand.

Ozon

Schließlich bleibt uns noch der rätselhafteste Treibhauskandidat, nämlich das troposphärische Ozon.

Zunehmende troposphärische Ozongehalte könnten, wie wir weiter oben schon gezeigt haben, den Treibhauseffekt verstärken. Wir haben bei dieser Gelegenheit darauf verwiesen, wie unwahrscheinlich die häufig geäußerten Befürchtungen sind, der troposphärische Ozongehalt könnte als Folge menschlicher Aktivitäten in den nächsten Jahrzehnten um etwa 50% ansteigen.

Die Ozonkonzentrationen sind über Teilen der Nordhemisphäre in den letzten 10 bis 15 Jahren nicht weiter gestiegen — zumindest nicht in den oberflächennahen Schichten der Erdatmosphäre. Beobachtungen und Hochrechnungen, nach denen der Ozongehalt der Luft in den nächsten 30 bis 50 Jahren nur um etwa 10 bis 20% ansteigt, haben zu unserer zurückhaltenden Beurteilung geführt. Wir hatten dem Ozon trotzdem einen gewissen Treibhausbeitrag zugeordnet und ihm einen Wert von 30% beim künftigen Ozonanstieg in unserem Spurengasszenarium zugewiesen.

Werfen wir nun einen Blick darauf, was sich wenigstens theoretisch tun ließe, um die troposphärische Ozonbelastung zu verringern. Ozon wird nicht direkt in die Atmosphäre abgegeben. Es bildet sich dort durch eine komplexe Reihe chemischer Reaktionen aus sogenannten Vorläuferemissionen. Daher müssen wir unsere Aufmerksamkeit auf jene Vorläuferemissionen richten. Hierbei handelt es sich hauptsächlich um Kohlenwasserstoffe, Stickoxide und Kohlenmonoxid. Besonders die beiden zuletzt genannten Komponenten werden durch die Nutzung fossiler Energieträger in die Atmosphäre gebracht. Zusätzlich dazu gibt es noch einige biosphärische Quellen anderer Kohlenwasserstoffe, die einen Beitrag zur Ozonbildung leisten können.

Alles in allem scheint es jedoch sicher zu sein, daß die Drosselung der NO_x-Emissionen verspricht, den Anstieg des Ozongehalts in der Troposphäre zu bremsen. Die Katalysatoren für Kraftfahrzeuge richteten sich speziell gegen die Emission von NO_x im Verkehr. Dort werden nämlich quantitativ die meisten Stickoxide freigesetzt. Die meisten industrialisierten Länder haben sich der Einführung des Katalysators angeschlossen und lassen auch Kraftwerksabgase auf ähnliche Weise von NO_x säubern. Der damit gesetzte Trend wird mit einiger Wahrscheinlichkeit auch in der Zukunft fortgesetzt werden.

Auch die immer wieder zu erwähnende Brandrodung

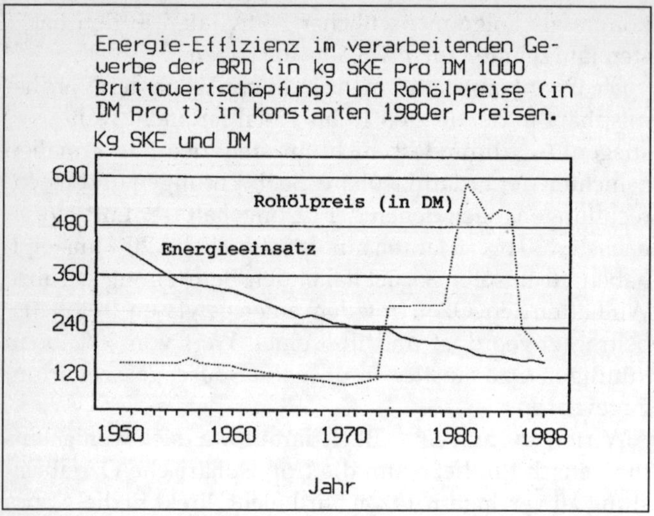

Abb. 33: Zeitliche Entwicklung von Energiepreisen und Energieeffizienz im verarbeitenden Gewerbe Deutschlands seit 1950 (inflationsbereinigt).

Quelle: Daten nach Vereinigung Industrielle Kraftwirtschaft, verschiedene Jahre; BP, 1990.

in den Entwicklungsländern soll nennenswert zu den Vorläuferemissionen für Ozon beisteuern. Dies liefert ein weiteres Argument, sie schleunigst einzustellen. Auf jeden Fall sieht es so aus, als ob einige der vorgeschlagenen und bereits durchgeführten Strategien, um die Emissionen von Vorläufersubstanzen zu reduzieren, in der Zukunft Früchte tragen und den künftigen Ozonanstieg in der freien Troposphäre begrenzen könnten. Am Rande sei noch vermerkt, daß global erfolgreiche Strategien sich wegen der komplexen Chemie der Ozonbildung auf regionaler oder lokaler Ebene als wirkungslos herausstellen können und umgekehrt.

Länder aller Welt vereinigt euch...!

Wir haben uns theoretisch und technisch durchführbare Möglichkeiten angeschaut, dem Spurengasanstieg entgegenzuwirken und ihn einzugrenzen. Aber wir haben noch

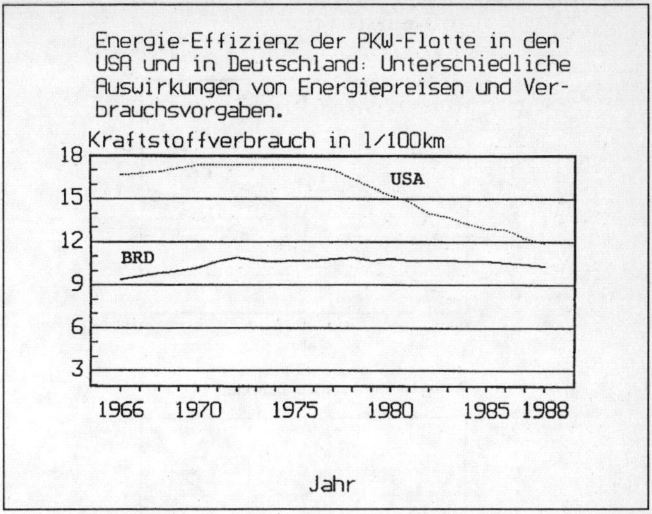

Abb. 34: Zeitliche Entwicklung der Energieeffizienz im Verkehrsbereich der USA und der BRD seit Mitte der 60er Jahre.
Quelle: Nach Annual Energy Review, 1989; Bundesverkehrsministerium, verschiedene Jahre.

nicht die Chancen betrachtet, diese Optionen politisch und international durchzusetzen. Dies soll im folgenden noch geschehen.

Dabei spielt die Tatsache keine unwesentliche Rolle, daß nur das Wunderland der Computermodelle zur Eile antrieb, um den Spurengasanstieg rasch einzudämmen, unsere realistischere Betrachtungsweise hingegen diesen Vorhersagen weitgehend den Boden entzog. Wir müssen weiter berücksichtigen, daß eventuelle Gegenmaßnahmen global durchgesetzt werden müssen, um Erfolg zu versprechen. Scheren einzelne Länder aus, sind auch die Bemühungen der anderen vergebens.

Warum ist das so? Wie wir bereits aus Abb. 4 gesehen haben, trägt sogar die größte Wirtschaftsmacht der Erde, die USA, nur 24% zu den globalen CO_2-Emissionen bei. Selbst wenn die USA morgen aufhörten, CO_2 zu emittieren, würden die weltweiten Emissionen schon bald wieder anstiegen, falls der Rest der Welt den USA nicht folgt und mit dem gegenwärtigen CO_2-Ausstoß fortfährt. Von

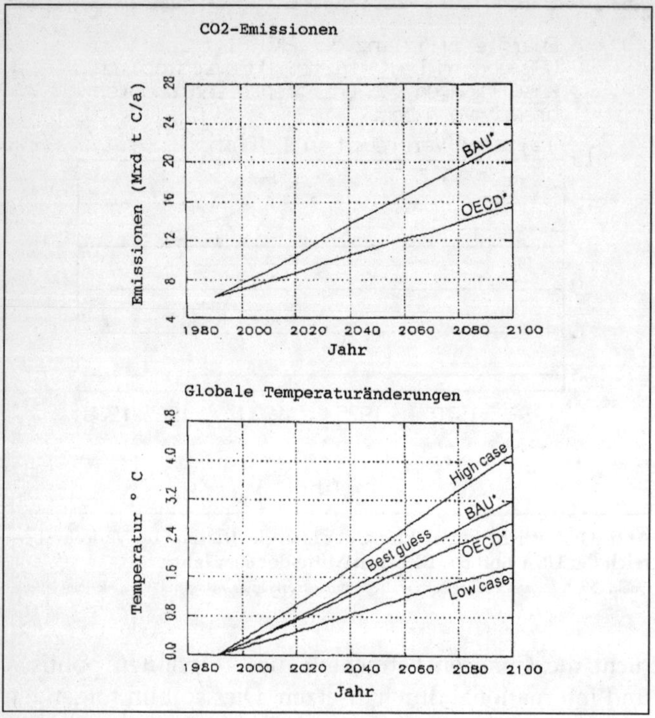

Abb. 35a und b: Auswirkung angekündigter CO2-Reduzierungsmaßnahmen in den OECD-Staaten auf die modellierte Temperaturentwicklung in den kommenden Jahrzehnten.
Quelle: Nach Global Environmental Change Report, 1990.

kleineren Nationen wollen wir einmal ganz schweigen.

Will man nun wirklich die globalen Spurengasemissionen senken, muß man möglichst alle Nationen, zumindest die größeren Spurengasemittenten, dazu verpflichten, den Spurengasanstieg in einer ausgewogenen und überprüfbaren Weise zu verlangsamen. Das verlangt gewisse Einschränkungen der nationalen Souveränitätsrechte. Dieser Aspekt ist natürlich welt- und machtpolitisch äußerst interessant, soll aber hier nicht weiter verfolgt werden.

Im Fall der FCKW-Emissionen haben die Industrieländer eine gewisse Einigung erzielt. Ob sie sich bewähren

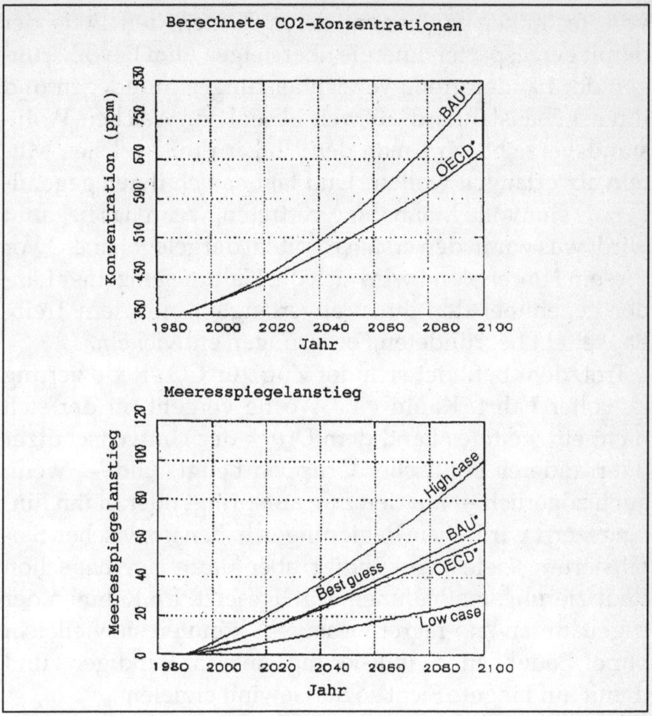

Abb. 35 b

wird, kann nur die Zukunft lehren. Unvergleichlich härter dürften die Verhandlungen über die CO_2-Emissionen ausfallen. Die FCKW-Produktion scheint für die meisten Betroffenen nur bestimmte Randbereiche des Lebens zu berühren. Die meisten denken dabei nur an Sprühdosen und vergessen die vor allem für südliche Länder viel wichtigere Kühltechnik oder den nicht unerheblichen Einsatz von Schaumstoffen. Aber bei der CO_2-Emission geht es um die Energiegewinnung, und damit um die grundlegende Wirtschaftsstruktur der industrialisierten Staaten. Auch der Wunsch der Entwicklungsländer, ihren Rückstand aufzuholen, ist hinein verwoben.

Das gilt besonders dann, wenn Forderungen erhoben werden, die weit über das unter wirtschaftlichen Erwägungen vertretbare Maß hinausgehen und den Einsatz von Techniken verlangen, deren Kosten den Preis der damit eingesparten Energie übersteigen, den Bevölkerungen der Länder große Verzichtleistungen auferlegen und ihren Lebenstandard zu weit absenken. Welchen Wohlstandsverzicht wird man den Völkern mit welchen Mitteln abverlangen wollen? Und läßt er sich ihnen gegenüber als sinnvolle Maßnahme vertreten, wenn das bekannt wird, was wir in den ersten Kapiteln dargelegt haben? Vor diesem Hintergrund wird sich die Haltung einzelner Länder gegenüber den ihnen abverlangten, mit dem Treibhauseffekt begründeten Forderungen entwickeln.

Trotzdem befindet sich der Zug zur CO_2-Reduzierung in voller Fahrt. Kaum eine Woche vergeht, in der sich nicht ein weiteres Land dem Druck der Umweltschützer oder anderer politischer Gruppen beugt, und — wenn auch zögerlich — auf den Zug aufspringt oder in ihn hineingezerrt wird. Viele Regierungen haben inzwischen Stabilisierungsziele angekündigt, aber kaum eine hat schon Reduzierungsmaßnahmen durchgesetzt. Im Rahmen der sogenannten „no-regret measures" könnten sie vielleicht ohne Bedenken Stabilisierungsziele ankündigen und damit auf längere Sicht sogar Gewinn erzielen.

Wie steht es aber mit den radikalen Maßnahmen, die überall gefordert werden, für die sich aber kaum mehr überzeugende Gründe finden lassen? Wie werden die Regierungen sich verhalten, wenn ihren Bevölkerungen zunehmend klar wird, welchen wirtschaftlichen Schaden sie sich damit zufügen, und wenn sie erkennen müssen, daß es für die Klimaentwicklung in den kommenden Jahrzehnten *völlig* bedeutungslos ist, ihn in Kauf zu nehmen (siehe dazu die Abb. 35 und noch einmal Abb. 31).

Das wirtschaftliche Wohlergehen einer Reihe von Ländern hängt gegenwärtig und auch künftig weitgehend von der Nutzung ihrer heimischen, fossilen Rohstoffe ab. Zu ihnen zählen die drei größten CO_2-Emittenten, die gemeinsam mehr als 50% der fossilen Energie verbrauchen. Das sind die Vereinigten Staaten, die Sowjetunion und China (s. Abb. 4). Alle drei Länder haben ausgedehnte fossile Energiereserven. Energieexperten sind sich sicher, daß zumindest die UdSSR und die Volksrepublik China diese Reserven zum Ausbau ihrer Wirtschaft intensiv nutzen werden. Es dürfte sehr schwierig sein, sie davon abzubringen, selbst wenn damit nachteilige Klimaänderungen der Art verbunden wären, wie sie die Klimamodelle vorhersagen. Was aber, wenn sich die hier dargelegte, realistischere Sichtweise durchsetzt?

Wenn es, mit welchen Mitteln auch immer gelänge, ein globales Reduzierungsschema durchzusetzen, dann brächte das die westlichen Industriestaaten offensichtlich aus technischen und finanziellen Gründen eine erheblich günstigere Konkurrenzsituation. Ihnen fielen solche Maßnahmen wesentlich leichter als der UdSSR, China oder einem der übrigen Entwicklungsländer.

Jede internationale Debatte über die Begrenzungen der fossilen Energienutzung wird sehr schwierig, weil dabei Rücksichten auf die verschiedenen Interessen und Auffassungen der beteiligten Länder, ihre technologischen und finanziellen Möglichkeiten, energiesparende Technologie einzusetzen, sowie auf ihr spezifisches wirtschaftliches Entwicklungsniveau genommen werden müßten. Denn einige Länder werden in Zukunft mehr fossile Energieträger einsetzen müssen als bisher, um ihre wirtschaftliche Entwicklung voranzutreiben. Dazu haben sie aber wie jedes andere Land vor ihnen wohl auch ein Recht.

Nehmen wir China. Es muß, um die Energienachfrage seiner Bevölkerung zu decken, auf wachsende Energieproduktion *und* rationelle Energieverwendung setzen. Chinas Hauptenergieträger ist die Kohle, das Land verfügt über sehr reichhaltige Kohlevorräte. So wird es sicherlich auch davon Gebrauch machen. In den letzten 40 Jahren wuchs Chinas Kohleproduktion jährlich um atemberaubende 9%. Sie beläuft sich gegenwärtig auf mehr als 1 Mrd. t jährlich. Selbst wenn sich diese Wachstumsrate in den nächsten 15 Jahren halbieren sollte, würde sich Chinas Kohleproduktion trotzdem noch verdoppeln und dazu führen, daß die weltweiten CO_2-Emissionen gegenüber 1990 um 12% anwüchsen, auch wenn der Rest der Welt weiterhin auf gleichem Niveau emittierte. Wie realistisch sind dagegen die Toronto-Forderungen?

Ähnliches gilt für die UdSSR. Jede künftige wirtschaftliche Entwicklung, die dort dringend erforderlich ist, wird in hohem Maße von den heimischen, fossilen Energieträgern abhängen. Sowjetische Energieexperten geben recht offenherzig zu, daß sie den westlichen Sorgen über den Treibhauseffekt nicht folgen können. Die Annahme ist wohl nicht falsch, daß der UdSSR ihr wirtschaftlicher Wiederaufbau näher liegt als die Klimakatastrophenängste irgendwelcher Texaner oder Hessen. Dies gilt wahrscheinlich auch dann, wenn als Folge der Perestroika dort allgemeine Umweltprobleme ernster genommen werden.

Wie im Falle Chinas ist es für die UdSSR vordringlich, ihre aufbegehrende Bevölkerung zufriedenzustellen. Das kann nicht ohne den vollen Einsatz herkömmlicher Energiequellen gelingen. Fortschrittliche Technik mag dabei die Energieeffizienz erhöhen und verfügbare Energie besser nutzen helfen, aber der Treibhauseffekt ist ihr Problem nicht. Darüber hinaus könnte die UdSSR von einer globalen Erwärmung nur profitieren, selbst wenn sie so groß ausfiele, wie es die Klimamodelle vorhersagen. Diese Auffassung hat, wie gesagt, M. Budyko offen vorgetragen. Die Führungskreise in der UdSSR dürften sie teilen.

Anders die übrigen osteuropäischen Länder. Sie werden zum sparsamen Umgang mit Energie genötigt, um ihre Abhängigkeit von ausländischer Energie, für die sie nun in harter Währung zahlen müssen, zu verringern. Die osteuropäischen Volkswirtschaften sind aber nicht stark genug, westlichen Importen standhalten zu können. Wenn sie sich aber erst den „Konsumterror", unter dem die westlichen Nachbarn so gerne leiden, leisten können, wird der Energieverbrauch auch dort ansteigen. Schwere Zeiten für Treibhausaktivisten.

Auf jeden Fall handelte die UdSSR in zweifacher Weise gegen ihre eigenen Interessen, wenn sie eine kostenaufwendige Strategie, den Treibhauseffekt zu verlangsamen, international unterstützen oder in ihrer Volkswirtschaft einführen sollte.

Für die Vereinigten Staaten von Amerika ergibt sich ein ähnliches Bild. Wenn sich Öl und Gas in wenigen Jahrzehnten erschöpfen werden, bleibt ihnen nur die Kohle als fossiler Energieträger. Es ist schwer vorstellbar, daß sie sich die Nutzung ihres einzig verbleibenden fossilen Energieträgers wegen der imaginären Möglichkeit einer Klimaänderung versagen.

Der Überblick über die Lage der drei größten CO_2-Emittenten zeigt, daß bei den kommenden Auseinandersetzungen über die mögliche Klimaänderung und über die CO_2-Reduzierungs-Strategien eigentlich um wirtschaftliche Interessen, die Erhaltung internationaler Machtpositionen und um den Wohlstand der Völker und Individuen gefochten wird.

Wohlstandsverzicht in der entwickelten Welt — und Verzögerungen im Erreichen eines höheren Wohlstands in den weniger entwickelten Ländern — wird gegen mögliche schädliche Auswirkungen einer Klimaänderung abgewogen werden müssen. Wie wir herausgefunden haben, ist die Ironie nun allerdings, daß eine geringfügige Erwärmung, von sagen wir 1° C, im Lichte der Klimageschichte nicht als schädlich für Natur und Menschen betrachtet werden muß, sondern als nützlich. Man ist fast schon versucht, die Schlußfolgerung zu ziehen, daß wir nicht darüber nachdenken sollten, eine solche Änderung zu verhindern, sondern wie wir sie beschleunigt herbeiführen könnten. Aber auch wenn wir keine derart extreme Position einnehmen, können wir uns der Frage nicht erwehren, ob es wirklich Sinn macht, diese Klimaänderung unter hohen Kosten für die Völker der Erde zu bekämpfen — worauf die Forderungen einer Anzahl von Gruppen ja hinauslaufen.

Wenn sich die demokratischen Staaten des Westens oder irgendeines Landes alleine entschlössen, die Spurengasemissionen ungeachtet der Kosten zu senken, so würden wirtschaftliche Interessen in anderen Teilen der Welt ohne die Kontrolle durch die westlichen Industriestaaten leicht die dort eingesparten Spurengasemissionen wieder wett machen. Genauso sieht es heute anfangs der 90er Jahre ja auch aus: Einige westliche Industriestaaten haben angekündigt, sie wollten ihre CO_2-Emissionen entweder stabilisieren oder sogar senken, während andere Staaten und der größte Teil der unterentwickelten Länder dies strikt abgelehnt haben.

Verwaltungstechnisch einfach, aber politisch weit auffälliger kann man den fossilen Energieverbrauch durch Steuern verteuern. Damit lassen sich zwar die Steuereinnahmen hervorragend erhöhen, aber kaum die CO_2-Emissionen senken. Um das zu erreichen, müßten sie die produzierende Wirtschaft so strangulieren, daß sich Güterproduktion kaum mehr lohnte und weitgehend zurückgefahren würde. Die Folgen für die Bevölkerung und die Volkswirtschaft sind bekannt. Einige Länder haben sich zu einer Art „Placebo"-Kohlendioxidsteuer entschlossen. Das ist eine geringe Steuer, die bei den spekulationsbedingten Preisschwankungen auf den Rohstoffmärkten kaum ins Gewicht fällt. Sie hat den doppelten Vorteil, die Steuereinnahmen zu erhöhen und gleichzeitig den Regierenden ein Umweltalibi auszustellen: „Wir tun etwas für Umwelt, oder etwa nicht...?"

Vielleicht ist dieses unaufrichtige Verfahren noch das erträglichste. Die von der Berichterstattung aufgewühlte Öffentlichkeit zahlt einen Extragroschen für Benzin und Heizöl, hilft das Haushaltsdefizit abzubauen und stellt die Umweltschützer soweit zufrieden, wie das überhaupt möglich ist. Natürlich sinken deshalb die CO_2-Emissionen nicht.

Falls eine Regierung den Verbrauch fossiler Energie so hoch besteuert, daß der Verbrauch und die CO_2-Abgabe wirklich sinkt, dann wird die Industrie eben in Länder auswandern, die die Güterproduktion nicht durch Steuergesetze strangulieren.

Die Bevölkerung neigt dazu, den Umweltschützern und Treibhausaktivisten zu glauben, die „Industrie" hintertriebe Maßnahmen gegen den Treibhauseffekt, um ihre Profite auf Kosten der Umwelt zu „maximieren". So etwas ist schnell gesagt und leicht geglaubt. Aber bedenken Sie nur folgendes: Wer zahlt die Rechnung, wenn sich die Umweltschützer mit ihrer Hauptstrategie gegen die angeblich drohende Klimakatastrophe, nämlich der hohen Besteuerung der fossilen Energienutzung, durchsetzen? Etwa die Elektrizitätsunternehmen, die Mineralölkonzerne, die Stahlwerke, kurz, die güterproduzierende Wirtschaft? Diese muß zwar für die Einsatzenergie höhere Preise bezahlen. Aber das sind für sie nur Kosten. Sie werden im Preis der Endprodukte verrechnet, also weitergegeben. Die Rechnung zahlt nicht die Industrie. Deren „böse" Profite werden dadurch nicht „minimiert". Sie, die Verbraucher, zahlen den Preis für die Produkte und für die Abwehr der vermeintlichen „Klimakatastrophe".

Warum sollte also die „Industrie" solche Maßnahmen gegen die angebliche Klimakatastrophe ablehnen und deswegen eine wenig werbewirksame, öffentliche Auseinandersetzung mit den Umweltschützern riskieren? Allerdings könnte die über Energiesteuern herbeigeführte Produktverteuerung die internationale Wettbewerbsfähigkeit verzerren und verlagern. Auch in diesem Fall kann die „Industrie" leichter reagieren und abwandern. Wieder wäre „der Mann auf der Straße" der Verlierer, weil er über verlorene Arbeitsplätze einen Wohlstandsverlust hinnehmen muß.

Die Debatte birgt eine große Gefahr in sich. Sie versetzt nicht nur die „Macht der Industrie" in mystisch-unkontrollierbare Regionen, wo Otto Normalverbraucher ihr gar nicht mehr entgegentreten kann, und es folglich auch gar nicht erst zu versuchen braucht. Vor allem klopfen entsprechende Kampagnen die Industrie weich. Ihr Management legt sich ein publikumswirksames „Umwelt"-Image zu, springt wider besseres Wissen und ungeachtet aller Konsequenzen auf den Umweltzug auf. Was will heute nicht schon alles „bio-" und „umweltfreundlich" sein? Es zahlt sich offensichtlich aus. Die Bevölkerung bezahlt die Kosten dieses Zusatzgewinnes. Ob sich das Ganze auf die Umwelt im allgemeinen oder auf das Klima im besonderen positiv auswirkt, wird kaum hinterfragt. Seien Sie also gewarnt. Denn die von manchen Treibhausaktivisten empfohlene Kur könnte weit schlimmer sein als die mögliche Treibhauskrankheit. Und wer außer Ihnen sollte diese Roßkur abwehren?

Es wäre nicht unwahrscheinlich, daß wir durch übereilte Einführung von Maßnahmen, die den Ausstoß von Spurengasen in die Atmosphäre senken wollen, uns in zweifacher Weise schädigen:

1. Durch die Verschwendung wirtschaftlicher Ressourcen.
2. Dadurch, daß wir möglicherweise eine Klimaabkühlung unterstützten, die in jedem Fall und mit Sicherheit schädlich wäre.

Diese Gefahr vermeiden die beiden von uns vertretenen Strategien: wirtschaftlich sinnvolles Energiesparen und Aufforstung. Darüber hinaus sollte die Forschung in allen mit dem Treibhauseffekt zusammenhängenden Bereichen unterstützt werden. Erst dann können wir noch bestehende wissenschaftliche Unsicherheiten bei der Beurteilung der Klimaentwicklung ausräumen und eine verläßliche Grundlage für politische Entscheidungen finden.

Ähnliches fordert auch eine „Denkfabrik" in Washington. Es handelt sich um eine Auffassung, die von weiten Teilen der wissenschaftlichen Gemeinde in den USA geteilt wird. Eine Gruppe amerikanischer Klimatologen hat der Öffentlichkeit in diesem Sinne einen Katalog mit Forschungsvorhaben vorgelegt. Führende Mitglieder dieser Gruppe haben sich in einem offenem Brief an den amerikanischen Präsidenten gewandt und vor gefährlichen Übertreibungen und Überreaktionen in der Klimafrage gewarnt. Sie haben dort möglicherweise offene Türen eingerannt. Die amerikanische Regierung vertritt in dieser Frage eine zurückhaltende Position. Das führte auf der zweiten Weltklimakonferenz in Genf im November 1990 zu einer eigenartigen Koalition mit der UdSSR und mehreren anderen Ländern, die sich gegen die von westeuropäischen Staaten hochgehaltenen, radikaleren Forderungen zur Wehr gesetzt haben. Es bleibt zu hoffen, daß sich der gesündere Menschenverstand gegen die mehr durch Ideologien als von solider Wissenschaft geprägte

Auffassung mancher Treibhausaktivisten durchsetzt.

Alle Entscheidungen, die im Hinblick auf den Treibhauseffekt zu fällen sind, sollten sich nicht nur auf Sorgen, Befürchtungen, Hoffnungen, Vermutungen und Erwartungen stützen, sondern wissenschaftlich fundierte Gegebenheiten berücksichtigen. Wir sollten nicht Leuten Vorschub leisten, die in der Öffentlichkeit Ängste und Befürchtungen um ihrer politischen oder ideologischen Ziele willen schüren.

Wir leben nun schon fast im 21. Jahrhundert und haben seit den dunklen Tagen des Mittelalters, als unser Leben von Ängsten und Befürchtungen bestimmt wurde, einen langen Weg zurückgelegt. Wir sollten für die Rückkehr dieser „emotionaleren" Ängste nicht unser wissenschaftliches Denken und logisches Überlegen eintauschen, auch wenn das einige aus unterschiedlichen Gründen für „menschlicher" halten mögen.

Ergänzende und weiterführende Literatur:

Engdahl, W., 1991: Schöne Neue Weltordnung, mit der Ölwaffe zur Weltmacht". Dr. Böttiger-Verlag, Wiesbaden, 1991.

Global Environmental Change Report (GECR), 1990: Taking Stock: How Will Current Greenhous Targets Affect Global Emissions? GECR II, No. 23, 1-3.

Idso, S.B. 1989: Carbon Dioxide and Global Change: Earth in Transition. IBR Press, Tempe, Arizona, USA.

EPRI, 1989: The Phytosphere as a Source/Sink for CO_2-Phase, I. Report von J.K. Kulp an EPRI.

Ling P., 1990: Potentials to Reduce Carbon Dioxide Emission — Case Study for the P.R.China. Vortrag zur Konferenz „Energy in Climate and Development: Policy Issues and Technological Options" in Saarbrücken vom 28.-31. Mai 1990.

Sunda, W.G., D.G. Swift und S.A. Huntsman, 1991: Low Iron Requirement for Growth in Oceanic Phytoplankton. Nature, 351, Seite 55-57.

U.S. Department of Energy, 1988: The Prospect of Solving the CO_2 Problem through Global Reforestation. Bericht erstellt von: Gregg Marland. Report DOE/NBB-0082.

9. KAPITEL

1:0 im Kampf Medien gegen Wissenschaft

Ängste über die Folgen des Treibhauseffekts schürt ein Bündnis aus „besorgten Wissenschaftlern", Medienvertretern, speziellen Interessengruppen und Politikern. Sie scheinen sich alle einen großen Vorteil von diesen Ängsten zu versprechen. Die besorgten Wissenschaftler kommen endlich einmal aus ihren langweiligen Laboratorien heraus und können sich im Rampenlicht landesweiter Aufmerksamkeit sonnen. Die Medien lieben aufregende Horrormeldungen, weil sie die Öffentlichkeit faszinieren und Aufmerksamkeit und Erfolg versprechen. Politiker machen sich die so geweckte Aufmerksamkeit zu Nutze, finden Wähler und festigen ihre Position. Schon so manche Karriere entsproß dem Stamm des Treibhauseffekts.

In einem solchen Umfeld wird es schwierig, wissenschaftlich haltbare Einschätzungen in der Treibhausproblematik zu vertreten. Heute werden auf eine Weise Forschungsgelder verteilt und Berichte geschrieben, daß sich daraus eine positive Rückkopplungsschleife bildet, die allen Beteiligten Gewinne abwirft. Die Wissenschaftler bekommen mehr Forschungsgelder, die Medien neue Empörungsgeschichten, um das unersättliche Verlangen der Öffentlichkeit nach Unterhaltung zu decken, den Politikern erschließt sich ihr Stimmenpotential. Sie stellen Gelder bereit, um neue Berichte zu schreiben, erweisen sich so als „verantwortungsbewußt" und tun etwas, was die Medien als „Handeln" darstellen. Die Gelder stammen aus Steueraufkommen, die einzutreiben, sich selbst wieder als „Handeln" verkaufen läßt, wenn man sie als Energiesteuern deklariert.

Kaum einer der Beteiligten hat ein unmittelbares Interesse, diesen Teufelskreis, der viele ernährt und den meisten Vorteile bringt, zu durchbrechen. Das gilt leider auch für die Wissenschaftler, die sich hüten, die Gans zu schlachten, die ihnen die goldenen Eier legt. Denn mit der Angst fließen die Forschungsgelder und öffnen sich Karriereschleusen. Deutet sich aber an, daß keine Klimakatastrophe droht und die absehbaren Folgen des Treibhauseffekts sogar nützlich sein könnten, dann stellt sich unweigerlich die Frage: Warum neue Forschungsgelder für Studien und Gutachten bewilligen? Gibt es nichts Drängenderes zu tun?

Offensichtlich brauchen wir eine weniger mit Sonderinteressen „vernetzte" Herangehensweise an Klima- und Umweltprobleme. Wo ist sie zu suchen, wenn so viele Gruppen auf die unterschiedlichste Weise an den in der Öffentlichkeit verbreiteten Ängsten verdienen? Wir wollen den daran Beteiligten nicht unbedingt schlechte Absicht oder bewußten Betrug unterstellen. Die meisten verfolgen ihre Interessen wahrscheinlich sogar in gutem Glauben. Aber genau so wenig wahrscheinlich ist es auch, daß sich bei ihnen eine Initiative bildet, in den verhängnisvollen Zirkel einzugreifen.

Aber ein Punkt, an dem der Zirkel platzen könnte, ist in Sicht. Er ergibt sich mit dem Scheitern des Versuchs, aus diesem Potpourri von wissenschaftlichen Gutachten, Medienspektakel, Ideologie und Sonderinteressen eine haltbare nationale oder sogar internationale Strategie zur Bewältigung von Umweltproblemen zu formulieren und dabei zu glauben, die wissenschaftlichen Grundlagen der Debatte völlig vernachlässigen zu dürfen. Spätestens jetzt sollte man die Angelegenheit aus den Händen der Interessengruppen nehmen und an die ernsthafte wissenschaftliche Suche nach Wahrheit zurückverweisen.

Neben der falsch informierten Öffentlichkeit war die Wissenschaft selbst die wichtigste Verliererin in dieser Debatte. Sie büßte an Einfluß und Glaubwürdigkeit ein. Weitreichende politische Entscheidungen sollten aber in einer gebildeten, demokratischen Gesellschaft des späten

20. Jahrhunderts auf einer fundierten, wissenschaftlich soliden Grundlage gefällt werden, und nicht erfolgreich mobilisierten „Ängsten" und „Besorgnissen" überlassen bleiben. Die Debatte um zu erwartende Klimaänderungen muß sich wieder auf ihre wissenschaftlichen Grundlagen zurückbesinnen und das Trommeln der Ideologien und Interessengruppen abklingen lassen. Mit diesem Plädoyer ziehen wir das Resümee aus der Treibhausdebatte und unserem Handlungsplan:

Resümee zur Treibhausdebatte

1. Ein Anstieg in atmosphärischen Spurengaskonzentrationen, der zum großen Teil auf die unnachgiebig wachsende Weltbevölkerung zurückgeführt werden kann, führt zu einem gewissen Anstieg des Treibhauseffekts.
2. Der steigende Treibhauseffekt führt bei Verdopplung der CO_2-Konzentration — für sich genommen — zu einem möglichen Anstieg der weltweiten Mitteltemperaturen um 1° C bis 1,5° C und nicht zu den von den bisherigen Klimamodellen vorhergesagten 3°-4° C.
3. Unter Berücksichtigung anderer natürlicher Faktoren, die im Laufe des nächsten Jahrhunderts zu einer Abkühlung der Durchschnittstemperaturen führen können, verringerte sich die Auswirkung des Treibhauseffektes sogar noch weiter.
4. Der Zeitablauf des spurengasbedingten Temperaturanstiegs — falls er überhaupt einträte — hängt entscheidend von den künftigen Spurengasemissionen ab. Auf der Grundlage wahrscheinlicher Emissionsszenarien bei den Treibhausgasen könnte sich die gegenwärtige CO_2-Konzentration nicht vor Ende des nächsten Jahrhunderts verdoppeln. Durch die Einwirkung anderer Spurengase könnten sich die klimatischen Auswirkungen, die man als Folge der CO_2-Verdoppelung erwartet, allerdings etwas beschleunigen.

5. Die Erwärmung um etwa 1° C, wie sie von der CO_2-Verdoppelung zu erwarten ist, wird für Natur und menschliche Aktivitäten eher nützliche als schädliche Folgen haben.
6. Auch der Anstieg der atmosphärischen CO_2-Konzentration ist der Pflanzenwelt nützlich und ihrem Wachstum förderlich.
7. Leicht steigende Temperaturen würden den Nutzen, den die Pflanzen aus der atmosphärischen CO_2-Konzentration ziehen, zusätzlich fördern. Beide Faktoren wirken zusammengenommen günstiger als jeder dieser Faktoren alleine.

Der Treibhaus-Handlungsplan

Es fällt schwer, nach diesem Resümee Abwehrmaßnahmen gegen einen Effekt zu fordern, der Veränderungen zum Besseren hin erwarten läßt. Es könnte aber auch sein, daß wir grundlegend irren, wenn die Wahrscheinlichkeit dafür auch gering ist. Offensichtlich sollte man sich für diesen Fall auf Maßnahmen beschränken, die ohnehin von großem Nutzen wären und einer möglichen Klimaerwärmung aufgrund der gestiegenen Spurengaskonzentration wirksam begegnen. Damit würden wir den Treibhausaktivisten entgegenkommen, ohne ihre zweifelhaften Motive zu teilen.

Wir sehen gegenwärtig kaum einen Grund, in den kommenden Jahrzehnten mit schädlichen Klimaauswirkungen als Folge des Treibhauseffekts zu rechnen und brauchen auch kein Treibhausgespenst an die Wand zu malen, um öffentliche Gelder für zweifelhafte Maßnahmen locker zu machen. Wir schlagen folgende Maßnahmen vor:

1. Zur Beseitigung der Unsicherheiten, die mit der Erwartung künftiger Klimaänderungen noch verbunden sind, sollte ein großangelegtes Forschungsprogramm in Gang gebracht werden. Es hat wissenschaftlich überprüfbare Einschätzungen der Treibhauspro-

blematik auf wissenschaftlich soliden Grundlagen zu liefern, die weitreichende politische Entscheidungen vernünftig möglich machen.

2. Die sozialen Bedingungen und der Lebensstandard in den wenig entwickelten Ländern sind so zu verbessern, daß das Bevölkerungswachstum vernünftige Schranken findet. Das mindert den Bevölkerungsdruck auf die globale Umwelt und die globale Rohstoffbasis.
3. Zum Schutze der Volkswirtschaften und der globalen Rohstoffbasis sollten diejenigen Energiesparmaßnahmen ergriffen werden, die wirtschaftlich nützlich sind.
4. Fiskalische Maßnahmen zur Reduzierung der CO_2-Emissionen werden abgelehnt.
5. Die Brandrodung sollte eingestellt werden, um natürlichen Lebensraum zu erhalten und die Artenvernichtung zu beenden, die mit einer bisher noch nie dagewesenen Geschwindigkeit voranschreitet.
6. Die Biosphäre sollte genutzt werden, um atmosphärisches CO_2 zu binden und die natürliche Rohstoffbasis der Erde zu erneuern.
7. Als eine Vorsichtsmaßnahme gegen die als unwahrscheinlich eingeschätzte globale Erwärmung stellt die Reduzierung der FCKW-Emissionen möglicherweise die kostengünstigste Option dar, um Auswirkungen des Treibhauseffekts in den kommenden Jahrzehnten einzugrenzen.

Sie werden bemerken, daß in diesem Plan – vom letzten Punkt abgesehen – keiner allein und ausschließlich darauf zielt, das Klimarisiko zu verringern. Das hat gute Gründe. Die vorgeschlagenen Maßnahmen haben alle ihren in sich begründeten Vorteil. Sie haben jedoch die Nebenwirkung, auch den Spurengasanstieg in der Atmosphäre und den Treibhauseffekt bis zu einem bestimmten Punkt einzugrenzen.

Diesen Punkt finden wir dort, wo diese Maßnahmen kostenfrei durchgeführt werden können, ihr wirtschaftlicher Nutzen die Kosten ihrer Durchführung übersteigt. Hierin unterscheidet sich unser Plan zur Reduzierung der Spurengaskonzentration in der Atmosphäre von den bisherigen Forderungen im Rundumschlag, die von unhaltbaren Modellvorhersagen ausgegangen waren. Daher fordern wir, die Klimaforschung voranzutreiben. Wir benötigen Klimamodelle, die möglichst alle bisher bekannten Faktoren berücksichtigen können und sich nicht nur auf die Spurengaskonzentration beschränken. Soweit davon die Klimamodelle selbst betroffen sind, gilt es auch, die Rechnerleistung zu verbessern.

Einige Fachleute vertreten die Auffassung, ein großangelegtes Forschungsprogramm könnte in einem Zeitraum von 5-10 Jahren vernünftige Resultate erbringen und damit politischen Entscheidungen eine vernünftige Grundlage liefern. Diesen Zeitrahmen können wir uns sicherlich leisten, zumal wenn wir bedenken, daß ein wärmeres Klima selbst dann noch das bessere wäre, wenn sich gegen alle bisherige Erkenntnis die Erwärmung, wie sie die Klimamodelle bisher ankündigen, schon in den nächsten 5 Jahren bemerkbar machte. Die Kosten dafür wären im Vergleich zu denjenigen gering, die entstünden, wenn die überflüssigen, großangelegten Strategien zur Spurengasreduzierung, wie sie im Gespräch sind, ausgeführt werden.

Aus folgenden Gründen lehnen wir die Hauptlinie dieser Strategien, die meistens darauf abzielen, den Verbrauch fossiler Energie zu verteuern, ab:

1. Soziale Unausgewogenheiten würden verschärft.
2. Der Volkswirtschaft würde dadurch Schaden zugefügt, daß Mittel aus dem effizienten, produktiven Bereich in den ineffizienten, administrativen verschoben werden.
3. Die CO_2-Emissionen würden wegen der starren Energiepreis-Nachfrage-Beziehung dadurch nicht reduziert.

Die wirklichen Umweltkatastrophen unserer Zeit finden dort statt, wo der Mensch seine natürliche Umgebung in einem Maße wie nie zuvor in der Geschichte zersiedelt. Das betrifft vor allem die Wälder, die mit mechanischen Mitteln oder der Brandrodung zerstört werden. Diese

Zerstörung muß auch unabhängig davon, daß durch die Waldvernichtung die CO_2-Konzentration in der Atmosphäre steigt, beendet werden.

An allen Einzelfragen, die im Zusammenhang mit dem Thema Treibhauseffekt aufkommen, zeigt sich immer wieder deutlich, daß dem Modethema ganz andere umwelt- und wirtschaftliche Interessen zugrunde liegen, die mit der Treibhausproblematik selbst kaum etwas zu tun haben. Man braucht sich nicht auf den Treibhauseffekt zu berufen, um vernünftige Veränderungen herbeizuführen. Das gilt selbst für unsere Vorschläge, die in sich selbst nutzbringend sind und zusätzlich dem Treibhauseffekt entgegenwirken. Die Öffentlichkeit hat jedoch ein Recht darauf herauszufinden, aus welchen Gründen die gegenwärtige Klimadebatte so ausufert und alles zu ersticken droht.

Den Treibhausalarmisten läuft die Zeit davon. Wenn sie nicht bald ihre Forderungen gegen den Treibhauseffekt als Gesetz durchboxen können, wird ihr Klimabluff früher oder später durchschaut werden. Denn die Wissenschaft wird sich bei ihrer Suche nach Richtigkeit und Wahrheit gegen unbegründete, pseudowissenschaftiche Behauptungen, die ihren Ursprung in persönlichen, ideologischen Überzeugungen und Sonderinteressen haben, schließlich und auf Dauer doch durchsetzen.

Der Verfasser

Gerd R. Weber ist forschend und beratend auf dem Gebiet der Meteorologie und Klimatologie tätig. 1952 wurde er in Braunschweig geboren. 1971–77 studierte er Meteorologie an der Freien Universität Berlin und der Indiana University in Bloomington (Indiana, USA) und schloß das Studium mit einem Diplom ab. 1978–80 war er wissenschaftlicher Assistent an der Michigan University in Ann Arbor (Michigan, USA). Danach arbeitete er als Doktorand am Max-Planck-Institut für Aeronomie und promovierte 1985. Seitdem arbeitet er in einem mit Umweltfragen betrauten Institut, wo er für Klimatologie und Meteorologie zuständig ist.

Der Verfasser

Carl K. Weber ist [illegible] Lehrbeauftragter für Meteorologie und Klimatologie [illegible]. 1922 wurde er in [illegible] geboren. [illegible] Studierte er Meteorologie an der [illegible] University [illegible] und der Indiana University in Bloomington, Indiana. [illegible] [illegible] [illegible] Studium [illegible] [illegible] [illegible] und [illegible] [illegible] Universität [illegible] Dr. [illegible] [illegible] [illegible] [illegible] [illegible] [illegible] [illegible] und Meteorologie [illegible]

Ralf Schauerhammer
Sackgasse Ökostaat: Kein Platz für Menschen
4. Auflage (60. Tausend), 212 Seiten
DM 14,80 ISBN 3-925725-06-7

Umweltschutz, das politische Schlagwort unserer Tage, dient vielen Interessen. Manche wollen wirklich die Natur für den Menschen gesund und sauber halten. Andere spielen nur mit Sorgen und Ängsten der Bevölkerung. Sie wollen Faschismus mit ökologischem Gesicht, den Ökostaat. Es wird Zeit, die grundlegenden Argumente der Umweltschutzbewegung zu überprüfen. Schauerhammer legt in klarem, gut leserlichem Stil die Tatsachen dar, an denen sich die meisten Behauptungen der Ökobewegung brechen. Wer sich bisher über die irrational geführte Umweltdebatte geärgert hat, ohne so recht zu wissen, warum, sich aber in seinem Bemühen um eine saubere und gesunde Umwelt ernst nehmen will, wird an diesem Buch nicht vorbeikommen.

Roger A. Maduro, Ralf Schauerhammer
Ozonloch, das mißbrauchte Naturwunder
ca. 256 Seiten, Bildteil, erscheint Ende 1991
DM 14,80 ISBN 3-925725-11-3

Das von G. Dobson bereits 1956 entdeckte Ozonloch hat nicht nur in den Parteiprogrammen der Grünen, der SPD und CDU arge Schlaglöcher aufgerissen. Man fordert das Verbot aller FCKWs, ohne sich über die mörderischen Folgen eines solchen, nach Ansicht der Verfasser völlig sinnlosen, Verbots Gedanken zu machen. Die beiden Forscher haben das wissenschaftlich Erkennbare an der Ozonloch-Hypothese sauber recherchiert. Zusätzlich stießen sie auf ungeheuerliche wirtschaftliche Interessenverquickungen hinter dem scheinheiligen FCKW-Verbot. Schließlich gibt die Aufschlüsselung des Naturwunders „Ozonloch" interessante, lang verborgene Geheimnisse über die Stratosphäre und das Magnetfeld unserer Erde preis. Ein ungeheuer brisantes Buch!

Lyndon LaRouche, Jonathan Tennenbaum
Ein Wirtschaftswunder für Osteuropa
2. Auflage (40. Tausend),
250 Seiten, mit vielen Grafiken und Bildern
DM 14,80 ISBN 3-925725-12-1

Wirkliche Entspannung ist an den erfolgreichen Wiederaufbau in den neuen Bundesländern und den Ländern Osteuropas geknüpft. Dieser Aufbau wäre zugleich die Lokomotive, um die marode Wirtschaft des „Westens" aus dem Sumpf der Finanzkrise und Depression zu ziehen. Die wissenschaftlichen und praktischen Grundlagen dafür scheinen vergessen zu sein, anders läßt sich der wirtschaftspolitische Murx in Polen und die noch immer anhaltende Untätigkeit in den neuen Bundesländern nicht erklären. Das Buch legt aufgrund der zu Beginn der Industrialisierung und nach 1945 gemachten Erfahrungen die Grundvoraussetzungen für den erfolgreichen Wiederaufbau verkommener Volkswirtschaften dar und macht konkrete Vorschläge, wie der Wiederaufbau im Osten endlich und wirksam in Gang gebracht werden kann.

William Engdahl
Mit der Ölwaffe zur Weltmacht –
eine schöne neue Weltordnung
ca. 400 Seiten
DM 19,80 ISBN 3-925725-15-6

Was für den einzelnen Menschen der Brotkorb, ist für Nationen die Energieversorgung. Wer sie in die Hand bekommt, definiert, was „Wohlverhalten" der Völker sein soll, bestimmt, welche „Ordnung" die internationalen Beziehungen regelt. Der Kampf um die „neue Weltordnung" wird nicht erst seit dem jüngsten Golfkrieg gegen den Irak ausgetragen, er ist gut hundert Jahre alt. Er wurde verbittert mit allen Mitteln geführt, mit diplomatischen so gut wie finanzpolitischen oder militärischen. William Engdahl zeichnet diesen hundertjährigen Ölkrieg um die Weltherrschaft in all seinen Etappen nach und erleichtert damit das Verständnis unserer jüngsten Geschichte mit seinen Wirtschaftskrisen und Weltkriegen.

erscheint im Herbst 1991

Lyndon LaRouche
Christentum und Wirtschaft
ca. 250 Seiten, ISBN 3-925725-17-2

Kurz bevor Papst Johannes Paul II. zum 100. Jahrestag der ersten Sozialenzyklika *Rerum novarum* seine neue Enzyklika *Centesimus annus* vorlegte, schloß Lyndon LaRouche das Manuskript seines dritten, im Gefängnis verfaßten Buches ab. Es behandelt die wissenschaftlichen Grundlagen eines Wirtschaftsmodells, das im Einklang mit den Grundwerten des Christentums steht und das heute an die Stelle der gescheiterten marxistischen und liberal-kapitalistischem Modelle treten muß.

erscheint Ende 1991
Alle Bücher sind verlegt bei der Dr. Böttiger Verlags-GmbH

Im Verlag erscheinen vierteljährlich

FUSION

Wissenschaft und Technik für das 21. Jahrhundert
1991 im 12. Jahrgang
Jahresabo.: Inland DM 35,- Ausland DM 45,-
Studentenabo. DM 20.-

Die Zeitschrift behandelt in verständlicher, aber gewissenhafter Form Fragen der Fronttechnologien unserer Tage, besonders im Bereich der Kerntechnik, Energie- und Teilchenstrahlung, Raumfahrt.

Ibykus

Zeitschrift für Poesie, Wissenschaft und Staatskunst
1991 im 10. Jahrgang
Jahresabo.: Inland DM 35,- Ausland DM 45,-

Eine Zeitschrift für Leute, die nicht den von den Medien vorgeschriebenen Kulturmoden folgen, sondern eine neue kulturelle Renaissance anstreben.